Altäre der Moderne

Schriftenreihe »Religion und Moderne«

Band 2

Herausgegeben im Auftrag des Centrums Religion und Moderne (CRM) der Westfälischen Wilhelms-Universität Münster von Thomas Großbölting, Detlef Pollack, Barbara Stollberg-Rilinger und Ulrich Willems

Wissenschaftlicher Beirat

Thomas Bauer, Matthias Casper, Marianne Heimbach-Steins, Mouhanad Khorchide, Judith Könemann, Hans-Richard Reuter, Perry Schmidt-Leukel, Martina Wagner-Egelhaaf (alle Münster), Hans Joas (Berlin) und Hugh McLeod (Birmingham)

Peter L. Berger, 1929 in Wien geboren, ist einer der renommiertesten Religionssoziologen weltweit. Er hatte Professuren u.a. an der New School for Social Research New York, an der Rutgers University sowie am Boston College und zuletzt an der Boston University.

Peter L. Berger

Altäre der Moderne

Religion in pluralistischen Gesellschaften

Aus dem Englischen von Ruth Pauli

Campus Verlag
Frankfurt/New York

Titel der Originalausgabe: Peter L. Berger, The Many Altars of Modernity:
Toward a Paradigm for Religion in a Pluralist Age
© Walter de Gruyter GmbH Berlin Boston. All rights reserved
This work may not be translated or copied in whole or part without the written
permission of the publisher (Walter de Gruyter GmbH, Genthiner Straße 13,
10785 Berlin, Germany).

Für Brigitte Berger.
Sie hat viele Jahre hindurch meiner Obsession mit Religion
ein offenes Ohr geschenkt – voll Geduld und Unterstützung,
aber immer mit kritischem Geist.

Bibliografische Information der Deutschen Nationalbibliothek
Die Deutsche Nationalbibliothek verzeichnet diese Publikation in der Deutschen Nationalbiblio-
grafie; detaillierte bibliografische Daten sind im Internet unter http://dnb.d-nb.de abrufbar.
ISBN 978-3-593-50342-4 Print
ISBN 978-3-593-43233-5 E-Book (PDF)
ISBN 978-3-593-43296-0 E-Book (EPUB)

www.campus.de

Inhalt

Kommentare

Vorwort

Die Säkularisierungstheorie, die auf dem Gedanken basiert, dass Modernität unweigerlich zu einem Niedergang von Religion führt, hat lange Zeit als Paradigma für die Untersuchung von Religion gedient. Sie kann aber aufgrund empirischer Befunde nicht länger aufrechterhalten werden. Es braucht ein neues Paradigma. Ich denke, dieses muss auf den vielen Implikationen des Phänomens Pluralismus aufbauen. Meiner Meinung nach sollte ein neues Paradigma auf zwei Pluralismen eingehen können – auf die Koexistenz unterschiedlicher Religionen und auf die Koexistenz eines säkularen und eines religiösen Diskurses. Diese Koexistenz gibt es sowohl im Denken des Individuums als auch im sozialen Raum. Dieses Buch soll ein Schritt in Richtung eines neuen Paradigmas für das Verständnis von Religion und Moderne sein.

Gerade weil ich mittlerweile ein Furcht einflößendes Alter erreicht habe (hauptsächlich versetzt es natürlich mich selbst in Furcht und Schrecken), hat es mich gefreut festzustellen, dass ich in den letzten zwei Jahren einige vollkommen neue Ideen ausgerechnet zu jenem Thema gehabt habe, das mich schon meine ganze Laufbahn als Soziologe hindurch beschäftigt hat – zum Thema des Verhältnisses von Religion und Moderne nämlich. Vielleicht sind diese Ideen falsch, aber allein die Tatsache, dass sie neu sind, ist befriedigend – offensichtlich ist die »Sabberphase« meiner intellektuellen Biografie – noch – nicht angebrochen.

In der frühen Phase meiner Arbeit als Religionssoziologe habe ich die Gültigkeit dessen vorausgesetzt, was damals Säkularisierungstheorie genannt wurde. Ihre Grundidee war ziemlich einfach: Die Moderne führt notwendigerweise zu einem Niedergang der Religion. Ich war nicht der Einzige, der so dachte. In der einen oder anderen Formulierung wurde die Theorie von allen angenommen, die sich mit Religion in der modernen Welt auseinandersetzten – von den Kindern der Aufklärung, die das vermeintliche Faktum des Niedergangs der Religion begrüßten (übrigens gab es sogar ein paar Theologen, die es schafften, so zu denken), ebenso wie von all jenen (inklusive mir selbst), die das bedauerten, aber dachten, dass man den grausamen Fakten unbedingt ins Auge blicken müsse. (Ich denke, dass es das Selbstwertgefühl eines Gelehrten ungeheuer hebt, wenn er sich in der Vorstellung sonnt, dass er den Fakten ins Auge blickt, so grausam sie auch sein mögen.) In der Tat gab es Fakten, die die Idee der Säkularisierung zu unterstützen schienen, aber im Rückblick muss ich sagen: Wir haben diese Fakten missinterpretiert. Unser Hauptfehler war, Pluralismus als einen von mehreren Faktoren misszuverstehen, die Säkularisierung fördern; tatsächlich aber ist Pluralismus, also die Koexistenz verschiedener Weltanschauungen und Wertsysteme in ein- und derselben Gesellschaft, *die* große Veränderung, die die Moderne für die Stellung der Religion sowohl im Bewusstsein des Individuums als auch in der institutionellen Ordnung herbeigeführt hat. Man kann dies mit Säkularisierung in Zusammenhang bringen oder auch nicht – in jedem Fall aber ist der Pluralismus unabhängig von ihr. Allerdings stellt er für den religiösen Glauben eine Herausforderung dar, wenn auch eine andere Herausforderung als die Säkularisierung. Wie mein Lehrer Carl Mayer zu sagen pflegte: »Hier muss man sehr scharf unterscheiden!«

Ich habe 25 Jahre gebraucht, um herauszufinden, dass sich die Säkularisierungstheorie als empirisch unhaltbar erwiesen hat. Meine Sinnesänderung habe ich lautstark im Vorwort zu einem Buch verkündet, das ich 1999 herausgegeben habe – *The Desecularization of the World*. Es ist mir wichtig zu unterstreichen, dass mein Sinneswandel in keiner Weise die Folge einer philosophischen oder theologischen Bekehrung war. Meine religiöse Einstellung, die ich immer als »unheilbar lutherisch« bezeichnet habe, hat sich seit meiner Jugend nicht verändert. Was geschehen ist, war viel weniger dramatisch: Es wurde mir immer klarer, dass die empirischen Daten der Theorie widersprachen. Abgesehen von einigen Ausnahmen – das sind vor allem Europa und eine internationale Intelligenzija – ist unsere Welt alles andere als säkular; sie ist genauso religiös, wie sie immer war, mancherorts sogar noch stärker. (Die genannten Ausnahmen bedürfen einer Erklärung, die ich immer wieder zu geben versucht habe. Mehr dazu findet sich in meinem gemeinsam mit Grace Davie und Effie Fokas verfassten Buch *Religious America, Secular Europe?* 2008.) Ich war übrigens nicht der Einzige, der seine Sicht geändert hat. Fast jedem, der moderne Religion untersucht hat, ist es so ergangen. Es ist nur eine kleine Gruppe von Gelehrten übrig geblieben, die immer noch die Säkularisierungstheorie verteidigt. Natürlich widerspreche ich ihnen, aber ich bewundere sie auch irgendwie. Meine Sympathie gehört Menschen, die sich standhaft weigern, der Herde zu folgen.

Anfang 2012 kam mir unversehens ein einfacher Gedanke. Wie immer in solchen Fällen, habe ich mich gewundert, warum ich nicht schon früher darauf gekommen war. Es war ziemlich offensichtlich, aber je mehr ich darüber nachdachte, umso größere Implikationen erwuchsen daraus. Der bekannte Soziologe José Casanova (Georgetown University) hat sich einer sehr hilfreichen Aufgabe gestellt, indem er die verschiedenen Aspekte des Konzepts der Säkularisierung – einige davon problematisch, andere nicht – genau unterschieden hat. Ein Aspekt, mit dem weder Casanova noch jemand anders ein Problem hatte, war das Konzept der Differenzierung: Im Laufe der Modernisierung sind aus unterschiedlichen Gründen manche gesellschaftliche Funktionen, die üblicherweise religiösen Institutionen übertragen waren, auf religiöse und (neue oder neu definierte) andere Institutionen aufgeteilt worden – Kirche und Staat, Religion und Ökonomie, Religion und Bildung etc. Gut und schön, aber als ein gebührend anerkannter Spezialist der Wissenssoziologie hätte ich mir eine diesem Ansatz zugrunde liegende Erkenntnis in Erinnerung rufen sollen: Wenn sich eine Institution in einer Gesellschaft bewähren soll, dann muss sie eine Entsprechung im Bewusstsein haben. Daraus folgt: Wenn in der Gesellschaft eine Differenzierung zwischen religiösen und anderen Institutionen erfolgt ist, muss diese Differenzierung sich auch im Bewusstsein von Individuen manifestieren. In diesem Zusammenhang stolperte ich über eine sehr interessante Phrase, die der niederländische Jurist Hugo Grotius im 17. Jahrhundert geprägt hat. Er schlug vor, dass die neue Disziplin des Völkerrechts nach dem Prinzip »etsi deus non daretur« – »als ob es Gott nicht gäbe« – entwickelt werden sollte. Anders gesagt war sein Vorschlag also, dass eine gesamte Institution von allen religiösen Annahmen getrennt werden und von einem strikt säkularen Diskurs dominiert sein sollte. Ist diese Idee einmal begriffen, dann erscheint eine Unzahl empirischer Daten plötzlich in neuem Licht. Die meisten – sogar glühend – religiösen Menschen agieren in wichtigen Bereichen ihres Lebens im Rahmen eines säkularen Diskurses. Um es anders zu formulieren: Für die meisten Gläubigen gibt es keine starre Dichotomie des »Entweder-oder« zwischen Glauben und Säkularem, sondern vielmehr eine fließende Konstruktion des »Sowohl-als-auch«. Beim Entwickeln dieser Erkenntnis habe ich Alfred Schütz' Konzepte der »multiplen Wirklichkeiten« und der »Relevanzstrukturen« als sehr hilfreich empfunden. Denkt man entlang dieser Markierungen, erlangt man ein besseres Verständnis für wichtige Themen der modernen globalen Religion, etwa für den kometenhaften Aufstieg des Evangelikalismus (besonders in seiner Ausprägung der »Pfingstler«) und seine positive Einstellung zur Modernisierung, für die eigenartige Überlappung des *Bible Belt* und des *Sun Belt* in den USA und für die intensiven Debatten in der muslimischen Welt, was die Beziehung des Islam zur Moderne betrifft. Blickt man aus dieser Perspektive auf die Welt, gibt es ein weiteres hilfreiches Konzept: Shmuel Eisenstadts Idee der »multiplen Modernen«. Westliche Säkularisierung ist nicht die einzige Erscheinungsform der Moderne; es gibt noch andere Versionen von Moderne, in denen der Religion ein viel zentralerer Platz zugestanden wird.

Ich spreche mich nun schon einige Zeit dafür aus, dass wir, wenn wir die Säkularisierungstheorie aufgeben, eine Theorie des Pluralismus brauchen, die sie ersetzt. Erstere ist bislang ein Paradigma gewesen. Das vorliegende Buch soll nun ein bescheidener Beitrag zu einem neuen Paradigma sein. Um es mit Fleisch zu versehen, wird es noch vieler Arbeit bedürfen. Für einen Einzelnen ist das zu viel. Es wird Bemühungen von Kollegen aus verschiedenen Disziplinen mit verschiedenen Kompetenzen erfordern.

Ein »bescheidener Beitrag«? Ein neues Paradigma vorzuschlagen scheint alles andere als bescheiden zu sein, eher eine Übung in Chuzpe, wenn nicht gar ein Symptom für Megalomanie. Ich nehme an, dass ich, wie andere Professoren jenseits eines gewissen Alters auch, gegen Größenwahn nicht immun bin. Allerdings kann ich für mich in Anspruch nehmen, dass ein unausrottbares Gefühl für das Lächerliche mich davor bewahrt hat, mich diesem Größenwahn völlig auszuliefern. Gibt es denn etwas Lächerlicheres als einen Professor, der vorgibt, ein großer Weiser zu sein? Sei es, wie es wolle. Ich glaube, dass ich etwas Brauchbares zu sagen habe. Und wie es in meinem Lieblingssprichwort der Zulu heißt: Wenn *ich* nicht meine Trommel rühre, wer dann?

Einem nichtakademischen Beobachter mag es wie eine obskure, unmögliche Übung vorkommen, wenn eine Theorie durch eine andere ersetzt wird. Ich hoffe, dass ich mit den folgenden Kapiteln klar machen kann, dass dem nicht so ist. Wenige Themen sind international so wichtig wie der laufende »Kampf um die Seele des Islam«, der von Nordafrika bis Südostasien wütet. Dabei stehen zwei Fragen zur Diskussion. Die eine ist stark persönlich geprägt: »Wie kann ich ein frommer, praktizierender Muslim sein und zur selben Zeit ein moderner Mensch?« Die andere ist politisch: »Wie könnte und sollte eine islamische Moderne aussehen?« Diese beiden Fragen müssen gemeinsam behandelt werden. Natürlich können die Antworten darauf nicht von der Sozialwissenschaft kommen, sondern müssen aus religiöser Überlegung innerhalb der Muslimischen Gemeinschaft entstehen. Da solche Überlegungen allerdings in sozialen Kontexten stattfinden, die offen für empirische Untersuchungen sind, können Sozialwissenschaftler, sogar wenn sie keine Muslime sind, relevante Erkenntnisse beisteuern. Als die AKP (Adalet ve Kalkınma Partisi), die islamistische »Partei für Gerechtigkeit und Aufschwung«, in der Türkei an die Macht kam, sagten einige ihrer Anhänger: »Wir wollen keinen islamischen Staat. Wir wollen gute Muslime in einer säkularen Republik sein.« Was immer aus diesem besonderen Experiment wird: Die Formulierung berührt den Kern der Theorie, auf die dieses Buch abzielt – also alles andere als ein obskures oder unmögliches Projekt! Ähnliche Fragen werden in vielen anderen Teilen der Welt diskutiert – in China, Indien, Russland, Israel, im säkularen Europa und nicht zuletzt in den USA.

Der britische Soziologe Steve Bruce gehört zu jenem ziemlich kleinen Kontingent von Sozialwissenschaftlern, die trotzig an der Säkularisierungstheorie festhalten. In einem freundschaftlich gemeinten Aufsatz aus dem Jahr 2001 legte er mir nahe, meinen »unnötigen Widerruf« der Säkularisierungstheorie zu widerrufen und gewissermaßen in den Schoß der Gemeinde zurückzukehren. Ich bin diesem Vorschlag damals nicht gefolgt und werde ihn auch jetzt nicht annehmen. Das ist es auch nicht, was ich mit diesem Buch bezwecke. Ich bin jedoch bereit einzugestehen, dass die Säkularisierungstheoretiker nicht ganz so falsch liegen, wie ich bisher dachte. Mir ist die globale Realität des säkularen Diskurses jetzt viel umfassender klar – und zwar nicht nur in Europa oder in akademischen Zirkeln in aller Welt, sondern im Leben vieler einfacher Gläubiger, denen es gelingt, beides zu sein – säkular und religiös. Ich gehe sogar so weit zu sagen, dass es diese Menschen sind, die den prototypischen kognitiven Balanceakt der Moderne vollführen und damit die starre Dichotomie zwischen Säkularisierungstheoretikern und jenen, die »die Wiederkehr der Götter« ausrufen, relativieren. Im letzten Kapitel dieses Buchs beschäftige ich mich mit unterschiedlichen »Friedensformeln«, mit denen die Koexistenz verschiedener Religionen in derselben Gesellschaft sichergestellt werden sollte. Vielleicht kann dieses Buch auch als Vorschlag einer »Friedensformel« zwischen rivalisierenden Interpreten der religiösen Szene gelesen werden.

Die Kapitel 1 bis 3 arbeiten Aussagen aus, die ich früher über Religion und Moderne gemacht habe, und relativieren sie bis zu einem gewissen Grad. Die Kapitel 4 bis 6 enthalten die Resultate meiner jüngsten Überlegungen zu diesem Thema. Die Leser müssen selbst entscheiden, ob sie meiner Argumentation folgen wollen. Ich hoffe, dass auch die, die nicht einverstanden sind, die Erörterung interessant und gelegentlich unterhaltsam finden. Ich glaube, dass es dem Verständnis von Religion förderlich ist, wenn man ihren zutiefst komischen Charakter erkennt – die Komödie der mutierenden Spezies der Menschenaffen, wenn sie versucht, die letzte Bedeutung der Galaxien zu verstehen. In jedem Fall glaube ich, dass die in diesem Buch skizzierte Perspektive dabei helfen kann, die unendlich faszinierende Wirklichkeit der religiösen Landschaft zu begreifen, und auch einige Bausteine für ein neues Paradigma von Moderne und Religion bietet.

Einige Danksagungen müssen gemacht werden. Ich möchte Professor Detlef Pollack danken, der mich im Mai 2012 eingeladen hat, den Eröffnungsvortrag zur Gründung des »Centrums für Religion und Moderne« zu halten, den er an der Westfälischen Wilhelms-Universität Münster mit seinen Kolleginnen und Kollegen eingerichtet hat. Dieser Vortrag war die erste Gelegenheit, mit den Überlegungen, die mich neuerdings bewegten, an die Öffentlichkeit zu treten. Die daran anschließende Diskussion war sehr ermutigend und stimulierend für mich. 2013 gab Pollack diesen Vortrag in deutscher Übersetzung unter dem Titel »Nach dem Niedergang der Säkularisierungstheorie« in einer Broschüre heraus, die auch einige Kommentare von Mitgliedern des Centrums enthielt.[1] Der ursprüngliche englische Text ist unter dem Titel *Further Thoughts on Modernity and Religion* in der Zeitschrift *Society* (Juli/August 2012) veröffentlicht worden. Dafür möchte ich dem Herausgeber Jonathan Imber ebenso danken wie für seine Bereitschaft, die Referate zweier Konferenzen zum Thema Pluralismus zu veröffentlichen, die am *Institute on Culture, Religion and World Affairs* (CURA) der Universität Boston stattgefunden haben, das ich 1985 gegründet habe und dem ich noch immer als *Senior research fellow* angehöre. Des Weiteren danke ich Dan Schmidt von der *Lynne and Harry Bradley Foundation*, der die Mittel für diese beiden Konferenzen bereitgestellt hat und über lange Jahre ein treuer Unterstützer der Arbeit unseres Instituts gewesen ist. Ich danke auch allen, die mich eingeladen haben, diese Ideen vorzustellen – den Professoren Thomas Banchoff und José Casanova vom Berkeley Center der Georgetown Universität; Vater Gustavo Morello, SJ, vom Jesuitischen Institut am Boston College; Dr. Silke Löchner vom Deutschen Evangelischen Kirchentag in Hamburg. Schließlich möchte ich Walter Russell Mead danken, der mich eingeladen hat, auf der Website der Zeitschrift *The American Interest* einen Blog zu schreiben. Unter dem Titel *Religion and Other Curiosities* schreibe

---

1 Nachzulesen in: Peter L. Berger (2013): *Nach dem Niedergang der Säkularisierungstheorie,* mit Kommentaren von Detlef Pollack (Hg.), Thomas Großbölting, Thomas Gutmann, Marianne Heimbach-Steins, Astrid Reuter und Ulrich Willems sowie einer Replik von Peter L. Berger, Münster: Centrum für Religion und Moderne.

ich diesen Blog nun schon drei Jahre lang. Ich habe begonnen, dieses literarische Genre zu mögen, es ist die Hightech-Version der klassischen europäischen Institution des Zeitungsfeuilletons. Es zwingt dazu, kurz und prägnant zu argumentieren. Auch die Notwendigkeit, jede Woche etwas über Religion zu sagen zu haben, hat mich dazu gezwungen, mich ständig über die globale religiöse Szene auf dem Laufenden zu halten. Das ist eine wunderbare Art, ein Gefühl dafür zu bekommen, was sich alles tut, und abstrakte akademische Theorien den harten Prüfungen der ganz gewöhnlichen Realität zu unterziehen.

Kapitel 1
Das Phänomen Pluralismus

Der Begriff »Pluralismus« hat eine lange Geschichte in der Philosophie; grundsätzlich bedeutet er, dass es verschiedene Arten der Realitätssicht gibt. Im jüngeren philosophischen Diskurs wurde der Terminus auf Ludwig Wittgensteins Konzept der »Sprachspiele« angewandt. So interessant das auch sein mag, der philosophische Gebrauch des Wortes beschäftigt mich hier nicht. Wenn ich das Wort Pluralismus verwende, meine ich nicht ein Phänomen, das sich im Denken eines Philosophen abspielt, sondern ein empirisches Faktum in der Gesellschaft, so wie es ganz gewöhnliche Menschen erleben (von denen es glücklicherweise mehr gibt als Philosophen). Dieses profanere Verständnis des Terminus wurde zuerst von dem in Harvard ausgebildeten Philosophen Horace Kallen (1882–1974) angewandt. Er unterrichtete lange Jahre an der *New School of Social Research*, die sich in New Yorks Greenwich Village befindet. In dieser unkonventionellen Umgebung erlebte Kallen eine viel größere Vielfalt von Menschentypen als in seinen Studentenjahren in Harvard. Kallen war der Sohn eines Rabbiners und als Fünfjähriger mit seiner Familie in die USA gekommen. Lange bevor er mit der Philosophie in Berührung kam, erlebte er die turbulente Realität des Einwandererschicksals – und sie gefiel ihm. Deshalb hat er die Multikulturalität der Vereinigten Staaten nicht nur beschrieben, sondern vielmehr gepriesen. Diese zweifache Bedeutung von Pluralismus – als simple Beschreibung gesellschaftlicher Fakten und als Ideologie – hat sich bis heute erhalten.

Auch ich bin als Einwanderer in die Vereinigten Staaten gekommen, wenn auch nicht als Fünf-, sondern als Siebzehnjähriger, und ich habe ihre Vielfalt seither immer genossen. Aber ich schreibe hier als Beobachter und nicht als Lobpreiser. Das Suffix »-ismus« suggeriert freilich eine Ideologie, und so habe ich stattdessen eine Zeit lang den eher beschreibenden Terminus »Pluralität« benutzt. Das führte dazu, dass ich ständig erklären musste, wovon ich eigentlich sprach – »wissen Sie, das ist so wie Pluralismus«. Dieser Ausdruck wird sofort verstanden und ist sogar Teil der Alltagssprache geworden. Ich benutze den Terminus hier in seiner umgangssprachlichen Bedeutung.

Um Missverständnissen vorzubeugen, möchte ich genau definieren, wie ich den Terminus verwende: Pluralismus ist eine gesellschaftliche Situation, in der Menschen verschiedener Ethnien, Weltanschauungen und Moralauffassungen friedlich miteinander leben und freundlich miteinander umgehen. Die zweite Satzhälfte ist wichtig. Es macht kaum Sinn, von Pluralismus zu sprechen, wenn Menschen nicht miteinander sprechen – beispielsweise wenn Menschen miteinander nur als Herren und Sklaven kommunizieren oder wenn sie in scharf voneinander abgegrenzten Gemeinschaften leben und ausschließlich in ökonomischen Belangen interagieren. Damit der Pluralismus seine volle Dynamik entfalten kann, muss es zu einer andauernden Konversation kommen, nicht unbedingt unter Gleichen, aber über eine längere Zeitspanne hinweg und zu einem breiten Themenspektrum. Anthropologen haben dafür zwei hilfreiche Termini: *Kommensalität* und *Konnubium* – miteinander essen und einander heiraten. Anders ausgedrückt, wir beziehen uns auf Tischgespräche und Bettgeflüster.

Was dann abläuft, ist ein Prozess, den ich *kognitive Kontamination* benannt habe. Dieser Ausdruck ist keine großartige Bereicherung der Sprache, aber manchmal macht es Sinn, die Alltagssprache zu verlassen. Mit dieser Formulierung bezeichne ich ein weithin beobachtetes Phänomen: Wenn Menschen länger miteinander sprechen, werden sie einander beeinflussen. Sozialpsychologen haben massenweise Bücher darüber geschrieben. Einige davon sind lustig. Von Milton Rokeach beispielsweise ist das faszinierende Buch *The three Christs of Ypsilanti* (1964). Ypsilanti bezeichnet hier nicht den griechischen Ort, wo der Dichter Lord Byron sein Leben ließ, sondern eine psychiatrische Klinik in Michigan. Dort lebten zwei Insassen, die sich beide einbildeten, Christus zu sein. Irgendwie kamen sie gut miteinander aus, aber die Psychiater begannen, sich Sorgen zu machen, als ein dritter Patient hinzukam, der dieselbe Wahnvorstellung hatte. Um das Problem in den Griff zu bekommen, wurden die drei aber nicht getrennt, sondern vielmehr gemeinsam untergebracht. Rokeach beschrieb, was daraufhin passierte: Die drei entwickelten etwas, was man nur als geniale Theologie bezeichnen kann, die es jedem der drei gestattete, sich weiterhin als eine Art Christus zu bezeichnen. Menschen, die andauernd miteinander sprechen, auch wenn es Patienten einer psychiatrischen Einrichtung sind, beeinflussen einander schließlich; sie erzielen einen kognitiven Kompromiss.

Ich stelle hier zwei wichtige Behauptungen auf. Die erste ist, dass kognitive Kontamination relativiert. Und die zweite ist, dass Pluralismus kognitive Kontamination als permanenten Zustand erzeugt.

Was ich unter kognitiver Kontamination verstehe, ist eine Anmerkung zu Leon Festingers sehr wichtigem Werk darüber, was er als kognitive Dissonanz bezeichnet (*A Theory of Cognitive Dissonance*, 1957). So nennt er das, was geschieht, wenn Menschen mit angeblichen Fakten konfrontiert werden, die dem widersprechen, was sie bis dahin geglaubt haben. Festinger interessierte sich besonders für Strategien, die Menschen entwickeln, um diese Dissonanz zu vermeiden. So werden etwa Raucher einen Zeitungsartikel über die angeblichen Gesundheitsrisiken des Rauchens rasch überblättern. Interessanterweise hat Festinger das einige Jahre vor Beginn des großen Kreuzzugs gegen den Tabak beschrieben. Ich glaube, dass sich die Strategien seither nicht wesentlich verändert haben, außer dass der Dissonanz vermeidende Raucher jetzt mehr Artikel überblättern muss. Nach Festinger gibt es eine ganze Palette von Vermeidungsstrategien: die Gültigkeit der abweichenden Information bestreiten, was ich methodologischen Mord nenne würde, ein bei Sozialwissenschaftlern mit starken Vorurteilen sehr beliebtes Instrument; die persönlichen Motive des Informationsüberbringers angreifen, etwa, dass er dafür von irgendjemandem bezahlt würde, der daran ein Eigeninteresse hat; die Informationsträger physisch vom Schauplatz eliminieren oder selbst fliehen; oder, in Extremfällen, sie bekehren oder ermorden. Aber es gibt noch eine weitere Option: mit ihnen verhandeln. Das ist natürlich, was die Patienten in der von Rokeach beschriebenen Klinik getan hatten. Ich habe das *Kognitives Feilschen* genannt. Wenn man versucht, Pluralismus zu verstehen, ist das eine sehr wichtige Strategie.

Jede andauernde Interaktion mit anderen, die mit unserer eigenen Sicht der Welt nicht übereinstimmen, relativiert letztere. Menschen mit widersprüchlichen Ansichten müssen gar nichts über ihre Unstimmigkeiten sagen. Einfach nur zusammenzusitzen, kann schlimm genug sein. Ich möchte beim Beispiel des Rauchens bleiben. Viele Kinder werden heute sorgfältig über die Schädlichkeit des Rauchens indoktriniert. Dieser Glaube wird von den Familien und von Schulprogrammen, Vertretern der Gesundheitsberufe und den Medien unterstützt. Ich habe einmal ein einschlägiges Erlebnis gehabt. Ein kleines Mädchen, das eindeutig von Anti-Raucher-Tugendwächtern indoktriniert war, saß ihm Wohnzimmer seiner Eltern, als ein Gast seine Pfeife herauszog und anzündete. Keiner hatte etwas dagegen – es war noch im frühen Stadium dieses speziellen Kulturkriegs. Das kleine Mädchen erstarrte in seinem Sessel, die Augen weit aufgerissen. Es war deutlich zu sehen, wie schockiert es war. Der Besucher, der den Verstoß begangen hatte, sagte damals auch nichts. Aber nehmen wir einmal an, das Mädchen hätte sich aus seiner Erstarrung gelöst und den Gast gefragt: »Wissen Sie denn nicht, dass Rauchen Ihrer Gesundheit schadet?« Angenommen, er hätte geantwortet: »Nein, das glaube ich nicht« und hätte gelassen weiter geraucht. Eine Menge verschiedener Szenarien wären in der Folge denkbar gewesen, bis hin zu physischer Gewalt. Im Grunde ist das Argument einfach: Relativierung tritt zumindest minimal auf, wenn jemand sich sichtbar anders benimmt, als es dem Betrachter bislang als angemessen und selbstverständlich erschien. Die Relativierung wird stärker, wenn der Herausforderer die Unstimmigkeit verbalisiert. Auf diese Weise initiieren verschiedene Formen von Interaktion mit unterschiedlichen Weltanschauungen und daraus resultierendem Verhalten einen Relativierungsprozess.

Ein anderes Beispiel für diesen Prozess findet sich im Werk von Montesquieu, der ein eher unzuverlässiger, trotzdem aber enorm einflussreicher politischer Denker gewesen ist. In seinen *Persischen Briefen* (1721) illustriert Montesquieu genau den Punkt, auf den es mir hier ankommt. Das Buch enthält Briefe, die persische Parisbesucher angeblich nach Hause geschrieben haben. Darin äußern sie Verwunderung über vieles, was sie in den Kreisen, in denen sie sich bewegen, erleben. Etwa finden sie die Koexistenz von Monogamie und Ehebruch eigenartig. Sie berichten auch über das Erstaunen der Pariser, wenn sie ihnen vom Leben in Persien erzählen – beispielsweise von Polygamie und Harems. Die Pariser fragen: »Wie kann man nur ein Perser sein?« Die Frage, die Montesquieu allerdings wirklich aufwerfen wollte, ist aber: »Wie kann man nur ein Pariser sein?« Das genau ist Relativierung und genau darauf zielte Montesquieu ab. Es ist die Erkenntnis, dass die Wirklichkeit anders wahrgenommen und gelebt werden kann, als es einem bislang als die einzig wahre Art und Weise erschienen ist. Oder, um es einfach zu sagen: Die Dinge können wirklich, wirklich anders sein. Anthropologen nennen diese Erfahrung den »Kulturschock« und gar nicht wenige von ihnen reagieren auf den Relativierungsschock durch »going native« (den Lebensstil oder die Ansichten einer beobachteten Gruppe annehmen). Pluralismus erzeugt eine Situation, in der Relativierung zum Dauerzustand wird. Das kann auf sehr verschiedenen Komplexitätsebenen geschehen – auf der eines kleinen Mädchens, das Zeugin eines in seinen Augen empörenden Benehmens wird, oder auf jener eines Anthropologen, der eine Theorie des Kannibalismus aufzustellen versucht.

Pluralismus, wie ich ihn definiert habe, hat in der Geschichte in verschiedener Form zu unterschiedlichen Zeiten existiert. Er hatte eine lange Tradition in den ostasiatischen Kulturen, besonders in China und Japan. Über mehrere Jahrhunderte legten die Länder entlang der Seidenstraße einen überschäumenden Pluralismus an den Tag, wo Christen, Manichäer, Zoroaster, Hinduisten, Buddhisten und Konfuzianische Gelehrte miteinander interagierten, oft im Kontext hellenistischer Staaten, die als Erbe der östlichen Feldzüge Alexanders des Großen zurückgeblieben waren. Ein wunderbares Beispiel für diese Art von Dialog ist ein klassischer buddhistischer Text, *Die Fragen des Königs Milinda*, der einen Dialog zwischen einem buddhistischen Weisen und einem hellenistischen Regenten beinhaltet, dessen griechischer Name wahrscheinlich Menander war. Vor dem Hintergrund seiner persönlichen Erfahrung mit der griechischen Philosophie stellt der König Fragen über den Buddhismus. Es ist ein wunderbares Beispiel dafür, wie zwei verschiedene Weltanschauungen, die beide – wenn auch in unterschiedlicher Weise – stark religiös geprägt sind, sich miteinander arrangieren. Der Hellenismus, der in den Städten des späten Römischen Reichs florierte, ist eine besonders ausgeprägte Form von Pluralismus und war äußerst wichtig für den Entwicklungsverlauf der europäischen Zivilisation. In diesem günstigen Kontext konnte sich das Christentum von seinem ursprünglichen Ausgangspunkt ausbreiten, zuerst durch die Missionsreisen des Apostels Paulus nach Athen, wo Paulus laut Apostelgeschichte eine Predigt hielt, die direkt auf den hellenistischen Pluralismus Bezug nimmt: »Athener, nach allem, was ich sehe, seid ihr besonders fromme Menschen. Denn als ich umherging und mir eure Heiligtümer ansah, fand ich auch einen Altar mit der Aufschrift: einem unbekannten Gott. Was ihr verehrt, ohne es zu kennen, das verkünde ich euch.« Dann verkündete er die Lehre Jesu Christi, dessen Anbetung im Zentrum von Paulus' Glauben stand. Es gab Perioden – manche kurz, andere länger – in der Geschichte des Islam, in denen muslimische Herrscher religiösen und kulturellen Pluralismus zuließen und sogar förderten, etwa im maurischen Spanien, im Indien der Mogule und im Osmanischen Reich; in Spanien wurde damals sogar ein eigener Begriff geprägt, der die freundliche Koexistenz von Muslimen, Christen und Juden bezeichnete – *conviviencia*. Das christliche Mittelalter war zwar eine Periode, die sich nicht gerade durch Toleranz auszeichnete, hatte aber auch seine pluralistischen Episoden. Ein Beispiel dafür ist die Herrschaft der Staufer auf Sizilien; ein anderes ist das Languedoc im heutigen Süden Frankreichs, das damals vom Comte de Toulouse beherrscht wurde, der selbst Katholik war, der aber die Albigenser tolerierte und sogar schützte, bis ein besonders grausamer Kreuzzug aus dem Norden die albigensische Häresie ausrottete und dadurch eine pluralistische Kultur zerstörte.

Pluralismus wird oft mit Städten assoziiert – mit Regierungssitzen, Handelszentren und Meereshäfen. Darauf bezieht sich ein altes deutsches Sprichwort: *Stadtluft macht frei*. Das ist kein großes Geheimnis. Städte sind meist jene Orte, wo Menschen mit sehr verschiedenem Hintergrund Schulter an Schulter leben und kognitive Kontamination ihr kreatives oder (je nach Standpunkt) destruktives Werk beginnt. Sinnvollerweise sollte man daran denken, dass es schon in vormoderner Zeit große Städte gab, etwa Alexandria, und dass Pluralismus somit viel älter ist als die beiden mächtigen treibenden Kräfte des modernen Pluralismus, der Buchdruck und die Dampfmaschine. Die prägnanteste Definition von Moderne ist wohl: die Veränderungen, die in den letzten Jahrhunderten durch Wissenschaft und Technik bewirkt wurden – ein Prozess, der immer rascher verläuft und Auswirkungen auf immer mehr Bereiche des menschlichen Lebens hat. In gewisser Hinsicht bezeichnet Modernisierung eine Art expandierende Urbanisierung, sodass immer mehr Menschen in aller Welt »Stadtluft« atmen, sogar wenn viele von ihnen – noch – gar nicht in städtischen Gebieten leben. Auf diese Weise wurde Pluralismus globalisiert. Der gesamte Planet wuchs gewissermaßen zu einer riesigen Stadt zusammen.

In der *Conditio humana* führt Modernisierung zu einer enormen Veränderung – von Schicksal zu Entscheidung. Wir könnten annehmen, dass die Fähigkeit, Entscheidungen zu treffen, beim Homo sapiens intrinsisch ist und dass ganz früh, beim ersten Auftreten unserer Spezies, der Einzelne bereits immer wieder entscheiden konnte (»Soll ich an diesem Flussufer Löwen jagen oder am anderen?«). Aber das Spektrum der Wahlmöglichkeiten wächst im Laufe der Geschichte – seit der Industriellen Revolution ist ihr Wachstum sogar exponentiell. Diese Veränderung ist im Grunde das Produkt eines enormen Aufschwungs der Technik – wie beispielsweise die Dampfmaschine und was danach kam –, die ihrerseits wieder durch die Entwicklung dessen ermöglicht wurde, was wir als moderne Wissenschaft kennen – eine kognitive Revolution, verbreitet durch den Buchdruck. Wir können uns neolithische Menschen vorstellen, wie sie in ihren Höhlen sitzen und mit einem simplen Hammer auf den Löwenkadaver einschlagen, den sie gerade hereingeschleift haben. Dieses Hämmern ging jahrhundertelang weiter – immer mit demselben Hammer. Jetzt haben wir nicht nur eine große Auswahl von Werkzeugen, sondern gänzlich alternative Technologiesysteme. Darüber hinaus können wir jetzt selbst entscheiden, wen wir heiraten, wie viele Kinder wir haben, welcher Arbeit wir nachgehen, wo wir wohnen, wie wir uns politisch und ökonomisch organisieren, worüber wir uns unterhalten, zu welchem Glauben wir uns bekennen (besonders natürlich in Kontexten mit einem gewissen Maß an religiöser Freiheit), und sogar was unsere Identität ist – frei nach dem modernen Mantra: »Ich will herausfinden, wer ich bin.« Diese Formulierung ist interessant, denn sie verwendet die Sprache des Schicksals (»wer ich bin«), um die Vorstellung eines Menschen zu vermitteln, der sich entscheidet, wer er ist. Das ganze Leben wird zu einem endlosen Prozess des Neudefinierens, wer jemand ist, im Kontext der scheinbar zahllosen Möglichkeiten, die die Moderne eröffnet. Dieses endlose Feld von Wahlmöglichkeiten wird von den kapitalistischen Strukturen verstärkt, die einen riesigen Markt für Dienstleistungen, Produkte und sogar Identitäten bieten, unter dem Schutz eines demokratischen Staats, der alle Entscheidungen legitimiert, nicht zuletzt jene für Religion. All diese Lebensbereiche eines Menschen waren einmal selbstverständlich, schicksalsgegeben. Jetzt sind sie Schauplatz von beinahe unendlich vielen Entscheidungen.

Die Schriften des deutschen Sozialtheoretikers Arnold Gehlen (1904–1976) helfen, diesen Prozess, der ein Resultat der sich ausdehnenden Wahlmöglichkeiten ist, zu verstehen. Der Mensch hat im Vergleich zu anderen Säugetieren ein vergleichsweise kleines Repertoire von Instinkten, die ihm sagen, was zu tun ist. Schon lange bevor die Moderne angebrochen war, hat diese biologische Tatsache den Menschen gezwungen, nachzudenken und Entscheidungen zu treffen. Müsste das Individuum allerdings jedes Mal, wenn eine Handlung ausgeführt werden soll, eine Entscheidung fällen, würde es in Unentschlossenheit versinken. (In diesem Fall, können wir uns ausmalen, würde der Löwe wohl eher den Menschen fressen als anders herum, was im grausamen Konkurrenzkampf der Evolution zu einer sehr schlechten Prognose für die Zukunft der Spezies führen würde.) Um den Mangel an menschlichen Instinkten auszugleichen, wurden Institutionen entwickelt. Institutionen bieten Handlungsanleitungen, die uns die Instinkte nicht geben. Das heißt, dass sie einen Bereich von Stabilität errichten, wo das Individuum praktisch automatisch und ohne viel nachzudenken handeln kann. Gleichzeitig ermöglichen sie auch einen anderen Bereich, in dem das Individuum frei entscheiden kann. Gehlen nannte diese beiden Bereiche den Hintergrund und den Vordergrund des menschlichen Gemeinschaftslebens. Der Hintergrund ist stark institutionalisiert, der Vordergrund deinstitutionalisiert; der Hintergrund ist der Bereich des Schicksals, der Vordergrund jener der Wahl. Konrad Lorenz, der Zoologe, der die Disziplin der Ethologie begründet hat, war besonders an »Triggern« interessiert – so bezeichnete er die Stimuli, die den einen oder anderen Instinkt veranlassen, zu erwachen und zu einem angemessenen Verhalten zu führen. Weibliche Säugetiere haben einen Instinkt, ihre Neugeborenen zu nähren. Lorenz wollte den Trigger entdecken, der dieses Nährverhalten bei einer besonderen Vogelart, der Graugans, auslöst, mit der er sich viele Jahre beschäftigt hat. Er versuchte, den Trigger selbst auszulösen, damit die Graugansmutter ihn füttern würde. Visuelle Trigger, die aus verschiedenen physischen Signalen bestanden, schaltete er aus. Schließlich kam er zu dem Schluss, dass es einen akustischen Trigger geben muss – einen bestimmten Tschilpton. Wenn die Muttergans diesen Ton hört, schießt sie herab und füttert das Junge. Zu guter Letzt hatte Lorenz Erfolg und wurde selbst gefüttert. Er drehte einen Film über dieses Experiment, in dem der sehr große, behaarte Mann eifrig vor sich hin tschilpt. Mutter Gans kann ihn unmöglich angeschaut und mit ihrem Küken verwechselt haben, aber sie hörte das Tschilpen, flog sofort herab und fütterte den großen Menschen, der den richtigen Trigger ausgelöst hatte. Eine Art, Gehlens Konzept der Institutionen zu erklären, ist, sie als künstliche Trigger zu bezeichnen.

Sollten Gehlens anthropologische Annahmen richtig sein – und ich denke, sie sind es –, dann ist das immer so gewesen. Es musste so sein, oder das Gemeinschaftsleben hätte nicht funktionieren können. Gäbe es in der Gemeinschaft nur »Hintergrund«, wären wir alle programmiert wie Roboter – was rein biologisch unmöglich ist und jeder, der einmal mit kleinen Kindern zu tun hatte, wird das sofort verstehen: Zumindest eine Zeit lang wehren sie sich gegen das Verhalten, das ihnen ihre Eltern anerziehen wollen. Gäbe es, anderseits, in der Gemeinschaft nur »Vordergrund«, müssten wir jeden Tag Entscheidungen von Neuem treffen und das Gemeinschaftsleben würde zum Stillstand kommen. Sollte das etwas zu abstrakt sein, möchte ich das Gesagte so illustrieren, wie ich es oft in meiner Lehrtätigkeit getan habe. Wir befinden uns in einem Seminar, in dem beispielsweise die Theorien von Arnold Gehlen diskutiert werden sollen. Ich habe oft Seminare abgehalten und auch die meisten Studenten haben bereits an Seminaren teilgenommen. Wir kennen also die Regeln; wir müssen sie nicht bei jedem Treffen neu aushandeln. Wir nehmen diese Regeln so sehr als selbstverständlich, dass wir innehalten müssen, um uns in Erinnerung rufen zu können, was sie sind. Ich möchte einige nennen: Wir alle sitzen um diesen Tisch, wir geben uns nicht die Hände und tanzen um ihn herum. Auch wenn wir noch so sehr in unserer Meinung voneinander abweichen, werden wir keine physische Gewalt anwenden. Es wird zu keinen offenen sexuellen Handlungen kommen. In diesem Raum wird nicht gespuckt, uriniert oder der Darm entleert. Nun stellen Sie sich vor, dass es diese Regeln, die ein Teil der Institution der Höheren Bildung in den USA sind, nicht als Hintergrund unserer Zusammenkunft vorhanden wären. Wir müssten sie bei jedem Treffen neu verhandeln; lasst uns abstimmen – hinsetzen oder tanzen? Sexualkontakte, ja oder nein? Abgesehen davon, dass dies emotionell unerträglich wäre, würden wir niemals zur tatsächlichen Tagesordnung des Seminars vorstoßen: Nachdem endlich alle Regeln neu verhandelt worden sind, bleibt keine Zeit mehr für Gehlen! Wer alt genug ist, die sogenannte Studentenrevolte der späten 1960er-Jahre miterlebt zu haben, dem fallen dabei wohl die ärgerlichen, nicht enden wollenden Diskussionsrunden ein, die es angeblich gebraucht hat, um demokratische Entscheidungen zu treffen. Wir wissen auch, dass der stabile institutionelle Hintergrund eines Universitätsseminars verbal oder durch Verhalten infrage gestellt werden kann – also vielleicht nicht alle, aber doch viele der oben angeführten Regeln, die früher für die Definition der Rollen eines Professors und eines Studenten als selbstverständlich akzeptiert waren. Gehlen nannte dieses Infragestellen *Deinstitutionalisierung*. Dieser Prozess war in den späten Sechzigern an europäischen und amerikanischen Universitäten häufig anzutreffen. Natürlich dauerte dieses vorgeblich demokratische Chaos nicht an; es konnte das gar nicht. Nach einiger Zeit wurden neue institutionelle Programme formuliert. Das Resultat war, dass die Universität sich veränderte, aber in ihren grundlegenden Funktionen überlebte – beispielsweise darin, das gesamte Wissen weiterzugeben und als Auffangbecken für junge Menschen zu dienen, die sich notorisch daneben benehmen. Max Weber hatte einen speziellen Ausdruck für diesen Prozess: »die Veralltäglichung von Charisma«. Charisma ist die Kraft, die Alltagsroutinen infrage stellt und sprengt. Das kann nicht zum Dauerzustand werden; früher oder später entwickeln sich neue institutionelle Formen.

Dieser Prozess lässt sich gut mit einer Episode aus dieser Zeit illustrieren. Meiner Erinnerung nach trug sie sich in den frühen 1970er-Jahren bei einer Konferenz in Washington zu. Eine Arbeitssitzung wurde rüde und lautstark von einigen Radikalen im Publikum unterbrochen. Mir fiel auf, dass jemand aus dem Veranstaltungskomitee nicht weit vom Hauptstörenfried saß. Als es zu der Unterbrechung kam, stand diese Person auf und schlug vor, man solle eine spezielle Sitzung einberufen, bei der das Thema, das die Radikalen verlangten, diskutiert werden könnte. Ich kam zu dem Schluss, dass der

Konferenzapparatschik die Störung erwartet und sich darauf vorbereitet hatte. Mit anderen Worten war ich Zeuge einer arrangierten, vielleicht sogar programmierten Störung geworden. Ich könnte mir einen Austausch kurzer Botschaften zwischen den beiden Beteiligten vorstellen: »Wenn es passt, stören wir die Tagung um 10 Uhr 15.« – »Wunderbar. Ich bin darauf vorbereitet. Wie wäre es, wenn wir eure Veranstaltung morgen um 11 Uhr 30 ansetzen?« Die Hochschulen in den USA und in Europa überlebten die turbulenten Zeiten genau wegen dieser Art von geheimem Einverständnis zwischen Revolutionären und Bürokraten. Am Ende geschah das Typische: Die Revolutionäre wurden selbst Bürokraten.

Pluralismus ist nicht der einzige Faktor bei der Vervielfältigung der Wahlmöglichkeiten, aber er ist ein sehr wichtiger. In Gehlens Terminologie ausgedrückt, befördert der Pluralismus die Ausdehnung des »Vordergrunds« auf Kosten des »Hintergrunds«. Das wird besonders deutlich auf dem Gebiet der Religion, die ja im Mittelpunkt dieses Buches steht. Aber betrachten wir noch ein anderes Feld, jenes der Genderbeziehungen. Hier war es der Feminismus jüngster Provenienz, der den Bereich des Selbstverständlichen verkleinert hat und es Individuen erlaubte zu wählen – ja, sie sogar dazu zwang. Lassen wir pikante Fälle von Sexualverhalten einmal beiseite und nehmen wir ein Beispiel aus der ganz gewöhnlichen gesellschaftlichen Etikette: einen wohlerzogenen Amerikaner der Mittelschicht, der sich in Begleitung einer Frau der Tür nähert. Es ist noch gar nicht so lange her, da hätte er, ohne überhaupt nachdenken zu müssen, die Tür für sie geöffnet und wäre erst hinter ihr durchgegangen. Er hätte sich keine Gedanken über ihre Reaktion machen müssen, vielleicht sogar »Ladies first« sagen können. Mit anderen Worten: Dieser banale Fall von sozialer Interaktion war seit langer Zeit institutionalisiert gewesen. Jetzt ist die Lage anders. Wenn der Mann die Frau nicht gut kennt, muss er rasch überlegen, welche Art von Reaktion er möglicherweise auslösen könnte – da deinstitutionalisierte Reaktionen von Dankbarkeit bis Feindseligkeit reichen können. Nehmen wir einmal an, dass er nicht viel über die fragliche Frau weiß. Da er rasch entscheiden muss, was er tun soll, muss der Mann versuchen, die Frau in jene kulturelle Typologie einzuordnen, die er in seinem Kopf herumträgt. Wenn sich sein Wissen darauf beschränkt, dass sie die ergraute Präsidentin des lokalen Republikanischen Klubs ist, wird er wohl auf altmodische Höflichkeit setzen. Wenn er weiß, dass sie eine Soziologieprofessorin mittleren Alters ist, wird er eher der Etikette der Gendergleichberechtigung folgen. In beiden Fällen ist er mit einer typischen Folge der Deinstitutionalisierung konfrontiert.

Gehlen hatte noch eine weitere Einsicht über Institutionen, nämlich, dass ihre Dekonstruktion zuerst ein berauschendes Gefühl des Befreitseins mit sich bringt. Sowohl die europäische, als auch die amerikanische Literatur ist reich an Geschichten über Menschen, die aus der tiefsten Provinz in die große Stadt kommen, wo sich ihnen plötzlich neue Horizonte eröffnen und alte Repressionen überwunden sind. Man kann voll Überschwang um den Baum der Freiheit tanzen. Nach einer Weile aber weicht der Freiheitstaumel einem wachsenden Angstgefühl. Es fühlt sich an, als hätte man keinen festen Boden mehr unter den Füßen; es gibt keine Sicherheiten mehr und auch keine verlässlichen Leitlinien, wie man leben soll. Man sucht nach einer neuen Befreiung, nach einer Befreiung von der vorhergehenden Befreiung, die die alten institutionellen Zwänge beseitigt hatte. Was dann typischerweise folgt, ist die Rekonstruktion von – alten oder neuen – Institutionen. Es gibt einen amerikanischen Witz, der die Psychologie gut illustriert, die dieser Entwicklung zugrunde liegt: Zwei Freunde sehen sich nach langer Zeit wieder. »Wie geht's? Bist du immer noch arbeitslos?« – »Nein, ich habe jetzt einen Job. Aber es ist ein schrecklicher Job.« – »Was ist das für ein Job?« – »Nun, ich arbeite in einem Orangenhain. Ich sitze unter einem Baum im Schatten. Die Orangen werden zu mir gebracht und ich muss sie in drei Körbe sortieren – der Größe nach, die Kleinen, die Großen und die Mittleren. Das mache ich den ganzen Tag lang.« – »Also, das verstehe ich jetzt nicht. Das klingt doch wie ein sehr angenehmer Job. Warum sagst du, dass er schrecklich ist?« – »*All diese Entscheidungen!*«

Pluralismus relativiert und unterminiert so viele der Gewissheiten, nach denen die Menschen früher lebten. Anders gesagt: Sicherheit wird zu einem seltenen Gut. Ich will mich jetzt gar nicht darüber ausbreiten, ob es in der menschlichen Natur ein tiefes Bedürfnis nach Sicherheit gibt. Empirisch gesehen scheint das Bedürfnis weit verbreitet zu sein, und diejenigen, die es haben, regen sich auf, wenn es nicht befriedigt wird. Das scheint mir der Grund dafür zu sein, dass so viele moderne Menschen verängstigt sind und dass die ruhige Gewissheit der vormodernen Gesellschaften so attraktiv ist und für viele nervöse moderne Menschen zu einem Utopia wird – jene Anthropologen, die sich dem »Go-native« verschreiben, eingeschlossen. Der Traum von Shangri-la dauert an. Es gibt zwei scheinbar gegensätzliche, in Wirklichkeit aber zutiefst ähnliche Versuche, die Angst, die mit der Relativierung kam, zu zerstreuen: Fundamentalismus und Relativismus. Ich habe mich mit diesem Thema in einem Buch beschäftigt, das ich mit Anton Zijderveld geschrieben habe, *Lob des Zweifels* (2009). Ich gehe nicht davon aus, dass der Leser dieses Buches mit meiner früheren Schreiberei vertraut ist, daher möchte ich diese Themen hier noch einmal kurz streifen. Wie der legendäre Rabbi Meir aus Vilnius so richtig sagte: »Von wem soll ich schon abschreiben, wenn nicht von mir selbst?«

Fundamentalismus ist der Versuch, eine bedrohte Gewissheit wiederherzustellen. Meist wird der Terminus für religiöse Bewegungen verwendet, aber es ist wichtig zu wissen, dass es viele säkulare Fundamentalismen gibt – politische, philosophische, ästhetische, sogar kulinarische (etwa bei manchen Vegetariern) oder sportliche (bei treuen Fans von Mannschaften). Mehr oder weniger jede Idee und jeder Brauch kann zur Grundlage eines fundamentalistischen Projekts werden, freilich in sehr unterschiedlichem Komplexitätsgrad – wie etwa bei den Ähnlichkeiten und Unterschieden zwischen einem marxistischen Theoretiker und einem fanatischen Anhänger des Schlankheitskults. Des Weiteren kann das Projekt entweder auf einer (wirklichen oder eingebildeten) Gewissheit aus der Vergangenheit basieren (z.B. auf traditionellem Katholizismus) oder es kann sich an einem Heilsversprechen für die Zukunft orientieren (so wie das bei den meisten modernen Revolutionsbewegungen der Fall ist). Das heißt: Es gibt reaktionäre und progressive Fundamentalismen. Was aber alle diese Projekte gemeinsam haben, ist ein Versprechen an den potenziellen Konvertiten: »Komm zu uns und du wirst endlich die Gewissheit haben, nach der du dich schon so lange sehnst. Du wirst die Welt verstehen, du wirst wissen, wer du bist, und du wirst wissen, wie man leben soll.« Natürlich mag ein Außenstehender denken, dass das eine oder andere Projekt auf einer Illusion aufbaut, aber das ist weder dort noch da der Fall. Wenn die Einladung, beizutreten, angenommen wird, dann wird sich das Versprechen der erlösenden Gewissheit wahrscheinlich erfüllen. *Falls* man willens ist, die kognitiven und normativen Prämissen des Projekts zu akzeptieren, und *falls* man das auch einige Zeit lang durchhält, wird man sicher mit einem neuen Gefühl von Überzeugung leben. Aber dieses Gefühl ist sehr verletzlich im Vergleich zu jener ruhigen Gewissheit der vormodernen Menschheit.

Blickt man näher auf den reaktionären Fundamentalismus, wird das klarer. Es gibt nämlich einen großen Unterschied zwischen Tradition und Neotraditionalismus. Für vormoderne Menschen sind Weltanschauung und Wertsystem selbstverständlich und deshalb ist weder Reflexion noch Entscheidung nötig. Natürlich kann es gegen Außenstehende gerichtete Einschränkungen geben, aber Menschen, die fest in einer Tradition verhaftet sind, können sich eine bestimmte Toleranz gegenüber jenen, die diese Tradition nicht teilen, leisten. Neotraditionalisten können sich diese Toleranz nicht leisten. Für sie ist die Tradition nicht einfach gegeben, sie haben sie vielmehr gewählt – und das können sie nicht vergessen. Folglich können sie sich lautstark zu einer Tradition bekennen – so wie das der wirklich vormoderne Mensch einmal gemacht hat –, aber es wird immer ein Unterton von Ungewissheit bleiben, der die Situation vollkommen verändert. Fundamentalisten sind deshalb in demselben Maß aggressiv, wie sie verletzlich sind.

Man kann das mit einem Vergleich von orthodoxen Juden aus dem traditionellen Schtetl im Westen des Zarenreichs mit orthodoxen Juden in den Vereinigten Staaten der Gegenwart veranschaulichen. Im ersteren Fall waren die orthodoxe Identität und alles, was sie in Bezug auf Weltanschauung und Verhalten mit sich brachte, einfach gegeben. Zweifellos hat es einige Exzentriker gegeben, die Dissidenten in der Gemeinde waren, aber sie haben deren Stabilität kaum bedroht. Die christliche Welt außerhalb konnte natürlich zur physischen Bedrohung werden, aber, wenn überhaupt, dann stärkte das nur den Zusammenhalt innerhalb der Gemeinschaft. Wie das jiddische Sprichwort sagte, war es »schwer, ein Jude zu sein«, aber es gab keinen möglichen Ausweg aus diesem Schicksal. Auch in den heutigen Vereinigten Staaten gibt es orthodoxe Juden. Die radikaleren Gruppen haben Gemeinden gebildet, die wie Nachbildungen des alten Schtetl wirken, z.B. in manchen Vierteln Brooklyns. Ein Mensch, der dort geboren und aufgewachsen ist, mag es psychologisch schwierig finden, diesem Umfeld zu entfliehen, aber es gibt weder physische noch juristische Barrieren, die von außen oktroyiert wurden, die ihn daran hindern würden. Einem anderen, der davor säkular war, dann aber als Konvertit in die Gemeinde eingetreten ist, wird es leichter fallen, sie auch wieder zu verlassen. Keiner der beiden kann jedoch die Tatsache aus seinem Bewusstsein löschen, dass er aus eigener Entscheidung dort ist – sei es infolge der Entscheidung zu bleiben oder der Entscheidung, der Gemeinde beizutreten. Diese Entscheidungen können revidiert werden, und das wissen sie beide. Alles, was sie tun müssen, ist, in die U-Bahn einzusteigen und nach Manhattan zu fahren. Dieses Beispiel könnte man auch auf Israel übertragen. Bestimmte Gegenden Jerusalems wie Mea Shearim sehen auch wie transferierte russische Schtetl aus. Sie sind es aber nicht. Man kann aus ihnen weggehen, den Bus nehmen und nach Tel Aviv übersiedeln.

Um den Unterschied zwischen Tradition und Traditionalismus noch stärker hervorzuheben, möchte ich eine Geschichte erwähnen, die nichts mit Religion zu tun hat. Kaiserin Eugénie von Frankreich, die Gemahlin Napoleons III., stammte aus ziemlich einfachen Verhältnissen und hatte eine dunkle Vergangenheit, bevor sie in den kaiserlichen Status erhoben wurde. Bei einem Staatsbesuch in London wurde sie von Königin Viktoria, deren königliche Abstammung makellos war, in die Oper eingeladen. Beide Frauen waren eindrucksvolle Figuren. Eugénie, der Gast, trat zuerst in die Loge, nahm huldvoll den Applaus entgegen, blickte freundlich hinter sich und setzte sich. Dann kam Viktoria, die ebenso huldvoll den Applaus entgegennahm und sich setzte. Sie blickte nicht zuerst hinter sich. Sie wusste, dass der Stuhl dort stehen würde.

Relativismus kann einfach als die bereitwillige Annahme von Relativität definiert werden; das bedeutet, dass die Relativierung, die tatsächlich stattgefunden hat, als eine höhere Form von Wissen gefeiert wird. Man kann sich über nichts ganz sicher sein, denn es gibt keine absolute kognitive oder normative Wahrheit. Mit anderen Worten: Die Erfahrung der Relativität, die Fundamentalisten in Schrecken versetzt und der sie zu entkommen versuchen, wird hier zu einer Erkenntnis, auf die man stolz sein und die man auf die Lebenspraxis anwenden kann. Wie beim Fundamentalismus gibt es auch den Relativismus in verschiedenen Komplexitätsgraden. Er findet sich in Theorien, die das entwickeln, was Nietzsche »die Kunst des Misstrauens« nannte. Die zugrunde liegende Methode dabei ist, Affirmationen von Wahrheit und Tugend in Ausdrücke der angeblich zugrunde liegenden Interessen zu übersetzen, die nichts mit Wahrheit oder Tugend zu tun haben – Machtinteressen, Gier, Lust. Machiavelli, Marx und Freud sind bedeutende Vertreter dieser Art von Weltanschauung. Sie haben nicht nur geholfen, noch vorhandene Relativität zu legitimieren, sondern politische und kulturelle Bewegungen begründet, von denen sich ihre Anhänger Verhaltensprogramme ableiten konnten. Der sogenannte Postmodernismus war ein zwischenzeitliches Aufblühen dieser Weltanschauung. Jedoch kann man dieselbe Weltanschauung in philosophisch viel weniger ausdifferenzierter Art haben. Meistens ist das bei Menschen so, die die theoretische Untermauerung kultureller Realitäten gar nicht in Betracht gezogen haben. Diese Menschen äußern regelmäßig Ansichten, die man Mantras des Relativismus nennen könnte. Die amerikanische Sprache, die eine Gesellschaft spiegelt, die lange zur Avantgarde des Pluralismus gehörte, hat ein ganzes Vokabular von populären Weisheiten produziert, das bei jeder Gelegenheit angewandt werden kann: »Says you!« (»Das meinst auch nur du!«) – »We'll agree to disagree« (»Wir stimmen darin überein, nicht überein zu stimmen«) – »It's a free country« (»Das ist ein freies Land«). Dieser praktische Relativismus mag zwar nicht von einem theoretischen Gebäude gestützt werden, sondern nur von der Anmaßung, dass der Mensch, der dieses

Weisheiten absondert, sich weigert, die Illusionen von anderen zu teilen oder auf ihre Rhetorik hereinzufallen. Solche Menschen genießen ihren Zynismus vermutlich einfach. Falls sie überhaupt für irgendeine Tugend eintreten, dann für allumfassende Toleranz. Ich nehme an, dass man – wenn man hier Kategorien einer Klassifizierung aufstellen wollte – zwischen netten und unausstehlichen Relativisten unterscheiden könnte: »Ich respektiere dich trotz all unserer Unterschiede« versus »Du denkst so, weil du ein Arschloch bist und ich nicht.« Die beiden Kategorien verbindet die gleiche Erkenntnistheorie.

Relativisten mit theoretischen Ansprüchen haben ein grundlegendes Problem: Wie lässt sich erklären, dass sie allein die Realität sehen, wie sie wirklich ist, während alle anderen in einem Nebel von Illusionen herumstolpern? Dafür braucht es eine Theorie des falschen Bewusstseins (warum du ein Arschloch bist) und des kognitiven Privilegs (warum ich keines bin). Einige dieser Versuche können ziemlich witzig sein. So kann man beispielsweise die Geschichte des Marxismus als erweiterte Komödie eines quichottesken Strebens nach einer kognitiv privilegierten Elite sehen. Marx glaubte, dass das Proletariat eine solche privilegierte Sicht der Realität hatte, weil der Zustand der Ausbeutung das falsche Bewusstsein der Bourgeoisie wegbrannte und es so dem Proletariat ermöglichte, eine revolutionäre Klasse zu werden. Was nicht geklärt ist: Wie Marx, selbst ein Bourgeois par excellence, verheiratet mit einer Aristokratin und finanziell abhängig von einem kapitalistischen Freund, dem falschen Bewusstsein seiner eigenen Klasse entfliehen konnte. Unglücklicherweise ist das Proletariat in den entwickelten kapitalistischen Gesellschaften dabei gescheitert, das von der marxistischen Theorie vorgeschlagene revolutionäre Bewusstsein zu entwickeln. Lenin hat sich eine geniale Theorie ausgedacht, um mit diesem Problem fertigzuwerden: Das Proletariat mag in einem falschen Bewusstsein stecken geblieben sein, wodurch es die Revolution zugunsten sozialdemokratischer Reformen innerhalb des kapitalistischen Systems scheute, aber die revolutionäre Partei war die »Elite des Proletariats«; und deshalb »hat die Partei immer Recht« – mit dieser Maxime wurde die Rolle der Kommunisten beim Errichten der Sowjetdiktatur legitimiert. Das Konzept von der Partei als einer Elite wurde ordnungsgemäß von den kommunistischen Parteien außerhalb Russlands übernommen. Unglücklicherweise war nicht nur das Verhalten des »real existierenden Sozialismus« (im Gegensatz zu den humanen Ansprüchen seiner Ideologie) moralisch abstoßend, sondern diese Regime waren offensichtlich in ihren eigenen Illusionen gefangen. Andere kognitive Eliten mussten entdeckt werden. Zwei, die bis in unsere Zeit Nachhall haben, waren von zwei marxistischen Denkern der ersten Hälfte des Zwanzigsten Jahrhunderts erfunden worden. Die feurige deutsche Revolutionärin Rosa Luxemburg, die später von rechten Todesschwadronen ermordet wurde, stellte die behauptete Theorie auf, dass das, was sie »die Kolonialvölker« nannte, ein »externes Proletariat« mit dem, wie sie hoffte, erforderlichen revolutionären Bewusstsein konstituierte. Diese besondere theoretische Konstruktion führte zum Konzept der »Dritten Welt«, das heute immer noch Marxisten und Quasimarxisten inspiriert. In Lateinamerika nannten Kritiker diese Ideologie *Tercermundismo*. Der italienische Kommunist Antonio Gramsci, der unter Mussolini im Gefängnis landete, dort aber schreiben konnte, vertrat die Theorie, dass die eigentliche revolutionäre Klasse die *Intelligenzija* wäre. Ob die studentischen Revoluzzer der späten Sechziger diese Theorie gekannt haben oder nicht, in jedem Fall waren sie davon inspiriert, als sie alle Regeln der akademischen Institution brachen und im Büro des Dekans ihre Notdurft verrichteten. Ich denke, das macht das Argument ausreichend klar.

Natürlich wäre es ein großer Fehler zu glauben, dass alle Menschen in einer modernen Gesellschaft entweder Fundamentalisten oder Relativisten seien. Die meisten Menschen beschäftigen sich gar nicht mit Reflexion, geschweige denn mit Theoretisieren. Sie denken nach, wenn sie müssen – wenn also ein Problem auftaucht, das unmittelbar ihren Alltag berührt – und überlassen das Theoretisieren jenen, denen diese Aufgabe von Berufs wegen zukommt. Mit anderen Worten: Die meisten Menschen leben im Mittelfeld zwischen dem Leugnen und dem Lobpreisen der Relativität. Es gelingt ihnen, in der pluralistischen Situation zu leben, indem sie pragmatisch mit ihr umgehen. Sie lassen sich in einer *Conviviencia* mit den »Anderen« in ihrem sozialen Umfeld ein, vermeiden direkten Widerspruch und handeln die Dinge auf der Basis von »leben und leben lassen« aus. Diese Verhandlungen können, aber müssen nicht kognitive Kompromisse zwischen Weltanschauungen und Werten bedingen. Es ist eigentlich überraschend, wie effektiv und dauerhaft ein derartiger Lebensstil sein kann. Es ist jedoch ebenso überraschend, wie schnell er unterbrochen werden kann, gewöhnlich von politischen Führern, die sich ethnischen oder religiösen Hass für ihre eigenen Interessen zunutze machen. Die Kriege, die auf den Zerfall Jugoslawiens folgten, sind trauriger Anschauungsunterricht dafür.

Im Vergleich zu anderen Gesellschaften hat Amerika den Pluralismus ziemlich erfolgreich bewältigt. Das wurde natürlich durch die Ideologie des Bekenntnisses zu Amerika und dessen juristischer Durchsetzung erleichtert. Der Pluralismus wird aber täglich von Menschen bewältigt, die nicht schon beim Frühstück die Menschenrechtserklärung aufsagen. Stellen Sie sich eine solide Familie der Arbeiterklasse in einer heutigen amerikanischen Stadt vor. Vielleicht Italoamerikaner. Der Vater führt sein Elektrogeschäft relativ erfolgreich, die Familie kann ohne finanzielle Sorgen leben. Werden sie nach ihrer Religion gefragt, sagen sie »katholisch«. Die Ehefrau geht auch tatsächlich ziemlich regelmäßig zur Messe, trotzdem könnte man sie nicht als fromm bezeichnen. Der Ehemann ist ein freundlicher Agnostiker; zur Ortspfarre unterhält er keinerlei Beziehung. Die Ehepartner sprechen nie über Religion. Anders als bei ihren kulinarischen Vorlieben bedeutet ihnen ihre italienische Ethnizität wenig. Sie haben zwei Kinder. Der Sohn geht noch zur Highschool; er ist ein passabler Schüler, aber seine Zeit verbringt er hauptsächlich mit Videospielen, Sport und pornografischen Fantasien. Die Tochter, klüger als ihr kleiner Bruder, studiert bereits im ersten Jahr an der staatlichen Universität vor Ort. Sie wird von einer ihrer Lehrerinnen vollständig in den Bann gezogen, die eine halbgebildete Mischung aus feministischem und postmodernem Jargon pflegt. Die junge Frau gewöhnt sich einiges davon an – sehr zum Missfallen ihrer Eltern, die nicht wissen, wie sie damit umgehen sollen. Die Situation wird immer komplizierter. Der begehrteste junge Mann unter den Studienkollegen der Tochter ist der hübsche Sohn pakistanischer Einwanderer. Seine Eltern sind moderat praktizierende Muslime, weit weg von jeder Art von Fundamentalismus, die ihren Sohn ohne viel Kontakt mit der lokalen Moschee aufgezogen haben. Der jedoch und einige seiner Freunde sind seit einiger Zeit fasziniert von einem bekannten Online-Imam, der zwar auch kein Fundamentalist ist, aber doch ein Anwalt dezidiert islamischer Identität und islamischen Lebensstils. Der junge Mann hat begonnen, zu den Freitagsgebeten zu gehen – womit sich seine Eltern unwohl fühlen – und denkt darüber nach, sich einen Bart wachsen zu lassen. Seinen Weg Richtung Mekka stellt der junge Mann schlagartig infrage, als er bei einer Schulveranstaltung auf die junge Frau trifft. Die Anziehung ist heftig und wechselseitig. Nun sehen sie sich täglich. Die Hormone sind in Aufruhr. Noch ist nichts allzu Ernstes an der sexuellen Front passiert, aber alles strebt dorthin. Das ist beiden Elternpaaren klar – und es verursacht ihnen Unbehagen. Die Fortsetzung kann man sich auf verschiedene Weise ausmalen – entweder mit Kompromissen zwischen dem feministischen, islamischen und (vielleicht) katholischen Diskurs oder schlicht pragmatisch mit einer tränenreichen Trennung, einer heimlichen Affäre, einer interreligiösen Heirat. Was auch immer passiert, alle Beteiligten in diesem Drama müssen sich der Herausforderung des Pluralismus in einer Weise stellen, die sie vorher nicht gekannt haben.

Die Großeltern des Paares, in einem Dorf auf Sizilien bzw. tief in der pakistanischen Provinz, haben nie vor einer derartigen Herausforderung gestanden. Wie man einander umwirbt, war genauso wie das Verhältnis der Geschlechter im Allgemeinen streng institutionalisiert. Im Gegensatz dazu ist die pluralistische Situation, in die die Migration diese Menschen gestürzt hat, deinstitutionalisiert. Das ist natürlich befreiend – an allen Ecken und Enden eröffnen sich neue Horizonte. Die Situation *individualisiert* auch. Das Individuum ist auf sich selbst angewiesen, wenn es wählen, entscheiden und seinen einmal bestimmten Kurs beibehalten soll. Das ist keine geringe Aufgabe. Die traditionellen Quellen sozialen Rückhalts sind stark geschwächt oder fehlen überhaupt – als da sind: Familie, ein erweiterter Freundeskreis, Dorfgemeinschaft, Clan, Stamm oder Kaste, Kirche oder Moschee. Irgendwie müssen Individuen ihre eigenen kleinen Programme für die Bewältigung des Lebens konstruieren. Weiter oben habe ich die Aufmerksamkeit auf die Rolle der Städte gelenkt, die schon lange vor der Moderne Pluralismus gefördert haben. Auch Städte haben immer schon individualisiert, und exzentrischen und differenzierten Charakteren Raum gegeben. Solche Individuen wurden *urban* genannt. Die pluralistische Situation ist also von *Urbanität* gekennzeichnet. Der urbane Charakter moderner Menschen ist das Gegenteil dessen, was Marx die »Idiotie des Landlebens« genannt hat. Unsere jungen Liebenden – im scharfen Gegensatz zu ihren Großeltern – sind alles das, was zu urban gehört – entwurzelt, individualisiert, differenziert – und sehr nervös!

Die Deinstitutionalisierung zwingt Individuen, sich der schwierigen und angsteinflößenden Aufgabe zu unterziehen, sich seine eigene kleine Welt zu zimmern. Sie brauchen Hilfe. Die moderne Gesellschaft hat eine große Zahl von Einrichtungen entwickelt, die für derartige Hilfe infrage kommen. Gehlen nannte sie *sekundäre Institutionen*; sie überbrücken die Kluft, die die Deinstitutionalisierung zurückgelassen hat. Sie bieten dem Individuum verschiedene Programme an, um mit allen Eventualitäten fertigwerden zu können. Da sie aber den selbstverständlichen Charakter der alten Primärinstitutionen entbehren, sind sie zerbrechlicher und weniger verlässlich. Nichtsdestotrotz erleichtern sie die Last der individuellen Weltkonstruktion. Ich nehme an, das geht nach dem Prinzip: Irgendein Programm ist besser als gar keines. Die amerikanische Gesellschaft, immer schon die Avantgarde des Pluralismus, war besonders produktiv beim Erzeugen solcher Hilfe spendenden Einrichtungen. Es gibt ein riesiges Netzwerk von Hilfsorganisationen und einschlägigen Berufen – Psychiater, Psychotherapeuten, Sozialarbeiter, nicht beglaubigte »Lebenscoaches«, Gurus und Selbsthilfegruppen. Manche werden vom Sozialstaat, andere von Vereinen getragen. Manche kann man auf dem freien Markt erwerben. Daneben gibt es ein Überangebot von Büchern und Websites, die für jede vorstellbare und unvorstellbare Situation Ratschläge anbieten. Ich würde meinen, dass die beiden jungen Leute in meiner Geschichte gebildet genug wären, eine Stelle zu finden, die genau für die Situation, in der sie sich befinden, Rat anzubieten hat – vielleicht einen »Diversitätsbeauftragten« an ihrer Universität.

Modernisierung entfesselt alle Kräfte, die Pluralismus erzeugen – Urbanisierung, Massenmigration (inklusive Massentourismus), allgemeiner Alphabetisierungsgrad und höhere Bildung für immer mehr Menschen sowie all die modernen Kommunikationstechniken. In unserer globalisierten Moderne spricht fast jeder mit jedem anderen – direkt oder indirekt. Mit Ausnahme einiger noch immer isolierter Stämme im tiefsten Amazonasgebiet sind sich die meisten unserer Zeitgenossen darüber im Klaren, dass es verschiedene Lebensarten, verschiedene Wertvorstellungen, verschiedene Weltanschauungen gibt. Früher oder später werden sie in den Strudel der pluralistischen Dynamik gezogen. Insofern werden sie den Menschen, die in einer modernen, pluralistischen Gesellschaft leben, ähnlicher. Ich denke, man sollte diese Entwicklung weder zu früh bejubeln noch zu früh beklagen. Wie fast alle Veränderungen in der Geschichte ist auch diese eine bunte Mischung.

Bis jetzt habe ich mich kaum auf Religion bezogen – die eigentlich mein Hauptthema in diesem Buch ist. Ich habe nur versucht, den Pluralismus und seine Konsequenzen zu beschreiben. Das Erste, was man über Religion sagen muss, ist, dass sie in keiner Weise immun gegen diese Konsequenzen ist. Ich würde sogar weiter gehen und behaupten, dass Pluralismus in der modernen Zeit *die* vorrangige Herausforderung für jede religiöse Tradition und Gemeinschaft ist. In seinem Buch *Die fröhliche Wissenschaft* (1882) proklamierte Nietzsche Gottes Tod. An der Schwelle zum 20. Jahrhundert beschwor er die Vision leerer, verlassener Altäre herauf. Tatsächlich ist das aber nicht eingetreten. Vielmehr sah das vergangene Jahrhundert eine enorme Vermehrung von Altären. Und diese Vermehrung geht weiter.

Spielt das eine Rolle? Ja, sogar eine sehr große. Pluralismus in seiner umfassendsten Bedeutung – die Koexistenz verschiedener ethnischer, moralischer und religiöser Gemeinschaften innerhalb einer Gesellschaft – stellt die Politik vor ein Überlebensproblem. Dieses Problem lässt sich weder mit Fundamentalismus noch mit Relativismus lösen. Fundamentalismus balkanisiert eine Gesellschaft und führt entweder zu einem fortwährenden Konflikt oder zu totalitärem Zwang. Relativismus unterminiert den moralischen Konsens, ohne den eine Gesellschaft nicht überleben kann. Das politische Problem Pluralismus kann nur gelöst werden, wenn man das Mittelfeld zwischen diesen beiden Extremen pflegt und legitimiert. Für die meisten Menschen bestimmt Religion die Art und Weise, wie man auf die Welt schaut und wie man leben soll. Das ist der Grund, warum das Verhältnis von Religion und Pluralismus jeden interessieren sollte, ganz gleichgültig, woran er selbst glaubt oder ob er überhaupt an etwas glaubt. Darum wird es im Weiteren gehen.

Weiterführende Literatur

Banchoff, Thomas (Hg.) (2008): *Religious Pluralism, Globalization, and World Politics*, New York: Oxford University Press.

Berger, Peter L./Zijderveld, Anton (2009): *In Praise of Doubt: How to Have Convictions without Becoming a Fanatic*, New York: HarperOne.

Festinger, Leon (1957): *A Theory of Cognitive Dissonance*, Stanford: Stanford University Press.

Gehlen, Arnold (1988): *Man: His Nature and Place in the World*, übersetzt von Clare McMillan und Karl Pillemer, New York: Columbia University Press.

Kallen, Horace M. (1956): *Cultural Pluralism and the American Idea: An Essay in Social Philosophy*, Philadelphia: University of Pennsylvania Press.

Kaufmann, Walter (1974): *Nietzsche: Philosopher, Psychologist, Antichrist*, Princeton: Princeton University Press.

Lorenz, Konrad (1982): *The Foundations of Ethology: The Principal Ideas and Discoveries in Animal Behavior*, übersetzt von R. W. Kickert, New York: Simon and Schuster.

Montesquieu (2008): *Persian Letters*, übersetzt vonübersetzt von Margaret Mauldon, New York: Oxford University Press.

Robbins, Thomas/Anthony, Dick (1990): *In Gods We Trust: New Patterns of Religious Pluralism in America*, New Brunswick: Transaction Publishers.

Rokeach, Milton (2011): *The Three Christs of Ypsilanti*, New York: New York Review Books.

Kapitel 2
Pluralismus und individueller Glaube

Über das Konzept Religion wurden hochgelehrte Debatten geführt. Betrachtet man aber die große Vielfalt von Phänomenen, die unter diesem Konzept subsumiert werden, macht es dann überhaupt noch Sinn, dieses Konzept überhaupt anzuwenden? Ich muss gestehen, dass ich diese Frage für höchst uninteressant halte. Jedes Konzept kann in einer Weise auseinandergenommen werden, die zeigt, dass es die komplexe Realität, die es eigentlich beschreiben sollte, nicht wiedergibt. So kann man beispielsweise die Spezies *Homo sapiens* anhand jener Merkmale, die sie von den anderen Primaten unterscheiden, definieren – unter anderem durch den aufrechten Gang und das Fehlen eines Schwanzes. Aber wer weiß, wir könnten noch auf einen bisher unentdeckten Stamm stoßen, dessen Mitglieder alle Merkmale von Menschen haben, sich aber auf allen vieren fortbewegen und einen prächtigen Schwanz zur Schau stellen. Diese Entdeckung würde dann interessante Hypothesen und Forschungsagenden darüber eröffnen, was die atypischen Charakteristika dieses Stammes verursacht hat. Kein Konzept deckt jemals alle möglichen Fälle ab. Jedes Konzept ist ein arbiträres Konstrukt (Max Weber nannte es einen »Idealtyp«), das der Realität nie vollständig entspricht, das aber nützlich ist, weil es uns erlaubt, reale Phänomene zu klassifizieren und empirisch zu überprüfen, wo diese Klassifizierungen zusammenbrechen. In diesem Sinn können sowohl Buddhismus als auch Christentum als Beispiele von »Religion« definiert werden; haben wir sie erst einmal so definiert, dann können wir im Weiteren aufzeigen, wie sie sich trotzdem einschneidend voneinander unterscheiden. Das allgemeine Konzept ist immer noch nützlich um zu zeigen, wie sich beide Varianten etwa von musikalischen oder kulinarischen Vorlieben unterscheiden. Ich denke, wir können weiterhin unter Religion das verstehen, was der gesunde Menschenverstand auch sagt – einen Glauben, dass es eine Realität jenseits der Realität der alltäglichen Erfahrung gibt und dass diese Realität von großer Bedeutung für das menschliche Leben ist. Wenn das so ist, können wir weiter zwischen zwei relevanten Aspekten von Religion unterscheiden: Religion im Bewusstsein und Verhalten von Individuen und Religion in kollektiven Institutionen. Ich will den ersten Aspekt in diesem, den zweiten im nächsten Kapitel betrachten.

Wie wird Religion von der Modernität beeinflusst? Zumindest seit dem 18. Jahrhundert wird allgemein angenommen, dass es so ist. Die Denker der Aufklärung, besonders in ihrer französischen Ausprägung, waren darüber erfreut. Religion wurde mit Aberglauben gleichgesetzt; sie würde vom hellen Licht der Vernunft hinweggefegt werden. Das neue Zeitalter wurde während der französischen Revolution feierlich eröffnet, indem man ein Freudenmädchen in der einstmals katholischen Kirche La Madeleine in Paris zur Göttin der Vernunft krönte. Auch andere Denker, in erster Linie Katholiken, teilten die Annahme, dass es diesen antireligiösen Effekt der Moderne gäbe. So gut sie konnten, kämpften sie dagegen an. Andere wieder, die sozusagen kein Pferd in diesem Rennen hatten, standen dieser mutmaßlichen Säkularität des modernen Zeitalters weder mit Freude noch mit Bedauern gegenüber; sie wollten sie nur objektiv analysieren. Unter ihnen war Max Weber (1864–1920), einer der Begründer der modernen Soziologie, der auch glaubte, dass die Moderne einen negativen Effekt auf Religion hätte. Er nannte das die »Entzauberung der Welt«, da die Rationalität alte Mysterien hinwegfegte.

Der französische Philosoph Auguste Comte (1789–1857) war ein echtes (wenn auch etwas verspätetes) Kind der Aufklärung, obwohl er versuchte, ihre politisch destruktiven Konsequenzen zu mildern. Er teilte die Geschichte in drei Phasen ein: die theologische, die metaphysische und die »positive«. Letztere, von der seine Philosophie – der Positivismus – ihren Namen bezieht, sollte die Ära der wissenschaftlichen Vernunft sein. Comte erfand die »Soziologie«, die Wissenschaft, deren Namen er prägte und die die beherrschende Wissenschaft dieser Ära sein sowie ihr moralisches Fundament legen sollte. Ich denke, dass Comte auch als anschauliches Beispiel für die Hypothese dienen kann, dass selbst Denker, die alles andere als tiefgründig sind, einen enormen Einfluss haben können. Aus mir nicht bekannten Gründen wurde sein Positivismus in Brasilien sehr wichtig – die Landesflagge ist immer noch mit der portugiesischen Übersetzung von Comtes Motto »Ordnung und Fortschritt« geschmückt. Sein Einfluss ist bei einer Reihe der Begründer der Soziologie in England und den Vereinigten Staaten spürbar, und seine aufgeklärten Vorurteile klingen in der klassischen Schule der französischen Soziologie nach, dessen Leitfigur Emile Durkheim (1858–1917) war. Durkheim orientierte sich viel stärker an der Empirie als Comte (er war »positiver«, wenn man so will), aber auch er glaubte, dass die Soziologie der Gesellschaft moralische Leitlinien geben könnte, für die zuvor die Religion gesorgt hatte. Als Folge des Sieges der Linken im Kulturkampf, der wegen der Dreyfusaffäre entflammt war, wurde 1905 in Frankreich die strikte Trennung von Kirche und Staat eingeführt. Da tauchte die Frage auf, womit man die moralische Unterweisung in den Schulen ersetzen sollte, die bis dahin der katholische Katechismus geboten hatte – mit anderen Worten, wie ein republikanischer Katechismus erstellt werden sollte. Durkheim war Mitglied der Kommission, die ein Lehrbuch mit dem Titel *Manual der Soziologie und Moral* herausgab.

So können wir sehen, dass die moderne Sozialwissenschaft von Beginn an ein Aufklärungsbias hatte, was die Religion betrifft. Dieses war antireligiös nicht unbedingt im philosophischen Sinn, sondern vielmehr in der Annahme, dass Religion und Moderne empirisch gesehen Antagonisten wären. Einfach gesagt: je mehr Moderne, desto weniger Religion. Bringt man Marx neben Durkheim und Weber als dritten Gründungsvater der Soziologie ins Spiel, dann kann man dieses Bias als noch umfassender sehen. Auf diese Weise stand die Säkularisierungstheorie, wie sie von den Sozialwissenschaftlern ungefähr ab den 1950er-Jahren genannt wurde, in einer langen Tradition moderner Auseinandersetzung mit Religion. In letzter Zeit haben immer mehr Sozialwissenschaftler diese Theorie verworfen. Es könnte nützlich sein, wenn ich kurz von meinem eigenen Weg in dieser Frage erzähle – nicht weil er irgendwie ungewöhnlich gewesen wäre, sondern eben deshalb, weil er das nicht war.

Am Anfang meiner Laufbahn als Religionssoziologe habe ich die Gültigkeit des damals (in den 1960er-Jahren) herrschenden wissenschaftlichen Konsenses einfach vorausgesetzt – Säkularisierung, im Sinn eines Niedergangs von Religion, sei eine unvermeidliche Folge der Moderne. Es sollte betont werden, dass sowohl Menschen, die das bedauerten (die meisten von ihnen waren selbst religiös), als auch die anderen, die sich mit der mutmaßlichen Säkularisierung im Zuge voranschreitender Rationalität identifizierten, diesen Konsens teilten. (An dieser Stelle ist es vielleicht angebracht, mich zu deklarieren: Meine eigene religiöse Positionierung hat sich seit meiner Jugend nicht wesentlich verändert; am besten könnte man sie mit einem nervösen Christentum in Form eines theologisch sehr liberalen Luthertums umschreiben. Welche Entwicklung meine soziologische Sicht der Religion nahm, hatte nichts mit irgendwelchen theologischen oder philosophischen Veränderungen meiner Weltanschauung zu tun.) Wenn es um die mutmaßliche Säkularisierung ging, sahen sie die meisten Religionskommentatoren

– mich selbst eingeschlossen – als eine ernsthafte Herausforderung an den Glauben, mit der man sich ernsthaft auseinandersetzen musste. Es gab auch tatsächlich eine kurzlebige Bewegung, deren Initiatoren, sogenannte »Gott ist tot«-Theologen, den Untergang jeglicher Vorstellung einer überirdischen Realität als Kulmination des christlichen Glaubens begrüßten. Wenn es je eine theologische Version der »Mann beißt Hund«-Anekdote gegeben hat, dann diese. Das alles war freilich rasch vorüber.

Ich brauchte gar nicht wenige Jahre, um zu dem Schluss zu kommen, dass die Säkularisierungstheorie empirisch unhaltbar war. Drei Erfahrungen haben diesen Sinneswandel beeinflusst. Ende der 1960er-Jahre begann sich mein Interesse als Soziologe auf die »Dritte Welt« (wie sie damals genannt wurde) zu konzentrieren, zuerst auf Lateinamerika, dann auf Asien und Afrika. Es ist unmöglich, in diesen Gesellschaften Zeit zu verbringen und nicht vor ihrer alles durchdringenden Religiosität beeindruckt zu sein. In dieselbe Periode fällt der Aufstieg der sogenannten »Gegenkultur« in den Vereinigten Staaten und in Europa. Wie es ein Freund von mir einmal ausgedrückt hat: Nur ein »Godder« (etwa: »Gott-ler«) kann einen anderen »Godder« am Geruch erkennen. Ich habe eine recht feine Nase für religiöse Phänomene entwickelt und so ist mir die Stellung von Religion im »Age of Aquarius« (Wassermannzeitalter) schlagartig klar gewesen. Dann hatte ich, unabhängig von den anderen Erfahrungen, meine erste Begegnung mit der evangelikalen Gemeinde in den Vereinigten Staaten. Und das ist eine sehr große und zutiefst fromme Bevölkerungsgruppe in einem der modernsten Länder der Welt – diese Tatsache lässt sich schwerlich als die Ausnahme von der Regel interpretieren. Langsam und graduell begannen meine soziologischen Arbeiten die Entwicklung meiner Sicht auf die Religion in der Welt von heute widerzuspiegeln. Einen lautstarken Höhepunkt fand diese Entwicklung 1999, als ich das Buch *The Desecularization of the World* herausgab.

Eine Art, die Säkularisierungstheorie zu beschreiben, ist zu sagen, dass sie eine sehr eurozentrierte Sicht der Welt war. Der Grund dafür ist nicht nur, dass Europa der einflussreichste Teil der tatsächlich stark säkularisierten Welt ist, sondern dass sogar in den USA und unter den in der westlichen Tradition ausgebildeten Menschen in aller Welt der seriöse intellektuelle Diskurs durch die europäische Ideengeschichte geformt worden ist. Wenn Soziologen reisen, pflegen sie – wie alle anderen Touristen auch – Umgang mit ihresgleichen; Taxifahrer und Hotelangestellte zählen da nicht. Zu Hause ist das eigentlich nicht anders; Harvardprofessoren besuchen für gewöhnlich nicht die Pfingstlerkirchen der brasilianischen Einwanderer. Wissenschaft wird oft als wichtigster Grund für die Säkularisierung angesehen. Die wissenschaftliche Sicht der Wirklichkeit drängt die Religion angeblich an den Rand und lässt sie schließlich als unglaubhaft erscheinen. Diese Interpretation hat mich nie sehr beeindruckt. Das Leben der meisten modernen Menschen wurde von der technischen Revolution, die die moderne Wissenschaft ausgelöst hat, grundlegend verändert, aber wissenschaftliche Reflexion bestimmt trotzdem nicht die Art und Weise, wie sie im Alltag denken. Ich war absolut der Meinung, dass einige der fundamentalen Prozesse der Moderne – Industrialisierung, Urbanisierung, Migration, Bildung – Religion vielfach aus der institutionellen Ordnung gedrängt hätten. Ich habe auch gedacht, dass der Pluralismus, so wie ich ihn im vorigen Kapitel definiert habe, die Säkularisierung ebenfalls befördert hätte – er hat sie ihres als selbstverständlich angenommenen Charakters beraubt. Das war eine richtige Erkenntnis. Allerdings machte ich einen entscheidenden Fehler: Pluralismus unterminiert die religiöse Gewissheit und eröffnet eine Vielzahl von kognitiven und normativen Wahlmöglichkeiten. Im Großteil der Welt sind diese Wahlmöglichkeiten jedoch auch religiöse. Ich möchte diese Erkenntnis mit der Diskussion des Pluralismus im letzten Kapitel verknüpfen. Es hat vormoderne Beispiele für Pluralismus gegeben. In der modernen Welt ist Pluralismus ubiquitär geworden. Die Moderne führt nicht notwendigerweise zu Säkularisierung; wo das dennoch so ist, darf diese Entwicklung nicht vorausgesetzt werden, sie muss vielmehr erklärt werden. Die Moderne führt aber notwendigerweise zu Pluralismus. Das wiederum stellt den Glauben tatsächlich vor eine bedeutende Herausforderung, allerdings vor eine andere als die Säkularisierung.

Ich möchte diese Behauptungen mit zwei Begebenheiten illustrieren, die ich selbst erlebt habe. Eine ereignete sich in Nepal, die andere in London. Vor einigen Jahren hielt ich einige Vorlesungen in Indien und machte daran anschließend Ferien in Nepal. Ich mietete einen Wagen und hatte einen Englisch sprechenden Fahrer. Wir erkundeten die Gegend um die Hauptstadt Kathmandu und besuchten einen großen Tempelbezirk – buddhistisch oder hinduistisch oder beides. Als wir über eine große Aussichtsterrasse gingen, bemerkten wir am anderen Ende eine aufgeregte Ansammlung von Menschen, die in den Himmel schauten und hinaufdeuteten. Mein Fahrer wurde neugierig und ging fragen, was denn passiert sei. Als er zurückkam, hatte er einen verwunderten Gesichtsausdruck. Offensichtlich hatte eine junge Tempelangestellte gesagt, sie hätte am frühen Morgen Garuda am Himmel gesehen. (Garuda ist der magische Vogel, der im Ramayana, dem großen Epos der Hindu, Rama auf seinem Rücken nach Sri Lanka trägt, damit er dort seine geliebte Sita aus den Fängen des Dämonenkönigs befreien kann.) Mein Fahrer schüttelte den Kopf und sagte: »Ich glaube nicht, dass sie Garuda gesehen hat.« Er sagte das in derselben Art, wie wenn er sagen würde: »Ich glaube nicht, dass das die Morgenmaschine nach Delhi war; ich denke, das ist die Maschine nach Kalkutta.« Mit anderen Worten, hat er nicht die Möglichkeit bestritten, dass ein übernatürliches Wesen am Himmel herumfliegen könnte; er dachte nur, dass es an diesem Morgen nicht der Fall gewesen sei.

Ebenfalls vor einigen Jahren befand ich mich eines Sonntagmorgens in einem Hotel in London. Ich mag das Allgemeine Gebetbuch der anglikanischen Kirche gern und dachte, es wäre schön, eine Morgenmesse zu besuchen. Ich ging also zum Portier, einem jungen Mann mit dem Namensschild »Warren« und einem unverkennbaren Akzent der englischen Arbeiterklasse. Ich fragte ihn nach einer anglikanischen Kirche in der Nähe des Hotels und fügte aus irgendeinem Grund hinzu: Church of England. Er schaute mich so verwundert an, als hätte ich ihn nach dem nächstgelegenen Restaurant für Kannibalen gefragt. Er fragte: »Ist das so was wie katholisch?« Auf meine Antwort, »Nicht ganz«, schüttelte er den Kopf und meinte, er würde nachschauen. Er hantierte an seinem Computer und gab mir eine – wie sich herausstellen sollte – falsche Adresse. Was mich dabei am meisten verwunderte, war nicht, dass der junge Engländer offensichtlich kein regelmäßiger Kirchgänger war; ich wusste, dass England ein stark säkularisiertes Land ist. Vielmehr war erstaunlich, dass er nicht einmal wusste, was die Church of England ist – das zeigt ein ordentliches Maß an Säkularisierung. Mein nepalesischer Fahrer, auf der anderen Seite, lebte in einer Welt, in der die Erscheinung einer übernatürlichen Kreatur ganz selbstverständlich als im Allgemeinen möglich gilt, sogar wenn man infrage stellt, ob das bei einer bestimmten Gelegenheit vorkommt. Nepal mag eines der am stärksten religiösen Länder der Welt sein und England eines der am wenigsten religiösen, aber der nepalesische Glaube an das Übernatürliche verkörpert die Weltanschauung der meisten Menschen in unserer heutigen Welt; er ist mehr oder weniger die statistische Norm, die keiner näheren Ausführungen als Erklärung bedarf. Der Londoner Portier verkörpert die Eurosäkularität, eine Ausnahme auf der Weltkarte der Religiosität. Und Ausnahmen müssen näher erklärt werden.

Kurz vor Anbruch des 20. Jahrhunderts schrieb Nietzsche seine berühmte Erklärung über den Tod Gottes. Das war, glaube ich, ebenso sehr eine Vorhersage über die Zukunft der Religion wie eine Aussage über Nietzsches persönliche Absage an sie. In der Gegend von Boston, wo ich lebe, gibt es mehr Universitäten und Colleges pro Quadratmeile als irgendwo sonst in der Welt. Deshalb gibt es bei uns einige besonders ausgeklügelt-kultivierte Aufkleber auf den Autos. Ausgerechnet vor dem Harvardcampus sah ich folgenden: »Lieber Herr Nietzsche, Sie sind tot. Hochachtungsvoll, Gott.« Das kommt der empirischen Realität unserer Zeit sehr nahe.

Mit einigen Ausnahmen ist unsere heutige Welt genauso intensiv religiös wie jede andere Epoche der Geschichte. Jede der bedeutenden religiösen Traditionen überlebt nicht nur, sondern hat kräftige Erneuerungsbewegungen hervorgebracht. Zahlenmäßig führen immer noch die Christen, die Muslime sind aber bereits starke Zweite. Der Hinduismus ist so lebendig wie eh und je; aus ihm sind Bewegungen hervorgegangen, die das Gleichgewicht im politischen Machtgefüge, wie es nach der Unabhängigkeit Indiens eingerichtet worden war, empfindlich gestört haben. Auch wenn China von einem – dem Namen nach – kommunistischen Regime regiert wird, das der Religion feindlich gegenübersteht, gedeihen in China alle möglichen Religionen – Buddhismus (mit lästigen politischen Implikationen in Tibet), traditionelle volkstümliche Religionen (die das ganze Land überziehen), Taoismus (mit engen Banden zur Volksfrömmigkeit), Islam (besonders im Nordwesten, wo er auch politische Unruhen verursacht hat) und als dynamischste Religion das Christentum (meist in seiner charismatischen Ausprägung). Es gibt einen Gelehrtenstreit, ob der Konfuzianismus eine Religion oder ein weltliches Ethiksystem ist. Ich neige der ersten Ansicht zu, da die Ethiklehren vor dem Hintergrund einer Kosmossicht, die zutiefst religiös ist, verkündet werden. Wie auch immer, eine Art Konfuzianismus, vermischt mit Nationalismus, ist zum Substitut für den Marxismus geworden, der für das Regime nur mehr Lippenbekenntnis ist. Das orthodoxe Judentum erlebt ein Wiedererwachen sowohl in Israel als auch in den USA, was gerade in Israel weitreichende politische Implikationen hat. Volkstümliche Religionen jeglicher Spielart, von den gebildeten Klassen normalerweise als Aberglaube kategorisiert, florieren überall auf der Welt. Christentum und Islam sind jedoch die wichtigsten Akteure auf der globalen religiösen Bühne.

Aus naheliegenden Gründen erhielt der Islam die größere Aufmerksamkeit. Natürlich gibt es neben den muslimischen auch andere Terroristen auf der Welt, aber der Großteil des religiös motivierten Terrorismus unserer Zeit definiert sich über islamische Terminologie. Dass man Islam mit Terrorismus assoziiert, liegt leider nicht nur einfach an islamophoben Vorurteilen. Wie ein ägyptischer Schriftsteller mutig erklärte, sind die meisten Muslime

keine Terroristen, aber viele Terroristen Muslime. Wirft man einen Blick auf
die Landkarte, dann erhält eine Formulierung ihre Bestätigung, die Samuel
Huntington in seinem kontroversen Buch *Kampf der Kulturen?* (1996) verwendet hat – »die blutigen Grenzen des Islam«. Natürlich ist die Ausbreitung
des radikalen Islamismus, meist mit einer gewalttätigen und aggressiv anti-
westlichen Ausrichtung, eine ernste und besorgniserregende Tatsache. Trotzdem wäre es ein großer Fehler, würde man diesen Radikalismus einfach mit
dem allgemeinen Wiedererwachen islamischen Glaubens und islamischer
Frömmigkeit gleichsetzen. Von Nordafrika bis Südostasien genauso wie in
der islamischen Diaspora in westlichen Ländern haben Millionen Menschen
im Islam Trost und Sinn für ihr Leben gefunden. Die meisten von ihnen lehnen Gewalt ab und haben keinerlei Verbindung zum Terrorismus. Jedoch
sind viele von ihnen auch konservativ in ihrem Glauben und ihrer Frömmigkeit, und das kann den Dialog mit der westlichen Modernität komplex und
herausfordernd machen. Das hat wichtige Implikationen für die Zukunft,
denn es sind gerade die Traditionalisten, die die meisten Kinder haben. Das
trifft übrigens für das gesamte religiöse Spektrum zu: Es gibt eine positive
Korrelation zwischen konservativer Religion und Fertilitätsrate. Es gibt vielfältige Erklärungen dafür, an dieser Stelle ist das Thema für eine Erörterung
aber zu komplex, doch das demografische Faktum ist überall gewichtig und
hat auch politische Implikationen.

Das Christentum hat zwar mehr Anhänger als jede andere traditionelle
Religion, es ist aber bei Weitem nicht monolithisch und seine unterschiedlichen Zweige unterscheiden sich wesentlich, was ihr Verhältnis zur Moderne
betrifft. Da die Moderne ihren Ursprung in Europa hat, das bis vor Kurzem
der christliche Kontinent par excellence gewesen ist, wird das Christentum
im Großteil der Welt als ein Kulturexport aus dem Westen wahrgenommen.
Diese Auffassung kann sich positiv auswirken – eine Kultur, die man nach-
ahmen und assimilieren will – oder negativ – eine Kultur, der man widerste-
hen will. In China überwiegt Ersteres (sogar innerhalb des Regimes, dessen
offizieller Marxismus selbst ein Produkt der westlichen Kultur ist), in der islamischen Welt letzteres. Natürlich schließen diese beiden Wahrnehmungen
einander nicht völlig aus. Seit Langem gibt es Stimmen – besonders in Asien
–, die vorschlagen, dass man die »guten« Seiten der westlichen Modernität
annimmt, die »schlechten« aber ablehnt. Als die Meiji-Restauration in der
zweiten Hälfte des 19. Jahrhunderts Japan innerhalb einer atemberaubend
kurzen Zeitspanne modernisierte, geschah das unter dem Schlagwort: »Eh-
ret den Kaiser, vertreibt die Barbaren!« Japan war die erste nichtwestliche

Nation, die die Wunder der modernen Technik und Organisationsformen absorbierte, dabei aber die Schlüsselelemente der traditionellen japanischen Kultur resolut verteidigte – darunter den Kaiserkult, wichtige Teile der feudalen Ethik (übersetzt in ein Wertesystem des industriellen Kapitalismus), gesellschaftliche Hierarchien und nicht zuletzt das traditionelle Verhältnis zwischen den Geschlechtern. In ähnlicher Weise sind heute Ideen von einer selektiven Moderne in sich entwickelnden Gesellschaften weit verbreitet. Die angestrebte Synthese gelingt allerdings nicht immer.

Der *Atlas of Global Christianity* (*Atlas des Weltchristentums*, Johnson und Ross 2009) entwirft ein umfassendes Bild der christlichen Szene in der ganzen Welt. Das herausragende Faktum ist eine massive demografische Verlagerung des Christentums von Europa und Nordamerika – die bis vor Kurzem sein Zentrum waren – hin in die Schwellenländer Asiens, Afrikas und Lateinamerikas. In diesen Ländern zählt man heute mehr Christen als in den christlichen Stammländern. Ein bezeichnendes Beispiel ist, dass in Nigeria mehr Menschen anglikanische Messen besuchen als in England. Ein Aspekt dieser Entwicklung ist in lehrreicher Weise hervorgehoben worden durch das Schisma, das sich im internationalen anglikanischen Kirchenbund wegen des Umgangs mit der Homosexualität ausbreitet: Afrikanische Bischöfe verdammen sie donnernd als schwere Sünde, während viele amerikanische Episkopale sich für die gleichgeschlechtliche Ehe und die Ordination eines sexuell aktiven homosexuellen Klerus aussprechen. Dieser Disput ist aber nur die Spitze des Eisbergs. Die darunterliegende Realität ist, dass nichtwestliche Christen in ihrem Glauben und ihrer Moral viel konservativer sind als ihre Glaubensbrüder im Norden. Man könnte es auch so ausdrücken: Die Christenheit im Süden der Welt ist viel offener gegenüber dem Übernatürlichen, während der Glaube im Norden viel mehr Zugeständnisse an den modernen Naturalismus gemacht hat – es stehen viele Wunder gegen wenige, wenn nicht gar keine. Auf diesen sehr wichtigen Unterschied werde ich noch zurückkommen.

Man kann die römisch-katholische Kirche als das erste weltweit operierende Unternehmen der Geschichte beschreiben. Sie breitet sich auf der Weltbühne immer noch viel stärker aus als andere religiöse Institutionen. Sie behauptet auch, die bei Weitem meisten Mitglieder zu haben, obwohl viele davon nur Taufscheinchristen sind, besonders in Europa und Lateinamerika. Das ostkirchliche orthodoxe Christentum hat einen Wiederaufschwung erlebt, besonders in Russland, obwohl nicht klar ist, inwieweit dies das Resultat einer echten Volksbewegung oder der nationalistischen Politik der Regierung ist. Die protestantischen *Mainline Churches* finden nirgends mehr großen Anklang, aus Gründen, die hier nicht näher erörtert werden können. Die wahre Explosion erlebte der evangelikale Protestantismus, besonders in seiner pfingstlerischen oder charismatischen Version; das ist eine wirklich dramatische Geschichte.

Charismatische Äußerungen des Christentums sind schon zu Beginn dieser Glaubensrichtung, so wie sie in der Apostelgeschichte mit den Pfingstereignissen beschrieben sind, und auch in ihrer gesamten weiteren Geschichte aufgetreten. Wie am Gattungsnamen abzulesen ist, reproduzieren diese Spielarten die »Charismata« oder »Gaben des Heiligen Geistes«, die im Neuen Testament erwähnt werden – hochemotionale Gottesdienste, Glossolalie (»in Zungen reden«), Wunderheilungen (gelegentlich bis hin zu Totenerweckungen), Exorzismus und Prophetie. Die moderne Pfingstlerbewegung entstand um das Jahr 1900. Das Schlüsselereignis war das sogenannte *Azusa Street Revival* 1906, als ein schwarzer Baptistenprediger namens William Seymour aus Kansas nach Los Angeles kam und in einem verlassenen Stall zu predigen begann. Die genannten charismatischen Phänomene fanden dort statt, worüber sich die anwesenden säkularen Journalisten sehr amüsierten. Ihr Lachen war verfrüht. Das moderne Pfingstlertum muss wohl die am schnellsten wachsende religiöse Bewegung der Geschichte sein. Das *Pew Forum on Religion and Public Life* (Washington) führt die glaubwürdigsten religiösen Mitgliederzählungen durch. Kürzlich schätzte man weltweit rund 600 Millionen Pfingstler (oder charismatische Christen – diese Bezeichnungen sind mehr oder weniger Synonyme). Meine Vermutung ist, dass diese Schätzung zu niedrig liegt. Ein großer Teil des Pfingstlertums organisiert sich in kleinen Ortsgruppen, die in keinem Telefonbuch auftauchen. Die Schätzung für China ist auch nicht zuverlässig; dort gibt es ein rasches Wachstum bei den Pfingstlern, allerdings hauptsächlich im Untergrund, da sie keine offiziell registrierte Kirche und damit illegal sind. Am wichtigsten ist, dass das charismatische Christentum von seinem ursprünglich evangelikalen Boden hinübergeschwappt ist auf offiziell gar nicht pfingstlerische Kirchen – auf die protestantischen *Mainline Churches* ebenso wie auf römisch-katholische und sogar auf östliche orthodoxe Gemeinden. Diesem verblüffenden Phänomen wurde der Name »Pentekostalisierung« gegeben. Seiner Natur nach ist es schwer zu quantifizieren. Ich stelle nun eine riskante These auf, die nicht nur auf bloßem Gefühl beruht: Die Mehrheit der Christen im Süden der Welt ist zumindest leicht »pentekostalisiert«. Wenn ich damit richtig liege, ist das eine sehr wichtige Tatsache – und zwar nicht nur für diesen Teil der Welt. Als ein Resultat der Migration breitet sich diese Spielart des Christentums nämlich auch in Europa und Nordamerika aus. Derzeit beschränkt sich dies noch auf jene Kirchen, die sich an die Einwanderer wenden, aber es lässt sich nicht vermeiden, dass diese Art des Christentums auch für einige autochthone Europäer und Amerikaner attraktiv ist. Ein Beispiel dafür sollte reichen. Auf dem Weg zurück von einer Vorlesungsreise in Irland las ich im Flugzeug eine irische Lokalzeitung. Darin fand sich ein Bericht von einer Pfingstlermesse, die von 10 000 Gläubigen besucht wurde. Die meisten von ihnen und auch der Prediger waren afrikanische Einwanderer. In seiner Predigt sagte er, dass Irland ein wunderbares Land sei und dass er glücklich wäre, hier leben zu können. Und dass er sich freuen würde, kämen auch weiße Iren in seine Kirche. Wie der Berichterstatter erwähnte, hatten offensichtlich einige ältere Iren seine Einladung bereits angenommen.

Viele Jahre lang haben sowohl die akademische Welt als auch die Medien das Pfingstlerphänomen ignoriert. Der britische Soziologe David Martin, der zu einer Art Direktor der Pfingstlerwissenschaft geworden ist, glaubte, dass Vertreter der höheren Bildungsschichten sich mit dem Pfingstlertum unbehaglich fühlen würden; er beschrieb es als eine Revolution, die es nicht hätte geben dürfen. Die Revolution, von der so viele Intellektuelle wollten, dass sie stattfindet, hätte von Links kommen sollen und nicht von einer Unterwelt aus vermeintlich abergläubischer Rückständigkeit. Mittlerweile ist das Phänomen so übergroß, dass es schwer ist, es weiter zu ignorieren. Jetzt existiert eine ganze Heimindustrie der Pfingstlerwissenschaft und es gibt sogar ein eigenes Fachjournal, »Pneuma«, was der letzte Beweis für akademische Würde ist. Im Grunde gibt es zwei Gruppen bei der gelehrten Auslegung – die Cargokult-Schule und die Protestantische-Ethik-Schule. Erstere interpretiert das Pfingstlertum als eine Wiederkehr des sogenannten Cargokults, der im Südpazifik zu Beginn des 20. Jahrhunderts florierte. Einige polynesische Propheten verkündeten die bevorstehende Ankunft von Schiffen (später waren es Flugzeuge), die all die technischen Wunderdinge der Moderne bringen würden – Schiffsladungen voll mit Radios, Telefonen, Waschmaschinen und Autos. Diese Ladungen würden an diejenigen verteilt werden, die an die Propheten geglaubt hatten – und die sie, wie ich annehme, finanziell unterstützt hatten. Auch heute glauben manche Pfingstler, verführt vom »Wohlstandsevangelium«, dass all die Segnungen der Moderne zu ihnen kommen werden, wenn sie nur einen festen Glauben haben und ihr Geld ein paar ausbeuterischen Predigern geben. Dieses Szenario sagt natürlich den angeblich aufgeklärten Intellektuellen zu. Die andere Interpretation, der David Martin zuneigt, sieht im Pfingstlertum ein Wiederaufleben dessen, was Max Weber klassisch die »protestantische Ethik« nannte, die er wegen ihrer harten Arbeitsmoral, Enthaltsamkeit und des Belohnungsaufschubs, des Interesses an der Erziehung der Kinder und (last, but not least – auch wenn Weber das selbst nicht erkannt hat) ihrer Betonung der bürgerlichen Kernfamilie als wichtigen Faktor in der Genese des modernen Kapitalismus betrachtete. In dieser Auslegung ist das Pfingstlertum eine Modernisierungskraft – trotz seines ausschweifenden Supranaturalismus, der die Intellektuellen ärgert. Meiner Meinung nach sind beide Interpretationen gültig. Wenn man über 600 Millionen Menschen spricht, muss man annehmen, dass es unter ihnen verschiedene Typen gibt. Die Pseudopolynesier werden wahrscheinlich schwer enttäuscht werden – ich nehme doch an, dass Gebete und Geldgaben an Prediger niemanden reich machen. Wenn man sich allerdings wirklich an die Moral hält, für die die Prediger werben (egal, mit wie viel Aufrichtigkeit), dann wird das sehr wahrscheinlich soziale und ökonomische Konsequenzen haben; harte Arbeit, Enthaltsamkeit usw. werden niemanden reich machen, aber sie können Menschen – oder wenigstens ihren Kindern – aus der ärgsten Armut heraushelfen. Mit anderen Worten, das »Prosperitätsevangelium« wird sein Versprechen halten, falls es mit bestimmten Verhaltensveränderungen verbunden ist. Deshalb sind die Neopuritaner in einer Weise, die sie von der anderen Gruppe unterscheidet, wichtig.

Das heißt natürlich nicht, dass neopuritanisches Verhalten unvermeidlich positive ökonomische Konsequenzen hat. Das allgemeine ökonomische Umfeld kann so schlecht sein, dass noch so viel harte Arbeit, aufgeschobene Belohnung usw. nirgendwohin führen. Alternativ könnte es auch die soziale oder gesetzliche Diskriminierung einer bestimmten Gruppe von Armen wegen ihrer Ethnizität der ihrer Religion geben, wodurch auch die größten Anstrengungen nicht zum Erfolg führen könnten. Aber sogar in diesem Fall ist die »protestantische Ethik« viel besser als das »Cargokult-Verhalten«.

Wenn der wieder auflebende Islam und das explosionsartig wachsende Pfingstlertum weltweit die beiden dynamischsten Phänomene auf der religiösen Bühne sind, dann ist es interessant, sie zu vergleichen. Es könnte kaum größere Unterschiede geben.

Der gehässige Vergleich zwischen der muslimischen Welt und den westlichen Ländern ist auf jeglichem Gebiet der Modernisierung schmerzlich offenkundig – besonders in Wissenschaft, Technik und der von ihnen ausgelösten wirtschaftlichen Entwicklung. Die Diskrepanz ist in den Arabischen Kerngebieten besonders eklatant, weniger in den muslimischen Ländern außerhalb dieser Region. Überall aber ist sie auf Seiten der Muslime zur

Quelle bitterer Ressentiments und antiwestlicher Feindseligkeit geworden. Logischerweise haben sie dazu tendiert, die Schuld daran der westlichen Aggression zuzuschieben – von den Kreuzzügen bis hin zu zeitgenössischem Kolonialismus, inklusive dem zionistischen Übergriff auf den Nahen Osten. Die Rückständigkeit bei den Errungenschaften der Moderne ist umso ärgerlicher, da doch die islamische Kultur in Zentren wie Bagdad, Kairo oder Córdoba große Fortschritte in Wissenschaft und Medizin zu einer Zeit hervorgebracht hat, als das christliche Europa auf diesen Gebieten eine Wüste des Unwissens gewesen ist. Die entscheidende Wende kam mit der industriellen Revolution, die in keinem der muslimischen Länder auf den Weg gebracht worden ist, die aber den Aufstieg des Westens irreversibel gemacht hat.

Muslime nehmen es äußerst übel, wenn Kultur als ein möglicher Faktor ins Spiel gebracht wird, der dazu beiträgt, dass ihre Länder nicht mit dem Westen gleichziehen können. Es wird dann unterstellt, dass man dem »Opfer die Schuld zuschieben« möchte. Das ist nicht unbedingt so. Jede wichtige Entwicklung in der Geschichte hat mehr als eine Ursache. Ich würde mich darauf festlegen, dass im Islam nichts Intrinsisches ist, was man hierbei als Ursache nennen könnte. Zumindest legt das der Erfolg einiger eindeutig muslimischer Unternehmer in der Türkei unserer Tage nahe. Es handelt sich immer um die Kombination der muslimischen Kultur mit anderen Kausalfaktoren. Wie auch immer, es gibt mindestens zwei kulturelle Faktoren, die hier angeführt werden können. Einer gehört in den Bereich des religiösen Rechts, das alle Lebensbereiche betrifft und damit auch jede wirtschaftliche Tätigkeit – ein Umstand, der ökonomisch rationales Handeln verhindert. Der andere ist die Rolle, die den Frauen zugewiesen wird. Und wieder würde ich mich auf das festlegen, was man oft von muslimischen Feministinnen hören kann. Dass nämlich die Unterwürfigkeit der Frauen nicht intrinsisch zum Islam gehört, sondern vielmehr etwas ist, was als Resultat historischer Unfälle mit der Religion in Verbindung gebracht wird. Es gibt einen idealen Islam, in dem die Gleichberechtigung der Geschlechter religiös legitimiert ist. Die Marxisten sprachen immer vom »real existierenden Sozialismus«, um den Unterschied zwischen dem idealen Sozialismus und jenem in der empirischen Realität der Länder, die sich selbst als sozialistisch bezeichneten, zu beschreiben. Meinetwegen; man kann genauso sagen, dass – was auch immer man als ideale islamische Gesellschaft postuliert – Frauen in den meisten »real existierenden« muslimischen Ländern sowohl gesetzlich als auch faktisch eine unterwürfige Rolle zugeschrieben bekommen, dass sie von ökonomischer und politischer Partizipation ausgeschlossen sind, nur zu minimaler Bildung Zugang haben und unter gestrenger männlicher Dominanz in der Familie leben. Diese Charakteristika sind – um es milde auszudrücken – für eine moderne Entwicklung nachteilig.

Das steht in scharfem Kontrast zum Pfingstlertum. Diese Religion könnte gar nicht weiter von Legalismus entfernt sein – die »Gnadengaben« werden spontan erfahren und können nicht rechtlich kodifiziert werden. Die Beziehung zwischen Gott und dem Individuum ist direkt und persönlich, ohne Vermittlungsinstanz. In den meisten Regionen, wo sich das Pfingstlertum verbreitet, verursacht es eine Revolution im Verhältnis zwischen Männern und Frauen. Während die meisten Prediger Männer sind, spielen Frauen eine führende Rolle in der Mission und in der Organisation der Gemeinde. Dazu kommt etwas Wichtiges: Frauen dominieren in der Familie – wie David Martin es ausdrückte: Die Frauen »domestizieren« ihre Ehemänner. All das steht im Kontext der bereits erwähnten »protestantischen Ethik«. Diese ist natürlich eine Modernisierungskraft an sich, aber ich würde einen anderen Punkt hervorheben, der im Zusammenhang mit dem evangelikalen Hintergrund steht, aus dem das Pfingstlertum größtenteils hervorgegangen ist: Evangelikaler Protestantismus ist eine jener bedeutenden religiösen Traditionen, bei denen der persönliche Akt einer individuellen Entscheidung im Zentrum des Glaubens steht. Man kann nicht als Christ geboren werden, man muss wiedergeboren werden, indem man sich entschließt, (im evangelikalen Sprachgebrauch) »Jesus als persönlichen Herrn und Retter zu akzeptieren«. Es gibt nichts Moderneres als dieses Prinzip des individuellen Agierens.

Es ist an der Zeit, zum Fokus auf den Pluralismus zurückzukehren. Wie verhält sich der vorangegangene Überblick über die gegenwärtige religiöse Landschaft zum Pluralismus? Die Antwort ist simpel: Religiöser Pluralismus ist zu einem globalen Phänomen geworden.

Auf ganz einfache Art kann man Globalisierung so beschreiben: Jeder spricht mit jedem. Das betrifft nicht nur die riesige Zahl von Menschen, die über den gesamten Planeten reisen – sowohl auf begrenzte Zeit als Touristen als auch permanent als Migranten; auch die »virtuelle« Konversation nimmt stark zu, weil Druck- und elektronische Medien Wissen über Kulturen außerhalb der eigenen verbreiten. Religion ist keine Ausnahme von dieser planetaren Interaktion. 1910 rief in Edinburgh eine große Missionskonferenz, die hauptsächlich von protestantischen Delegierten aus Europa und Nordamerika besucht war, das 20. Jahrhundert zum Zeitalter der weltweiten christlichen Evangelisierung aus. Dem war denn auch so. Während des vergangenen Jahrhunderts ist die Christenheit in der ganzen Welt enorm gewachsen, sodass es jetzt mehr Christen im sogenannten Globalen Süden (Lateinamerika, Afrika und Asien) gibt als auf den beiden Kontinenten, von denen die Delegierten der Versammlung in Edinburgh kamen. Der Erfolg des protestantischen Missionierungsunternehmens hat die kühnsten Träume übertroffen, besonders in der oben beschriebenen Pfingstlerversion. Andere Religionen haben aber ebenfalls missioniert. Manches geschah im Zuge der Migration vom Süden in den Norden, wo es nun beträchtliche Diasporagemeinden nicht christlicher Religionen gibt. Andere Glaubensrichtungen – Islam, Buddhismus, Hinduismus und auch kleinere Gruppen – haben ebenfalls ihre Missionare in den Westen geschickt.

Man kann diese Bewegung mit einigen Episoden im Zusammenhang mit dem Hinduismus illustrieren, der ursprünglich keine missionierende Glaubensrichtung war. Im Vorjahr habe ich einen sehr großen Hindutempel im Herzen von Texas, also im Zentrum des *Bible Belt*, besucht. Der Führer erzählte, dass an wichtigen Hindufeiertagen mehrere Tausend Menschen aus dem gesamten Südwesten der USA zu den Tempelfeiern kämen. Vor einigen Jahren aß ich in einem Dachrestaurant in Wien zu Mittag, das den Blick auf den Stephansdom, eines der gotischen Meisterwerke der Christenheit, freigibt. Von unten konnte man Musik hören, die nicht zu diesem Ausblick passen wollte. Wie sich herausstellte, tanzte und sang eine Gruppe Hare Krishnas vor der Kirche. Ungefähr zur gleichen Zeit war ich auf einer Party in Deutschland. Dabei kam das Gespräch auf das Thema Wunder. Ich erwähnte einen indischen Guru, der dafür berühmt war, ziemlich spektakuläre Wunder zu wirken. Auf Nachfrage sagte ich, dass ich Schwindel dahinter vermutete. Einer der Anwesenden, ein geborener Deutscher, nahm mir das sehr übel. Er gab sich stolz als Anhänger dieses Gurus zu erkennen. Das alles illustriert eine einfache Tatsache: Es gibt einen internationalen Markt für Religionen. Zumindest sind die bedeutenderen religiösen Traditionen sozusagen verfügbar wie nie zuvor – durch Bücher, Medien und gelegentlich in Gestalt ihrer Vertreter aus Fleisch und Blut. Das macht den religiösen Pluralismus zu einem Phänomen, das sich längst nicht mehr auf neugierige Bewohner des Westens beschränkt, die in den Religionsabteilungen von Buchhandlungen stöbern.

Im Zusammenhang mit asiatischen Religionen, die in westliche Länder vordringen, sollte noch auf einen weiteren Aspekt hingewiesen werden. Es gibt in der asiatischen Spiritualität verwurzelte Kultpraktiken, die zwar oft nicht bewusst mit einer spezifischen religiösen Tradition in Verbindung gebracht werden, aber in den USA und auch in Europa weit verbreitet sind. Der britische Soziologe Colin Campbell gibt in seinem Buch *The Easternization of the West* (2007) einen Überblick über diese Entwicklung. Das Buch ist eigentlich nicht wertfrei, Campbell gefällt nicht, was passiert, und sein abschließendes Kapitel heißt denn auch: »Wie der Westen verloren wurde« – das alles ändert aber nichts daran, dass der Überblick, den er gibt, nützlich ist. Während die asiatische Spiritualität in Europa nur wenig vorangekommen ist, waren die USA besonders empfänglich dafür. Millionen von Amerikanern praktizieren Yoga oder asiatische Kampfsportarten, versenken sich in Meditation und glauben an Wiedergeburt. Natürlich können Menschen auch Yoga praktizieren um abzunehmen, meditieren, um Angstzustände zu vertreiben, oder Karate lernen, um sich abends auf der Straße sicherer zu fühlen. Aber alle diese Techniken gehörten zu religiösen Lehren asiatischer Herkunft. Und diese Verbindung klingt in Annahmen über das Verhältnis von Körper und Geist, von Mensch und Natur und über das Ideal eines guten Lebens nach. Ich kenne einen jungen Mann, der Tai-Chi unterrichtete, eine chinesische Mischung aus Meditation und Tanz. Er ist Amerikaner ohne jeglichen chinesischen Hintergrund und gläubiger Evangelikaler. Als er vorschlug, einen Tai-Chi-Kurs an einem evangelikalen College abzuhalten, wurde er vor dessen Direktor zitiert. Der stellte ihm die Frage, ob er christliches Tai-Chi unterrichten könnte. Als er mir davon erzählte, habe ich erst einmal gelacht. Dann dachte ich, dass der Direktor vielleicht nicht ganz unrecht hätte. Kann man im Lotussitz ein christliches Gebet sprechen?

Pluralismus wird normalerweise als ein Gesellschaftsphänomen diskutiert und das ist er auch. Es gibt aber auch einen Pluralismus im Denken. Wie ich im vorigen Kapitel ausführlich aufgezeigt habe, hat der Pluralismus den Effekt, dass er Weltanschauungen relativiert, weil er mit der Tatsache konfrontiert, dass man die Welt auch anders sehen kann. Anders gesagt: Der Einzelne kann die Weltanschauung, in die er zufällig hineingeboren wurde, nicht länger als selbstverständlich gegeben betrachten. Diese Erkenntnis hat weite Implikationen. Prägnant hat das Pascal zusammengefasst: Es geht um die Tatsache, dass die Wahrheit auf der einen Seite der Pyrenäen auf der anderen Seite ein Irrtum ist. Niemand kann sich seine Eltern oder seine Muttersprache aussuchen. Demgemäß hatte auch jemand, der südlich der Pyrenäen in einem gut katholischen Dorf geboren war, es höchstwahrscheinlich als eine Selbstverständlichkeit betrachtet, dass der Katholizismus die einzig wahre Religion wäre. Stellen wir uns vor, dass dieser Mensch des 17. Jahrhunderts nach Norden zieht. Er muss nicht nur Französisch lernen, sondern auch herausfinden, dass die Welt in dieser Sprache anders aussieht – zumindest wird sie sich anders *anfühlen*. Was die Religion betrifft, mag er auf Protestanten und Agnostiker gestoßen sein, und auch der Katholizismus ist anders als zu Hause. Er mag über keine besondere Bildung verfügen, nicht belesen sein und niemals einen Denker der Aufklärung getroffen haben; aber die Erfahrung mit Menschen, die anders denken, glauben und sich anders benehmen, wird an der Weltsicht zu nagen beginnen, die er davor als selbstverständlich gegeben empfunden hat. Möglicherweise dräut etwas wirklich Schreckliches: Er wird nachdenken müssen – und wir wissen, wie gefährlich das sein kann! Du musst nur ein Fenster aufmachen und schon kann der ganze Trubel des Pluralismus hereinkommen. Torquemada, der Großinquisitor, sah das vollkommen richtig.

Man kann sich vorstellen, dass der menschliche Geist mehrere Ebenen hat – nicht im Freudianischen Sinn des Dreiersystems von Id, Ego und Superego, sondern im Sinne von Gewissheitsebenen. Die unterste/tiefste Ebene ist jene der nicht hinterfragten Gewissheit. Der Soziologietheoretiker Alfred Schütz (1900–1959) nannte das die »als selbstverständlich genommene Welt«. Das deckt sich mit dem, was die Soziologen Robert und Helen Lynd in ihren klassischen »Middletown«-Studien in den 1920er- und 1930er-Jahren als »Natürlich-Aussagen« bezeichneten: Der Gesprächspartner antwortet auf eine Frage mit »natürlich«. Ich werde das gleich noch illustrieren. Die nächsthöhere Ebene beinhaltet kognitive und normative Konzepte der Wirklichkeit, die weithin akzeptiert sind, sodass Menschen, die sie sich zu eigen machen, sich dabei sicher fühlen können und kaum ihre Meinung ändern werden. Eine Ebene darüber sind die Vorlieben und Meinungen, denen man (um mit Schütz zu sprechen) »bis auf Weiteres« verpflichtet ist, also bis ein mögliches gutes Argument oder eine neue Erfahrung die eigenen Ansichten verändert. Das deckt sich mit einer wichtigen These: Als Folge des Pluralismus tendiert Religion dazu, von der Ebene der Gewissheit auf die Ebene der Meinung aufzusteigen.

Lassen Sie mich ein Beispiel aus einem anderen Bereich als dem der Religion bringen. Angenommen eine Frau hätte zur Zeit der Lyndschen Gemeindeuntersuchungen in einem Gespräch geäußert, dass sie verheiratet sei. Hätte man sie damals gefragt: »Sind Sie mit einem Mann verheiratet?«, hätte sie (in verwirrtem oder irritiertem Ton) geantwortet: »Natürlich!« Man muss gar nicht darauf hinweisen, dass das in den Vereinigten Staaten von heute nicht mehr als selbstverständlich angesehen wird, zumindest nicht in Kreisen der akademisch gebildeten Mittelschicht. Diese Veränderung spiegelt sich natürlich auch in der Sprache wider – die Bedeutung von Wörtern hat sich verändert. Vor einigen Jahren waren meine Frau und ich zu einer Party eingeladen. Wir kannten den Gastgeber, John, nicht aber seine Schwester. Bei unserem Eintreffen wurden wir gebeten, unsere Mäntel in ein Zimmer im ersten Stock zu bringen. Ich ging schon hinauf, während meine Frau sich noch mit einem Bekannten unterhielt. Als ich hinaufkam, befanden sich zwei Frauen und ein kleiner Bub in dem Zimmer. Eine der beiden stellte sich so vor: »Ich bin Johns Schwester, das ist meine Partnerin und das ist unser Sohn.« Damit war mir die Situation natürlich klar, ich grüßte und ging wieder hinunter. Als meine Frau nach oben kam, war der kleine Bub schon gegangen. Als Johns Schwester sich und ihre Partnerin vorstellte, fragte meine Frau: »Partnerin wobei?« Das war eine völlig unschuldige Frage – wir kennen gar nicht wenige Menschen, die sich in Praxis- oder Kanzleipartnerschaften befinden. Meine Frau erntete nur einen bösen Blick und war völlig erstaunt, bis ich später das Missverständnis aufklären konnte, da ich ja den kleinen Buben gesehen hatte. Johns Schwester hatte die Frage »Partnerin wobei?« als eine sarkastische Bemerkung missverstanden. Vergleichbare Familienverhältnisse trifft man immer häufiger, es gibt mehr von ihnen und sie werden immer offener gelebt, und daher auch nicht mehr so scheel angesehen wie noch vor ein paar Jahren. Eine Konsequenz daraus ist, dass die Frage »Sind Sie mit einem Mann verheiratet?« nicht mehr ein vorhersagbares »Natürlich« hervorruft, so wie das noch im »Middletown« der 1920er-Jahre gewesen ist.

Um auf die Religion zurückzukommen: Stellen Sie sich vor, dass um 1930 in Muncie, Indiana, also der Stadt, die die Lynds »Middletown« nannten, jemand etwas über seinen Kirchenbesuch gesagt hätte. Auf die Frage »Besuchen Sie eine christliche Kirche?«, wäre die Antwort sehr wahrscheinlich »Natürlich!« gewesen. Das einzige nicht christliche Gotteshaus in Muncie wäre damals vielleicht eine Synagoge gewesen, aber ich denke, dass sie niemand als Kirche bezeichnet hätte. Heute mag in einem Großteil der Vereinigten Staaten die Hegemonie der christlichen Religion behauptet werden, aber eher als eine erwünschte Norm denn als selbstverständliche Tatsache. Die amerikanische Sprache bildet nun diese pluralistische Realität ab. »Religiöse Präferenz« ist jetzt ein quasioffizieller Ausdruck – der eigentlich der Sprache der Kultur des Konsums entlehnt ist; das impliziert, dass man aus einer Reihe verfügbarer Optionen auswählt. Es gibt auch umgangssprachliche Äquivalente. »Ich bin zufällig katholisch« scheint sich eher auf einen Geburtsunfall zu beziehen als auf ein Schicksal, das ein hingebungsvolles Sichfügen verlangt, und es impliziert, dass dieser zufällige Umstand noch korrigiert werden kann. In Kalifornien gibt es davon eine spezielle Variante: »Im Moment stehe ich auf Buddhismus« (»I'm into Buddhism right now«), was stark darauf hindeutet, dass ich morgen vielleicht etwas ganz Anderes mag. Umfragedaten über Religion in Amerika stützen den Subtext dieses Sprachgebrauchs. Eine große Anzahl von Amerikanern tritt entweder von der Religion der Eltern zu einer anderen Religion über oder entscheidet sich, gar keiner Religionsgemeinschaft mehr anzugehören. Die Vereinigten Staaten waren aus bekannten historischen Gründen die Avantgarde des religiösen Pluralismus und haben die Religionsfreiheit im ersten Zusatzartikel zur US-Verfassung feierlich als Recht erklärt. Aber die religiöse Diversität ist zu einem globalen Phänomen geworden. Es mag noch einige (meist isolierte) Gemeinden geben, die mit Pluralismus noch nicht in Berührung gekommen sind, aber ihre Zahl wird rasch immer geringer, weil kapitalistische Unternehmer, Missionare und Touristen auf der Suche nach intakten Kulturen dort einfallen. Und so haben wir Hinduzeremonien im Bible Belt der USA, Moscheen in ganz Europa und protestantische Missionare aus Südkorea, die in Afghanistan dem Tod unerschrocken ins Auge blicken. Wieso?

Im ersten Kapitel habe ich mich mit den Relativierungseffekten des Pluralismus auseinandergesetzt. Jetzt möchte ich ein Konzept aus der Wissenssoziologie einführen – die Plausibilitätsstruktur. Ich halte sehr viel von diesem Konzept. Ich habe es formuliert. Wenn man mich nach meinem Tod obduziert, wird man es in mein Herz eingebrannt finden. Seine Bedeutung ist einfach erklärt: Eine Plausibilitätsstruktur ist der soziale Kontext, in dem jegliche kognitive oder normative Definition von Realität plausibel ist. Es ist plausibel, dass im Boston von heute eine Frau eine andere Frau als ihre »Ehefrau« bezeichnet; im Boston vor ein paar Jahrzehnten war es das nicht. Im Pakistan von heute ist es das definitiv auch nicht – das Fehlen von Plausibilität kann dort sehr schnell durch tödliche Gewalt bestätigt werden. Früher, als Rom noch nicht so tolerant wie heute war, gab es das katholische Prinzip »Extra ecclesiam nulla salus« (»Außerhalb der Kirche gibt es kein Heil«) und es herrschte kein Zweifel darüber, welche Kirche damit gemeint war. Diese These könnte man in der Terminologie der Wissenssoziologie neu formulieren: »Es gibt keine Plausibilität ohne eine passende Plausibilitätsstruktur.« Einfach ausgedrückt: Vor ein paar Jahrhunderten war es in einem österreichischen Bergdorf einfach, ja sogar unvermeidlich, ein selbstsicherer Katholik zu sein. Heute ist das in Wien oder irgendwo anders in Österreich viel weniger einfach und es ist bestimmt nicht unvermeidlich. Paul Zulehner, ein katholischer Priester und Soziologe, hat vor kurzem ein Buch über Religion in Österreich geschrieben und es »Verbuntung« betitelt. Religion ist im Großteil der Welt wirklich viel bunter geworden. Das hat Auswirkung auf die Plausibilität jeglicher religiösen Tradition. Der gläubige Mensch jeglicher Tradition sieht sich der Möglichkeit des Zweifels gegenüber – in welchem Grad an Ausdifferenziertheit auch immer. Im vormodernen islamischen Denken war die Welt in der von einem der führenden Rechtsgelehrten geprägten Terminologie in zwei Bereiche geteilt – *Dar al-Islam* und *Dar al-harb* – also das »Haus des Islam«, wo die Muslime herrschten, und das »Haus des Krieges«, das der muslimischen Herrschaft erst unterworfen werden musste. Ich bin einmal einem Sufidichter begegnet, der mir eines seiner Gedichte übersetzt hat, in dem es darum ging, was es bedeutet, ein Muslim in der Welt von heute zu sein. In dem Gedicht werden die beiden Bereiche und die Grenze zwischen ihnen erwähnt. Und als letzte Zeile heißt es: »Heute verläuft diese Grenze in der Seele jedes Muslims.« Wenn man ein paar Worte in diesem Gedicht austauscht, dann beschreibt es die Situation jedes Gläubigen jedweder Glaubensrichtung in unserer Zeit.

Pluralismus vervielfältigt seinem Wesen nach die Zahl der Plausibilitätsstrukturen im sozialen Umfeld eines Menschen. Es gibt Unterschiede im Umfeld, manche sind »kosmopolitischer« als andere. Sogar in einer so pluralistischen Gesellschaft wie in den USA gibt es Unterschiede zwischen einer kleinen Stadt in Texas und New York City. Aber in keiner modernen oder auch nur mit Modernisierung beginnenden Gesellschaft ist das Individuum immun gegenüber den korrodierenden Effekten der Relativierung. Und so wird der Umgang mit dem Zweifel für jede religiöse Tradition zum Problem. (Die Implikationen dieser Tatsache habe ich in dem oben erwähnten Buch mit Anton Zijderveld ausgearbeitet.) Fundamentalismus kann als Projekt beschrieben werden, das jeden Zweifel beseitigen will. Oder man kann ihn als Versuch beschreiben, die selbstverständliche Gewissheit einer vormodernen Gesellschaft unter modernen Bedingungen wiederherzustellen. Das ist schwierig zu erreichen. Es braucht entweder ein totalitäres Regime, das eine ganze Gesellschaft kontrolliert, was hohe ökonomische und sonstige Kosten verursacht, oder den Minitotalitarismus einer sektiererischen Subkultur, der ständige Wachsamkeit gegen die von der Außenwelt eindringende kognitive Kontaminierung voraussetzt. Wenn man persönliche Freiheit als einen Wert postuliert, dann könnte man diese Analyse eine gute Nachricht nennen.

Ich möchte hier noch eine letzte These anbringen: Pluralismus verändert im individuellen Glauben eher das »Wie« als das »Was«. Das wird deutlich, wenn man einen Menschen betrachtet, der sich entschlossen hat, sich zu einer sehr konservativen Version einer bestimmten Religion zu bekennen. Nehmen wir an, es handelt sich um einen 20- oder 30-Jährigen mit katholischen Wurzeln, mit denen er sich nie besonders stark identifiziert hat, der sich aber jetzt zu einer sehr konservativen Form des katholischen Glaubens bekennt. Vielleicht ist er Laienbruder bei Opus Dei geworden. Und stellen wir uns weiterhin vor, dass diese Person ein Fall vom sogenannten »Dritte-Generation-Phänomen« ist – dass die Enkel den Glauben und die Wertvorstellungen der Großeltern übernehmen, die ihre Eltern abgelehnt haben. Unser neuerdings konservativer Mensch ist das Enkelkind von Einwanderern, die aus einer stabilen und mehr oder weniger homogenen katholischen Gemeinde in die USA kamen – vielleicht aus einem traditionellen österreichischen Dorf aus der Zeit vor Zulehners »Verbuntung«. Tragen wir dann in eine zweispaltige Tabelle die katholischen Glaubensinhalte und Praktiken von Großeltern und Enkel nebeneinander ein, dann sind die beiden Listen vorstellbarerweise vollkommen identisch. Das heißt: Das »Was« des Glaubens hat sich überhaupt nicht verändert. Das »Wie« jedoch hat sich radikal gewandelt. Was früher Schicksal war, das als selbstverständlich galt, ist zu einer willentlichen Entscheidung geworden. Diese Veränderung hat immense Implikationen.

Weiterführende Literatur

Berger, Peter L./Davie, Grace/Fokas, Effie (2008): *Religious America, Secular Europe? A Theme and Variations*, Aldershot, England; Burlington, VT: Ashgate, S. 32, Kap. 2: Pluralism and Individual Faith.

Berger, Peter L. (Hg.) (1999): *The Desecularization of the World: Resurgent Religion and World Politics*, Grand Rapids: Wm. B. Eerdmans Publishing Company.

Campbell, Colin (2007): *The Easternization of the West: A Thematic Account of Cultural Change in the Modern Era*, Boulder: Paradigm Publishers.

Comte, Auguste (2009): *The Catechism of Positive Religion: Or Summary Exposition of the Universal Religion in Thirteen Systematic Conversations Between a Woman and a Priest of Humanity*, übersetzt von Richard Congreve, New York: Cambridge University Press.

Durkheim, Emile (1995): *The Elementary Forms of Religious Life*, übersetzt von Karen E. Fields, New York: Free Press.

Hefner, Robert W. (Hg.) (2013): *Global Pentecostalism in the 21st Century*, Bloomington: Indiana University Press.

Huntington, Samuel P. (1996): *The Clash of Civilizations and the Remaking of World Order*, New York: Simon & Schuster.

Johnson, Todd/Ross, Kenneth (Hg.) (2009): *Atlas of Global Christianity*, Edinburgh: Edinburgh University Press.

Kaufmann, Eric (2010); *Shall the Religious Inherit the Earth? Demography and Politics in the Twenty-First Century*, London: Profile Books.

Lynd, Robert S./Merrell Lynd, Helen (1965): *Middletown in Transition: A Study in Cultural Conflicts*, New York: Harcourt, Brace & Company.

Dies. (1957): *Middletown: A Study in American Culture*, New York: Harcourt, Brace & Company.

Martin, David (1978): *A General Theory of Secularization*, New York: Harper & Row.

Ders. (2005): *On Secularization: Towards a Revised General Theory*, Burlington: Ashgate.

Ders. (1993): *Tongues of Fire: The Explosion of Protestantism in Latin America*, Cambridge: Blackwell Publishers.

Prothero, Stephen (2010): *God Is Not One: The Eight Rival Religions That Run the World – and Why Their Differences Matter*, New York: HarperOne.

Schutz, Alfred (1973): *The Structures of the Life-World*, übersetzt von Richard M. Zaner und H. Tristram Engelhardt Jr., Vol. 1, Evanston: Northwestern University Press.

Spirit and Power: A 10-Country Survey of Pentecostals, Washington, D. C.: Pew Forum on Religion & Public Life, October 2006, URL: http://www.pewforum.org/files/2006/10/pentecostals-08.pdf.

Weber, Max: *Essays in Sociology*, Hg. durch H. H. Gerth und C. Wright Mills (2009), New York: Routledge.

Ders. (2001): *The Protestant Ethic and the Spirit of Capitalism*, übersetzt von Talcott Parsons, New York: Routledge.

Kapitel 3
Pluralismus und religiöse Institutionen

Im ersten Kapitel habe ich Arnold Gehlens Theorie benutzt, um den Charakter von Institutionen zu umreißen. Einfach ausgedrückt ist eine Institution ein Verhaltensprogramm, das es einem Individuum bei richtiger Internalisierung erlaubt, in allen relevanten Bereichen des sozialen Lebens spontan zu agieren, ohne viel oder sogar ohne überhaupt nachdenken zu müssen. Wenn ich mich beispielsweise an den Esstisch setze, dann kann ich die Aufgabe, die Speise in den Mund zu befördern, so bewältigen, dass ich überhaupt nicht darüber nachdenken muss, wie das geht, und kann daneben sogar eine hochgelehrte Unterhaltung über soziologische Theorien führen. Mir – wie auch meinen Tischgenossen – ist es selbstverständlich, dass ich den Löffel für die Suppe, Messer und Gabel für das Fleisch benutze, dass ich mich nicht in die Serviette schnäuze, laut rülpse oder einen Gesprächspartner, mit dem ich nicht einer Meinung bin, schlage. Alle diese Vorschriften und Verbote habe ich vor langer Zeit internalisiert, in meinem Fall als kleiner Bub in Wien, wo mir meine Mutter sehr bestimmt die guten Tischmanieren eines bürgerlichen Haushalts beibrachte. Das ist also ein Teil des Soziallebens, der erfolgreich institutionalisiert worden ist, als ich alt genug war, instruiert zu werden. Umgekehrt könnte der Bereich später auch wieder deinstitutionalisiert werden. So hätte ich, wie meine Mutter es ausgedrückt hätte, in schlechte Gesellschaft kommen können, wo saloppes, ja sogar schweinisches Benehmen bei Tisch als Zeichen der Befreiung von der bürgerlichen Repression gegolten hätte.

Gehlen benutzt auch den Begriff »Subjektivierung« als ein Synonym für Deinstitutionalisierung. Aus Emile Durkheims »Die Regeln der soziologischen Methode« stammt der bekannte Satz, mit dem er uns instruiert, »soziale Tatbestände als Dinge zu betrachten«. In der französischen Soziologie wurde dieser »Dingheit« der Gesellschaft die Bezeichnung »Choséité« gegeben. Was ist ein »Ding«? Es ist *da*, stellt sich als Wirklichkeit dar – ob wir es wollen oder nicht. Seine Wirklichkeit macht es zu einer Komponente dessen, was Alfred Schütz die Selbstverständlichkeit der Lebenswelt genannt hat. Ein weiterer Begriff, der eine Institution beschreibt, ist *Objektivität*. Im Prozess einer Deinstitutionalisierung wird die Objektivität ausgehöhlt und subjektiviert. Ob das gut ist oder schlecht: Jetzt steht es mir frei, meine Suppe zu schlürfen, den Spinat mit den Händen zu essen und vielleicht meine Tischgenossen tätlich anzugreifen.

Alle diese Überlegungen treffen auch auf religiöse Institutionen zu. Sie regulieren das Benehmen bei den frommen Riten so lange, bis es habituell wird, bis es selbstverständlich ist. In der katholischen Seelsorge existierte eine weise Tradition im Umgang mit dem Zweifel. Der zweifelnde Gläubige wurde angewiesen, alle vorgeschriebenen Handlungen – knien, sich bekreuzigen, den Rosenkranz nehmen und die dazugehörigen Gebete sprechen – so auszuführen, als ob er keinen Zweifel hätte; dadurch würde der Zweifel gemildert, wenn nicht sogar verschwinden. Dieser Ratschlag war weise (und ist es vielleicht immer noch, wenn Priester ihn geben), denn er wandte empirisch belegbare Erkenntnisse der soziologischen Theorie an: Alle Institutionen in der Gesellschaft haben ein inneres Korrelat im Bewusstsein. Anders ausgedrückt, die Objektivität der Institutionen überträgt sich auf das Bewusstsein. Das beginnt natürlich in der Kindheit. Die objektive Institution guter Tischmanieren wird objektiv, selbstverständlich, im Denken des Kindes. Auf Religion angewandt heißt das: Der tatsächlich in der Kirche kniende gute Katholik wird durch einen guten kleinen Katholiken im Gehirn des Knienden reproduziert.

Es gibt einen weiteren charakteristischen Aspekt von Religionsinstitutionen. Einmal mehr nehme ich Bezug auf eine Unterscheidung, die von dem klassischen deutschen Soziologen Max Weber stammt. Meiner Meinung nach ist es für das Verständnis von Religion in der Gesellschaft äußerst nützlich, wie Weber zwischen »religiösen Virtuosen« und der »Religion der Massen« zu unterscheiden. Alle Religionen basieren auf außergewöhnlichen Erfahrungen von »Virtuosen« – Propheten, Mystikern, Schamanen –, von dem oder den Religionsgründern. Diese Erfahrungen werden von der Masse der Gläubigen und auch von jenen, die die Traditionen praktizieren, die im Zuge dieser außergewöhnlichen Erfahrungen entstanden sind, nicht geteilt. Die religiöse Institution, die diese Tradition verkörpert, erfüllt zwei Funktionen: Sie erinnert an die außergewöhnlichen Erfahrungen ihrer Gründer und domestiziert sie.

Die zeitgenössische französische Soziologin Danièle Hervieu-Léger bezeichnete Religion als eine »Erinnerungskette«. In ihrer Erörterung der Säkularisierung in Frankreich stellte sie die Behauptung auf, dass diese die Kette gebrochen hat, was zum Ergebnis hätte, dass die französische katholische Kultur eine »verlorene Welt« geworden sei. Das mag vielleicht überformuliert sein, aber die Verknüpfung von Religion und Erinnerung ist sehr nützlich. Die Erfahrung der Virtuosen ist für die Massen nicht zugänglich, aber die religiöse Institution hält durch Lehren, Rituale und Formen der Gemeinschaft die Erinnerung daran wach. Gleichzeitig wird der außergewöhnliche Charakter der ursprünglichen Erfahrung domestiziert – wenn man so will: unschädlich gemacht –, damit ihn Alltagsmenschen in ihrem Alltagsleben gebrauchen können. Und das ist eine gute Sache: Würde die ursprüngliche Erfahrung von vielen Menschen vollständig reproduziert, würde der Alltag einer Gesellschaft unmöglich werden. Ob ein Engel vor vielen Jahren einmal auf die Erde herabgestiegen ist oder ob er jeden zweiten Morgen erscheint – das macht einen großen Unterschied. Alle Aktivitäten, die eine Gesellschaft funktionieren lassen, würden äußerst trivial erscheinen, würde man nichts anderes tun wollen, als auf die nächste Engelserscheinung zu warten. Niemand würde mehr die notwendigen Pflichten erfüllen wollen – arbeiten, die Kinder aufziehen, wählen oder Krieg führen.

Einer der besten Religionshistoriker, Rudolf Otto (1869–1937) hat eine genaue Beschreibung des Wesens des religiösen Erlebnisses oder, wie er es nannte, des »Numinosen« vorgenommen. Das wesentliche Resultat dieser Untersuchung ist, dass das »Numinose« gefährlich ist. Es manifestiert sich in furchterregenden Offenbarungen einer Realität, die sowohl geheimnisvoll als auch erschütternd ist. Es gibt zu diesem Thema eine wunderbare Hadith (eine normative Überlieferung) über den Propheten Mohammed. Als der Erzengel Gabriel am Berg Hira das erste Mal zu ihm sprach und begann, ihm den Koran zu offenbaren, war Mohammed derart entsetzt, dass er vom Berg hinunter bis in sein Haus in Mekka rannte und seine Frau Chadidscha anflehte: »Verstecke mich, verstecke mich, sodass er mich nicht noch einmal finden kann.« Chadidscha glaubte an die von ihm gemachte Erfahrung, obwohl sie sie nicht teilen konnte, und versicherte Mohammed, dass er nicht den Verstand verloren hätte. (Völlig zu Recht wird sie als »erste Muslimin« bezeichnet.) In den darauffolgenden Jahren bezwang Mohammed sein ursprüngliches Entsetzen so weit, dass er im alltäglichen Gemeinschaftsleben wieder funktionieren konnte, in einem Maß, dass er sogar Staatsoberhaupt und Armeebefehlshaber werden konnte, nachdem er nach Medina gegangen war. Wir dürfen annehmen, dass die Erinnerung an den Engel nie verblasst ist. Chadidscha und Millionen von Muslimen haben jedoch nie eine Engelsvision erlebt und können deshalb auch keine authentische Erinnerung daran haben. Deshalb brauchte es eine gewisse Zahl von Institutionen, die die Umma, die Gemeinschaft der Muslime, ausmachen – Institutionen für das Verhalten (Morallehre, Gesetz, Ritual) und für den Verstand (Gebet, Glaubenssätze) –, durch die auch ganz gewöhnliche Menschen an einer »Kette der Erinnerung« teilhaben können, die sie mit den großen Ereignissen, die vor langer Zeit weit weg in Arabien stattgefunden haben, verbinden.

An dieser Stelle ist wieder Weber nützlich. Ein Kernstück seiner allgemeinen Religionswissenschaft ist das Konzept der »Veralltäglichung von Charisma«. Der Begriff »Charisma«, so wie Weber ihn zu einem soziologischen Konzept entwickelte, bezieht sich auf eine außeralltägliche Autorität, die der Tradition oder einer rein rationalen Ordnung gegenübersteht. Ein Beispiel dafür ist, wenn Jesus wiederholt die Formel gebraucht: »Ihr habt die Schriftgelehrten und die Pharisäer sagen gehört, ich aber sage euch«; das »Ich aber« beansprucht außeralltägliche Autorität auf Grund der einzigartigen Stellung, die Gott Vater ihm hat zuteil werden lassen. Veralltäglichung bedeutet also, dass das Außeralltägliche wieder alltäglich wird, wieder in die alltägliche Wirklichkeit eingepasst wird. Weber nahm an, dass dieser Vorgang unvermeidlich ist und wahrscheinlich dann stattfindet, wenn die erste Generation von Anhängern eines charismatischen Führers gestorben ist. Der Vorgang beginnt in der zweiten Generation, und das Gefühl des Neuen geht bis zur dritten Generation verloren, sobald die Gemeinschaft zu einer selbstverständlichen Institution des Alltagslebens geworden ist. Die Veralltäglichung von Charisma kann bei jeder Gemeinschaft, die von einem charismatischen Führer gegründet wurde, vor sich gehen, sowohl bei politischen als auch religiösen Gemeinschaften. Sie entwickelt sich dann in eine von zwei Richtungen: Sie wird traditionell (z.B. wird die Herrschaft vererbbar) oder legal-rational (z.B. wird Herrschaft in bürokratischer Weise organisiert), ein Vorgang, den Weber als den Übergang vom »Personencharisma« zum »Amtscharisma« bezeichnete. Ein Beispiel dafür wäre der Übergang der Führungsposition von einem Apostel, den Jesus noch selbst dazu bestimmt hat, an einen Funktionär – einen Priester, Bischof oder Papst –, der nach genauen Rechtsvorschriften gewählt worden ist. Nur dann kann man streng genommen von Institutionalisierung sprechen.

Ich möchte ein Beispiel bringen, das nichts mit Religion zu tun hat. Vor vielen Jahren unterhielt ich mich mit einem Universitätsangehörigen im damaligen Jugoslawien. Wir saßen auf dem Balkon seines Sommerhauses an der Adria. Er erzählte Geschichten über die Zeit 25 Jahre zuvor, als er als Partisan in Titos unmittelbarer Nähe gekämpft hatte (der sicher ein charismatischer Führer gewesen ist, bei allem, was man sonst noch über ihn sagen kann). Aus diesen Erzählungen war zu verstehen, dass diese Jahre der Höhepunkt seiner Jugend gewesen waren, nicht zuletzt durch die überwältigende Erscheinung Titos. Die Tochter des früheren Partisanen, ein Teenager, saß bei uns auf dem Balkon. Als ich zu ihr hinüberschaute, war sie, offensichtlich gelangweilt, beinahe eingeschlafen. Sie hatte alle diese Geschichten schon viele Male gehört; sie hatten keinen Neuigkeitswert mehr für sie und gehörten zu ihrem Alltag. Mag sein, dass sie stolz auf ihren Vater, eine jugoslawische Patriotin und voll Loyalität zu Tito war, aber diese »Kette der Erinnerung« hatte gar nichts von der charismatischen Inbrunst ihres Vaters. Sie verkörpert den Vorgang der Veralltäglichung in der zweiten und dritten Generation.

Um auf den Pluralismus zurückzukommen, so wird nun schon klar sein, dass der Pluralismus, indem er die Selbstverständlichkeit von Religion unterminiert, den Prozess ihrer Deinstitutionalisierung in Gang setzt. In Gehlens Terminologie: Der Pluralismus unterminiert die Objektivität der Religion und subjektiviert sie dadurch. Das ist jedoch noch nicht das Ende der Geschichte. Die empirische Wirklichkeit ist viel komplexer.

Wenn man die Wirkung von Pluralismus auf Religion verstehen will, sollte man zwischen der individuellen und der kollektiven Ebene differenzieren. Wie ich im vorigen Kapitel erörtert habe, befähigt, ja zwingt der Pluralismus das Individuum, zwischen verschiedenen religiösen oder nichtreligiösen Möglichkeiten zu wählen. Für manche Menschen, besonders wenn sie einen Hang zur Philosophie haben, mag das eine befreiende Erfahrung sein. Für andere wird es schmerzhaft sein; jeder Gewissheit über grundsätzliche Sinnfragen und Werte beraubt, müssen sie sich aus den Kleinteilen, die ihnen in ihrer speziellen Situation zur Verfügung stehen, eine Weltanschauung zusammenbasteln. Arnold Gehlen wies in einem Aufsatz darauf hin, dass Freiheit und Entfremdung zwei Seiten derselben Medaille sind. Er hat dabei nicht über Religion gesprochen, aber das Argument trifft definitiv auf Religion im Leben von Individuen zu. Das kollektive Korrelat der Wahlfreiheit des Individuums ist der freiwillige Zusammenschluss – die moderne Institution par excellence. Streng nach Gehlen sollte man das überhaupt nicht als Institution bezeichnen, denn es fehlt die selbstverständliche Qualität einer gut funktionierenden Institution, die rein definitionsgemäß nicht freiwillig ist. Gehlen prägte den Begriff »sekundäre Institution«, um diese Art von kollektiver Organisation zu beschreiben; es ist doch eine Art Institution, denn es werden Programme für individuelles Verhalten zur Verfügung gestellt, doch diese Programme sind unsicher konstruiert, anfällig für plötzliche Veränderungen oder sogar für Demontage. Man könnte diese Gebilde »schwache Institutionen« nennen – im Vergleich zu den »starken Institutionen«, auf die sich Gehlens ursprüngliche Theorie bezieht. Genauso könnte man ein aus Legosteinen gebautes Spielzeughaus mit einem Puppenhaus aus Stahl vergleichen. Dieser Vergleich beinhaltet kein Werturteil. Wenn Freiheit und Erfindergeist Werte sind, die man hochhält, dann wird man das Legohaus bevorzugen, obwohl oder vielleicht sogar weil es weniger stabil ist.

Viele religiöse Institutionen haben ihre Schwierigkeiten mit Religionsfreiheit, besonders wenn sie für sich beanspruchen, über von Gott enthüllte Wahrheiten zu verfügen, und in noch stärkerem Maße dann, wenn sie einmal die Monopolstellung in einer Gesellschaft inne gehabt hatten. Die Entwicklung der römisch-katholischen Kirche in der Moderne ist ein äußerst lehrreiches Beispiel dafür. Ich glaube, man muss fairerweise sagen, dass der Pluralismus dem vormodernen katholischen Selbstverständnis im Grunde unangenehm ist und dass die Idee der Religionsfreiheit theologisch problematisch ist. Das Ideal des Christentums schließt Religionsfreiheit aus. Die Kirche war im Besitz der umfassenden Wahrheit, und prinzipiell hatte der Irrtum keine Rechte. Selbstverständlich mussten sowohl die Kirchenhierarchie als auch christliche Herrscher dieses Prinzip aus praktischen Überlegungen aufweichen – beispielsweise im Umgang mit schismatischen oder ungläubigen Staaten (etwa ostkirchlich orthodoxe oder muslimische Staaten) oder mit religiösen Minderheiten im christlichen Europa (beispielsweise mit den Juden – von Zeit zu Zeit und wenn es ökonomisch nützlich erschien – oder mit den Albigensern, wie früher erwähnt). Nichtsdestotrotz, während des gesamten Mittelalters gab es eine Deckungsgleichheit von Ideal und Wirklichkeit im lateinischen Christentum. Die protestantische Reformation machte das zunehmend schwieriger. Als Folge der schrecklichen Religionskriege gab es durch den Westfälischen Frieden eine Art Waffenstillstand in Teilen Europas, aber weder auf der katholischen noch auf der protestantischen Seite der Grenze wurde dadurch die individuelle Religionsfreiheit eingeführt; *cuius regio, eius religio* war ein politischer Kompromiss, nicht aber ein Grundsatz der Religionsfreiheit. Erst die französische und die amerikanische Revolution, die beide, wenn auch in unterschiedlicher Weise, von der Aufklärung inspiriert waren, eröffneten ein Zeitalter, in dem echte Religionsfreiheit zunehmend verwirklicht wurde.

Die römisch-katholische Kirche wehrte sich gegen jeden Schritt in dieser Entwicklung – manchmal mit größerer, manchmal mit geringerer Grausamkeit, je nach den Umständen. In den sogenannten Päpstlichen Ländern, die der Papst selbst regierte und die ein beträchtliches Gebiet Italiens umfassten, konnte sie sich natürlich am wirkungsvollsten wehren. Rom übte jedoch auch Einfluss auf viele andere Länder aus, immer mit dem offen deklarierten Ziel, sein traditionelles Monopol auf Kosten von Pluralismus und Religionsfreiheit wiederherzustellen. Das lange Pontifikat von Pius IX., das von 1846 bis 1878 währte, ist Ausdruck für beides – für den Höhepunkt der Abwehr des Pluralismus und für unmissverständliche Zeichen ihrer Niederlage. Pius IX. war am Beginn seiner Karriere ein theologisch Moderater gewesen, der dann immer konservativer wurde, was eine nicht ungewöhnliche Entwicklung bei einem Menschen ist, der von sich glaubt, Statthalter Christi auf Erden zu sein. 1864 erließ Pius den *Syllabus errorum*, der auf eine resolute Kriegserklärung gegen die Moderne und alles, wofür sie stand, hinauslief. Es war ein relativ kurzes Dokument, das eine Liste von Glauben und Riten enthielt, die ohne jegliche Begründung komplett verdammt wurden. Meiner Meinung nach sind die folgenden beiden Irrtümer zentral. Irrtum 77 verdammt die Vorstellung, dass es »in unserer Zeit nicht mehr nützlich ist, dass die katholische Religion als einzige Staatsreligion unter Ausschluss aller anderen Kulte gehalten werde«. Irrtum 80 ist der umfassendste. Er bezeichnet es als Irrtum zu glauben: »Der Römische Papst kann und soll sich mit dem Fortschritt, dem Liberalismus und der gegenwärtigen Zivilisation versöhnen und vergleichen.«

1869 berief Pius IX. das Erste Vatikanische Konzil ein. Es trat unter sehr ungeordneten politischen Umständen zusammen. Die Truppen des Königreichs Savoyen, unter dessen Monarchie Italien als moderner und ziemlich säkularer Nationalstaat geeint werden sollte, marschierten auf Rom zu. Sie nahmen Rom 1870 ein, entzogen dem Papst die Souveränität über die Kirchenstaaten und gliederten sie in den neuen italienischen Staat ein. Aus Protest erklärte sich Pius zum »Gefangenen im Vatikan«, was seinen Status nicht gerade sehr zutreffend beschrieb, jedoch die Selbstbezeichnung der Päpste bis zum Konkordat mit Mussolini blieb, das unter anderem die Vatikanstadt als souveränen Staat anerkannte. Trotz dieser schwierigen Umstände gelang es dem Ersten Vatikanischen Konzil, zwei weitreichende Entscheidungen zu treffen, die beide der »modernen Zivilisation« Widerstand leisten sollten. Es erließ das Dogma der Unbefleckten Empfängnis Marias, das erklärt, dass die Jungfrau Maria ohne Erbsünde empfangen wurde, und das Dogma von der Unfehlbarkeit des Papstes, das behauptet, dass der Papst unfehlbar ist, wenn er als Papst *ex cathedra* über Angelegenheiten des Glaubens und der Moral spricht.

Das Dogma von der Unfehlbarkeit des Papstes, das von nichtrömischen Christen heftig abgelehnt wird, wird oft missverstanden. Es bedeutet nicht, dass jede Aussage eines Papstes kein Irrtum sein kann; der Papst ist nur in Aussagen über Fragen des Glaubens und der Moral unfehlbar, wenn er sie explizit »ex cathedra« macht – also vom Thron des Papstes aus. Solche Aussagen gelten tatsächlich als unfehlbar oder irrtumsfrei. Ein schwieriger Fall der Anwendung dieses Dogmas, wie Protestanten mit Chuzpe manchmal kritisieren, ist jener von Papst Alexander Borgia, der berühmt dafür ist, dass er einen Harem in den päpstlichen Wohnräumen eingerichtet und versucht hat, das gesamte Kardinalskollegium zu vergiften. Wäre eine Aussage von Papst Alexander unfehlbar, hätte er sie ex cathedra zu einer Frage des Glaubens oder der Moral gemacht? Zum Glück ist dem Denken Papst Alexanders nichts ferner gelegen als Glaube und Moral, was die Gewissen nachkommender Generationen römischer Katholiken schont. Diese feine Unterscheidung veranlasste Papst Benedikt XVI. – bekannt für seinen trockenen Humor – einmal zu einem Witz. Er hielt einmal eine Rede vor den Beamten der Kurie und sagte, weil er müde sei, würde er das auf seinem Stuhl sitzend tun (das lateinische Wort *cathedra* bedeutet in der Alltagssprache einfach »Stuhl«). Benedikt fügte an, dass er für das, was er gleich sagen würde, keinerlei Unfehlbarkeit beanspruche.

In den Jahrzehnten nach dem Ersten Vatikanischen Konzil wurden in verschiedenen Ländern Kämpfe über diese beiden Themen ausgetragen, die Pius IX. so präzise definiert hatte. Es ist aber fair zu sagen, dass Rom Schritt für Schritt gezwungen wurde, seine Ablehnung des Pluralismus zu modifizieren. Es gibt zwar keine einstimmige Beurteilung der Bedeutung des Zweiten Vatikanischen Konzils (einberufen 1962 von Johannes XXIII. und beendet 1965 von Paul VI.) – viele liberale Katholiken denken, es sei nicht weit genug gegangen, während viele konservative Katholiken glauben, dass das schon zu weit war –, in jedem Fall ist aber klar, dass es das, was 1870 anscheinend Konsens war, dramatisch verändert hat. Das Zweite Vatikanische Konzil definierte das Verhältnis der Kirche zu anderen Christen, zum Judentum und den Juden und zu anderen Religionen in einem Tsunami von Dekreten und Dokumenten neu, die alle in Richtung gegenseitigen Respekts und Offenheit wiesen. Es gab andere wichtige Dokumente, die auf die inneren Strukturen der Kirche wirkten, aber in Bezug auf das Thema dieses Kapitels war das allerwichtigste Dokument die Enzyklika *Dignitatis humanae*, eine Erklärung zur Religionsfreiheit. Sie besagt, dass Religionsfreiheit bei Weitem keine moderne Fehlentwicklung sei, wie das der Syllabus gesehen hatte, sondern ein fundamentales Recht, das aus der Würde jedes menschlichen Wesens erwächst. Damit vollzog die Kirche eine 180-Grad-Wendung in ihrem Verhältnis zum Pluralismus. Von da an war die Affirmation der Religionsfreiheit nicht mehr eine widerstrebend gemachte Konzession an den Zeitgeist, sondern eine theologisch legitimierte Position, die auf einem christlichen Verständnis von Humanität aufbaut. Interessant ist, dass die beiden Theologen, deren Einfluss bei der Einleitung dieser Entwicklung am größten war, der US-Amerikaner John Courtney Murray und der Franzose Jacques Maritain, aus den beiden Mutterländern der modernen Demokratie stammten. Der Politikwissenschaftler Samuel Huntington aus Harvard, der selbst kein Katholik ist, hat darauf hingewiesen, dass die römisch-katholische Kirche in den Jahren seit dem Zweiten Vatikanischen Konzil eine verlässliche Verteidigerin der Demokratie und der Menschenrechte gewesen ist, das Recht, die eigene Religion zu wählen und zu praktizieren mit eingeschlossen – wobei dieses nicht nur für Katholiken Geltung hat, sondern für jedermann, inklusive jenen vielen, die die Kirche als in großem Irrtum befindlich betrachten. In dieser neuen Rolle als Verfechterin der Demokratie und der Menschenrechte wurde die Kirche zu einem bedeutenden Faktor bei den vielfältigen Übergängen zu Demokratie in so unterschiedlichen Weltgegenden wie Osteuropa, Lateinamerika und den Philippinen.

Ein letztes, wichtiges Mal spielte die römisch-katholische Kirche ihre Rolle als reaktionäre Gegnerin der Religionsfreiheit und anderer demokratischer Rechte während des spanischen Bürgerkriegs in den 1930er-Jahren und auch noch nach der Errichtung des Francoregimes, das Spanien einige Jahre hindurch als »integral katholische« Gesellschaft führte. Ich kam mit dieser Realität in den Jahren ihres Niedergangs unangenehm in Berührung. Als junger Mann habe ich in Deutschland gearbeitet und meine erste Reise als Tourist unternahm ich nach Spanien. Damals hatte ich meine amerikanische Staatsbürgerschaft erst seit kurzer Zeit. Der Zwischenfall ereignete sich in einer kleinen Stadt in Andalusien. Ich ging am frühen Abend auf dem Hauptplatz spazieren. Es war angenehm warm und ich trug nur ein Sommerhemd, kein Jackett. Plötzlich bog eine Kirchenprozession auf den Platz ein, an ihrer Spitze der Priester, der die Hostie trug; es wird wohl zur Zeit des Fronleichnamsfests gewesen sein. Hinter dem Priester marschierten einige Soldaten, ihre Gewehre mit aufgesetzten Bajonetten über der einen, den Helm unter der anderen Schulter. Die Prozession wurde von leisen Trommelschlägen begleitet. Es war ein beachtliches Beispiel für militanten Glauben. Rund um mich sanken die Menschen auf die Knie und bekreuzigten sich. Ich blieb stehen – in einer, wie

ich dachte, gar nicht provokanten Haltung. Keine glückliche Idee. Genau vor
mir hielt die Prozession an, der Priester deutete auf mich und zwei Polizisten
führten mich ab. Das war ein ziemlich Furcht einflößender Moment. Die Polizisten wollten wissen, wer ich wäre. Ein Ausländer? Wüsste ich denn nicht,
dass ich mich in einem katholischen Land befände? Ich erklärte ihnen, dass
ich amerikanischer Staatsbürger sei – also schon definitionsgemäß ein unwis-
sender Ausländer. Sie wollten meine *Documentos* sehen, die ich nicht bei mir
hatte. Meinen Pass hatte ich im Hotel liegen lassen. Also wurde ich zum Hotel zurück begleitet, wo mein »Barbarenstatus« gehörig überprüft wurde. Die
Polizisten, schon etwas weicher geworden, fragten mich, ob es meine Absicht
gewesen wäre, der katholischen Religion mangelnden Respekt zu erweisen.
Sie gaben sich aber damit zufrieden, dass ich diese Absicht leugnete, gaben
mir meinen Pass zurück und gingen. Das Hotelpersonal war vom Eindringen
der staatlichen Autorität sichtlich beunruhigt und atmete deutlich auf, als ich
am nächsten Tag das Hotel verließ.

Es war dann also doch nur ein ziemlich trivialer Zwischenfall gewesen,
aber für einen Augenblick hatte ich damals gedacht, dass der Priester den
Soldaten befehlen würde, mich auf der Stelle zu erschießen. Ich beschreibe
den Vorfall so genau, um zu unterstreichen, dass eine derartige Begebenheit
heutzutage in Spanien wie in jedem anderen mehrheitlich katholischen Land
unvorstellbar ist. Das heißt natürlich immer noch nicht, dass alle Katholiken
sich mit dem religiösen Pluralismus abgefunden hätten. Es heißt nur, dass
diejenigen, die sich damit abgefunden haben, sich dabei auf die Lehrmei-
nung der Kirche berufen können.

Soweit ich weiß, hat sich Arthur Gehlen nicht besonders für Religion interessiert. Wenn wir jedoch die Frage der freiwilligen Gemeinschaft als typische soziale Form der Religion in einem pluralistischen Umfeld untersuchen,
dann können wir uns dabei auf Gehlens Theorie der Institutionen beziehen. Demnach kann die Entwicklung, die zum Voluntarismus führt, als eine
Form von Deinstitutionalisierung gesehen werden; ein bestimmtes religiöses
Bekenntnis wird nicht länger als selbstverständlich genommen, sondern resultiert aus dem Treffen einer Wahl oder eine Reihe von Wahlentscheidungen
auf Seiten des Individuums. Der individuelle Aspekt der »Deinstitutionalisierung« ist die »Subjektivierung«. Das ist der Übergang von einer objektiven
Tatsache zu einer subjektiven Entscheidung, was sich genau mit dem deckt,
was Gehlen als »sekundäre Institutionen« sieht (oder, wenn man es vorzieht,
als »schwache Institutionen«). Es muss nachdrücklich betont werden, dass
das nicht notwendigerweise ein abwertendes Werturteil beinhaltet. Wenn

man den Wert der individuellen Freiheit hochhält, sicher nicht. Im Spektrum der modernen amerikanischen Religionen tun das die Unitarier. Sie haben sich auf keinen Glauben geeinigt, sie beschreiben ihr Unternehmen vielmehr als »eine Gemeinschaft von Suchenden«. So bezeichnen sich denn auch einige Unitarier als Christen, während andere diese Etikettierung für sich ablehnen. Menschen aus stärker doktrinär ausgerichteten Kirchen witzeln gern über diese offene Gemeinschaft. Einmal erzählte mir ein unitarischer Priester folgenden Witz: »Was passiert, wenn man einen Unitarier mit einem Mormonen kreuzt? Heraus kommt einer, der von Tür zu Tür geht und nicht weiß, warum.« Das mag witzig sein, aber der Witz wendet sich letztendlich gegen seinen konservativen Erzähler. Sieht man sich die Mitglieder einer sehr stark doktrinär definierten Kirche genauer an, dann sind viele von ihnen ebenfalls »Suchende«. Gewöhnlich hört man Aussagen wie diese: »Zufällig bin ich Katholik (oder Presbyterianer oder Mormone), aber …«. Dem *Aber* folgt dann eine Liste von Punkten, in denen das Individuum von den offiziellen Lehren seiner Kirche abweicht. In diesem Sinne sind die meisten gläubigen Menschen in der modernen Gesellschaft »Suchende«.

Es gibt noch ein weiteres Konzept, das mit der Religionsgeschichte der Vereinigten Staaten in enger Verbindung steht und für die soziale Form von Religion als freiwilliger Gemeinschaft relevant ist – das Konzept der »Denomination«. Ich habe mich bisher schon mehrere Male auf Max Weber (1864–1920) bezogen, der zu Recht als einer der bedeutendsten Begründer der Religionssoziologie betrachtet wird. Weniger bekannt ist ein anderer deutscher Gelehrter, von Beruf protestantischer Pastor, der sich stark für die soziologischen Aspekte im Zusammenhang mit Religion interessierte – Ernst Troeltsch (1865–1923). Sein bekanntestes Werk ist das monumentale Buch *Die Soziallehren der christlichen Kirchen* (1912). Weber und Troeltsch waren Freunde; sie sprachen ständig miteinander und beeinflussten einander. Ein Thema, an dem sie gemeinsam arbeiteten, war, was sie als die beiden sozialen Grundformen von Religion betrachteten – die »Sekte« und die »Kirche«. Sie waren sich weitgehend einig über die grundsätzlichen Charakteristika dieser beiden Organisationen. Die Sekte ist eine kleine, stark integrierte Gruppe, in den meisten Fällen angeführt von einem charismatischen Individuum; normalerweise wird man Mitglied einer Sekte, wenn man sich entschließt, ihr beizutreten. Auf der anderen Seite ist die Kirche eine große Gemeinschaft mit einer sehr vielfältigen Anhängerschaft, die meistens von nichtcharismatischen Führern administriert wird; Mitglied wird man meist, indem man hineingeboren wird. Weber und Troeltsch stimmten darin überein, dass diese beiden religiösen Formationen normalerweise in einer Abfolge verlaufen – dass Sekten zu Kirchen werden. Bei Weber steht diese Abfolge in Verbindung zu seinem Konzept der »Veralltäglichung von Charisma«. Religiöse Bewegungen beginnen unter der Führung von charismatischen Personen, die ihre sektiererischen Gefolgsleute aus irgendeiner traditionellen (nichtcharismatischen) Gemeinschaft herausführen. Aber Charisma dauert niemals an. Wenn es verblasst, wie vorher bereits ausgeführt normalerweise in der zweiten und dritten Generation, wechselt ihre Autorität von einer charismatischen über in entweder eine traditionalistische oder in eine bürokratische. Um ein Beispiel für den ersten Fall zu nennen: Die Autorität wird vom charismatischen Führer an seine Nachkommen weitergegeben. In der jüngeren Geschichte kommt der zweite Fall häufiger vor. Als logische Folge des Übergangs vom »Charisma der Person« zum »Charisma des Amts«, wie oben dargestellt, interpretierte Weber die christliche Geschichte im Sinne des Kirchenhistorikers Rudolf Sohm: Die früheste christliche Gemeinde, eine prototypische Sekte, wurde von den Aposteln oder ihren unmittelbaren Nachfolgern geführt – alle charismatische Führer par excellence. Als die institutionelle Kirche sich entwickelte, entwickelte sich ihre Autorität in ein »Charisma des Amts«. Jetzt kam es auf die persönliche Qualität des Führers nicht mehr so an; worauf es ankam, das war, ob der Führer durch die richtigen rational-bürokratischen Verfahren in sein Amt eingesetzt worden ist. Deshalb bezieht der römische Papst seine Autorität vom Amt, nicht von seinen persönlichen Qualitäten. Wenn er ordnungsgemäß zum Papst gewählt worden ist, wird er unfehlbar sein, wenn er als Papst *ex cathedra* zu Belangen den Glaubens und der Moral spricht, ganz unabhängig davon, was für ein Mensch er ist. Vom Papst abwärts kann jeder ordnungsgemäß geweihte Priester gültige Sakramente spenden, die Eucharistie mit eingeschlossen, sogar wenn er im Privatleben ein durch und durch unmoralischer Mensch oder sogar ein Ungläubiger ist. So entwickelt sich das »Charisma der Person«, wie es mit einer Sekte assoziiert wird, zum »Charisma des Amts«, wie es zur Kirche gehört.

Über die Weber-Troeltsche Typologie von Sekte und Kirche wird nun schon bald ein Jahrhundert lang diskutiert – sie wird angenommen, modifiziert, kritisiert. Eine meiner ersten Übungen als Religionssoziologe war der nicht gerade schrecklich aufregende Versuch, diese Typologie zu modifizieren. Details dazu passen nicht in dieses Buch, aber die Typologie wird genau dort für unser Thema plötzlich relevant, wo sie zusammenbricht. Webers bekanntestes Werk ist natürlich der bahnbrechende Aufsatz »Die protestantische Ethik und der Geist des Kapitalismus«, worin er postuliert, dass die protestantische Reformation nicht intentional zu einem kausalen Faktor der Genese des modernen Kapitalismus geworden ist. Weber schrieb aber auch einen weniger bekannten, doch sehr interessanten Aufsatz mit dem Titel »Die protestantischen Sekten und der Geist des Kapitalismus«, in dem er sich mit dem Verhältnis von Religion und ökonomischer Entwicklung in den Vereinigten Staaten auseinandersetzte. Hier interessiert uns besonders, wie Weber den Begriff »Sekte« in diesem Aufsatz verwendet. Er tut das gemäß seiner eigenen Definition als religiöse Gruppe, der man beitritt. Und doch gelingt es ihm, den Großteil des amerikanischen Protestantismus, Methodisten und Presbyterianer inklusive, als »sektiererisch« zu beschreiben. Diese riesigen Kirchengebilde, in die Millionen Menschen hineingeboren werden, allesamt in die Kategorie »Sekte« zu stecken, ist verwunderlich. Irgendetwas stimmt daran nicht. Diese Gebilde sind eindeutig Kirchen gemäß der Definition von Weber/Troeltsch, mit Ausnahme der Tatsache, dass Menschen freiwillig ein- und austreten. Und diese Tatsache ist natürlich das Resultat von Pluralismus in Kombination mit Religionsfreiheit. Der Kirchenhistoriker Richard Niebuhr (1894–1962) greift das Problem der früheren Kirche-Sekten-Typologie in seinem bedeutenden Werk *The Social Sources of Denominationalism* (1929) auf. Niebuhr stellt darin einige interessante Betrachtungen über das Verhältnis von Religion und Klasse in den Vereinigten Staaten an. Was aber unser Thema berührt, ist die Tatsache, dass er die Weber-Troeltsch-Typologie in nützlicher Art und Weise modifiziert. Er argumentiert, dass sie die gesellschaftliche Realität der amerikanischen Religion nicht beschreiben kann. Es gibt da Kirchen, nicht Sekten, aber mit einer wichtigen zusätzlichen Eigenschaft – sie erkennen gegenseitig ihr Recht zu existieren an – de facto, wenn nicht theologisch. Niebuhr schlägt vor, ein anderes Konzept anzuwenden – jenes der Denomination. Das ist ein sehr nützlicher Vorschlag; soweit ich weiß, ist der Terminus an sich in Amerika entstanden. Es ist interessant anzumerken, dass im amerikanischen Englisch der Terminus »sectarian« als Synonym für »denominational« überlebt hat – etwa, wenn eine Bildungs- oder Charityeinrichtung sich selbst als »non-sectarian« im Sinne von »non-denominational« beschreibt, was bedeutet, dass sie mit keiner bestimmten religiösen Tradition in Verbindung steht und daher berechtigt ist, Steuergeld zu bekommen, ohne den ersten Verfassungszusatz zu verletzen.

Die Denomination als eine spezifisch amerikanische soziale Form von Religion ist eindeutig das Ergebnis des amerikanischen Pluralismus, und der wiederum war das Ergebnis der Immigrationsmuster in jene Kolonien, aus denen sich die Vereinigten Staaten gebildet haben. Diese Einwanderer, in der Mehrheit Protestanten, neigten nicht zu religiöser Toleranz. Deshalb organisierten die Puritaner ihr Gemeinwesen in Massachusetts als erbittert intolerante calvinistische Gemeinschaft. Andersdenkende Protestanten wurden hinausgedrängt, einige sogar gehängt; aber es kamen immer mehr Immigranten in dieses Gemeinwesen und sie wollten nicht an dem offiziellen puritanischen Monopol festhalten. Es gab einfach keine praktikable Alternative dazu, als immer mehr unterschiedliche religiöse Gruppen zu tolerieren. In den anderen englischsprachigen Kolonien war die Situation ähnlich. Zuerst schloss die Toleranz nur die verschiedenen protestantischen Gruppierungen ein. Dann weitete sie sich aus und inkludierte Katholiken, Juden, andere Religionen, Nichtgläubige aller Arten und schließlich jeden, der nicht gerade Kannibalismus oder eine andere kriminelle Grässlichkeit praktiziert. Diese Entwicklung verlief zu einem Zeitpunkt, als es eine politische Ideologie gab, die sie legitimieren und sogar für heilig erklären konnte – die Ideologie der Aufklärung in ihrer der Religion freundlich gesinnten britischen Version, nicht so sehr in der säkularen französischen. So war es ein glückliches Zusammentreffen, dass es den Anglikanern nicht gelang, ihre Religion zur Staatsreligion von Virginia zu machen und gleichzeitig die Ideen Thomas Jeffersons Einfluss bekamen, die die Gesetzgeber der Kolonien dazu inspirierten, erstmals Religionsfreiheit gesetzlich zu garantieren. Damit soll nicht einen Augenblick lang insinuiert werden, dass Jefferson und andere wie er in ihrer Hingabe an die Religionsfreiheit unaufrichtig gewesen wären, aber Ideen haben in der Geschichte nur selten deshalb Erfolg, weil sie an sich so überzeugend sind. Sie setzen sich vielmehr deshalb durch, weil sie für die Lösung praktischer Probleme hilfreich sind oder persönlichen Interessen dienen.

Was sich über die Jahre in den Vereinigten Staaten entwickelte, war ein allumfassendes denominationales System. Früher oder später, ob zur Freude oder zum Bedauern, wird in den USA jede religiöse Tradition zu einer Denomination.

Dieser Prozess verlief ziemlich einfach für die meisten nach Amerika eingewanderten protestantischen Gruppen, die ja den englischen »Nonkonformisten« entstammten – also den »Freikirchen«, die sich von der offiziellen Church of England abgespalten hatten – vor allem Kongregationalisten, Methodisten und Baptisten. Den Trieb, zusätzliche, von den bestehenden getrennte Kirchen zu gründen, hatten sie gewissermaßen in ihrem genetischen Code. Anglikaner und Lutheraner dagegen, die aus anerkannten europäischen Landeskirchen kamen, hatten zuerst größere Schwierigkeiten, den Wildwuchs an protestantischen Kirchen zu akzeptieren. Aber im Laufe ihrer Amerikanisierung mussten sie sich alle dem unterziehen, was der Soziologe John Murray Cuddihy als »Ordeal of civility« (»Höflichkeitsprüfung«) definiert hat – sie mussten Menschen anlächeln, die ihre früheren Glaubensbrüder als abstoßende Häretiker bezeichnet hätten. Katholiken taten sich viel schwerer, dieses typisch amerikanische »protestantische Lächeln« zur Schau zu tragen, es blieb ihnen aber praktisch nichts anderes übrig, und zwar schon lange bevor das Zweite Vatikanische Konzil ihnen eine theologische Legitimation dafür nachreichte. Das amerikanische Judentum ist ein besonders interessanter Fall. Das denominationale System zu akzeptieren bedeutet, die Ubiquität der religiösen Wahl zu akzeptieren. Fast in der gesamten Geschichte der Juden, von den frühesten Tagen bis zur Emanzipation der Juden, die vielerorts nach der Aufklärung stattfand, wäre der Gedanke zutiefst befremdlich erschienen, eine Entscheidung zu treffen, ob man Jude ist – von der empirischen Möglichkeit gar nicht zu reden. Als einzige Ausnahme könnte die relativ kurze Periode im späten Römischen Reich gelten, als das Judentum ein missionarischer Glaube war. Jude zu sein war Schicksal, nicht Entscheidung. Gemäß dem jüdischen Gesetz ist man Jude, wenn man eine jüdische Mutter hat; man wählt die eigene Mutter nicht aus, auch entscheidet man sich (als männlicher Säugling) nicht für die Beschneidung. Dennoch hat das amerikanische Judentum mit nachgerade protestantischem Überschwang eine reiche Kollektion von Denominationen hervorgebracht. Natürlich gibt es die drei Hauptströmungen – die orthodoxen, die konservativen und die Reformjuden –, aber diese haben sich wiederum innerhalb der eigenen Gruppe diversifiziert und die verschiedenen ultraorthodoxen und chassidischen Gruppen fungieren de facto als Denominationen. Ein alter Witz illustriert das Gesagte: Ein amerikanischer Jude strandet ganz allein auf einer Insel und baut sofort zwei Synagogen – eine, in der er betet, und die andere, in der er nicht einmal tot angetroffen werden will.

In den Vereinigten Staaten haben Muslime, Buddhisten und Hinduisten eine ähnliche Tendenz gezeigt, sich in verschiedene Denominationen aufzuspalten, zusätzlich zu der Tatsache, dass sie in den größeren Kategorien als »sectarian« (konfessionelle) Einheiten innerhalb des gesamtgesellschaftlichen Denominationssystems anerkannt werden, wobei die »abrahamitischen« Muslime dabei einen gewissen Vorsprung vor den nicht monotheistischen Glauben haben – trotz aller Feindseligkeit, die ihnen wegen der Gräueltaten des islamischen Radikalismus entgegengebracht wird. Wieder bildet die amerikanische Sprache die Erweiterung der Liste akzeptierter Denominationen ab – von allen Protestanten auf alle Christen, weiter auf alle Gemeinden, die sich als »jüdisch-christlich« und jüngst als »abrahamitisch« bezeichnen (womit auch die Muslime eingeschlossen sind). Noch gibt es kein Adjektiv, das auch die Hindus, Buddhisten und Inuit einbezieht. Das kann aber auch nicht mehr lange dauern.

Ein Denominationssystem entsteht, wenn zwei Entwicklungen zusammentreffen – religiöser Pluralismus und Religionsfreiheit. Man kann eines auch ohne das andere haben, doch der religiöse Pluralismus verbreitet sich weltweit – sogar an Orten, wo Regierungen ihn unterdrücken oder zumindest kontrollieren wollen, etwa in Russland oder China. Religionsfreiheit intensiviert aus auf der Hand liegenden Gründen den pluralistischen Trend. Umgekehrt, so denke ich, erzeugt die Pluralisierung Druck in Richtung Religionsfreiheit, aus praktischen Überlegungen, um die Stabilität zu erhalten, wenn schon nicht als Anerkennung dessen, dass diese Freiheit ein grundlegendes Menschenrecht ist. Das ist nicht Ergebnis einer protestantischen Propaganda oder amerikanischer kultureller Einflüsse, auch wenn katholische Bischöfe in Lateinamerika und orthodoxe Bischöfe in Russland den Pluralismus oft der »Protestantisierung« und der »Amerikanisierung« anlasten, weil er ihre historischen Hegemonien schwinden lässt. Der Pluralismus ist aus Gründen, die der Modernisierung intrinsisch sind, zum globalen Phänomen geworden, Gründen, die schon an anderer Stelle in diesem Buch behandelt wurden. Als Resultat hat der Denominationalismus amerikanischer Spielart eine unerwartete Verbundenheit mit den religiösen Verhältnissen an Orten gezeigt, die weit von seinem Ursprungsland Amerika entfernt sind.

Auch die Church of England veranschaulicht diese Entwicklung ausgezeichnet. Ich werde im letzten Kapitel noch darauf zurückkommen, da es sich um eine richtungsweisende Version der Trennung von Kirche und Staat (*de facto*, nicht *de jure*) handelt – richtungsweisend, weil sie in Ländern, die weit von England entfernt sind, Anwendung erfahren könnte. Der Anglikanismus ist immer noch etablierte Staatsreligion, ungeachtet der Tatsache, dass nur ein geringer Prozentsatz der weißen englischen Bevölkerung jede Woche den Gottesdienst besucht (rund zwei Prozent, dieser Prozentsatz steigt jedoch signifikant, wenn man Einwanderer aus Afrika und der Karibik mitzählt). Bischöfe der Church of England sitzen im Oberhaus. Die anglikanische Westminster Abbey ist Schauplatz von offiziellen Zeremonien, inklusive Krönungen durch den Erzbischof von Canterbury. Der englische Monarch führt immer noch den Titel »Defender of the Faith« (Verteidiger des Glaubens). Das entbehrt nicht einer gewissen Ironie: Der Titel wurde Heinrich VIII. als Belohnung dafür, dass er ein theologisches Traktat gegen Martin Luther verfasst hatte, vom Papst verliehen, noch bevor er mit Rom wegen des Streits über seine Scheidung gebrochen hatte, die durch sein vermutlich gar nicht theologisches Interesse an Anne Boleyn motiviert war. Der Glaube, um den es in dem Titel geht, ist eindeutig jener, den die anglikanische Kirche bewahrt, der jeder Monarch angehören muss und deren Oberhaupt er ist. Und doch ist dieselbe anglikanische Kirche als starker Anwalt des religiösen Pluralismus bekannt geworden, besonders als Fürsprecherin der Rechte der britischen Muslime. Erst vor Kurzem hat Königin Elizabeth II. bekannt gegeben, dass sie sich als Verteidigerin der Rechte »aller Glaubensrichtungen, die im Vereinigten Königreich vertreten sind«, sehe, eine Sicht, der auch der vorletzte Erzbischof von Canterbury Ausdruck verliehen hatte, als er begründet hat, warum die Church of England immer noch den Status einer Staatskirche hat. Davor, den Titel in »Defender of the Faiths« umzuändern, hat die Queen gerade noch Halt gemacht, aber sie ist in diese Richtung unterwegs. Dann könnte sie sich freilich gleich »Defender of Pluralism« (Verteidiger des Pluralismus) nennen!

Der Pluralismus verändert nicht nur den Charakter religiöser Institutionen, er verändert auch ihre Beziehungen zu anderen Institutionen in der Gesellschaft. Dadurch ist Religion Teil eines viel weiteren Prozesses, den die Moderne losgetreten hat, nämlich Teil der Differenzierung der Institutionen. Am stärksten fußt diese Entwicklung in der zunehmenden Komplexität der Arbeitsteilung, die die Moderne mit sich gebracht hat. So war in vormodernen Gesellschaften fast alles, was wir heute Bildung nennen, der Sippschaft übertragen – von der frühen Sozialisierung bis zu den verschiedenen Initiationsriten des Erwachsenwerdens. Heute haben wir ein ausgeklügeltes Bildungssystem, das von der Kindheit bis zumindest zur Mitte des Lebens (»lebensbegleitendes Lernen«) reicht und meistens außerhalb der Familie stattfindet. Die Familie kann einfach nicht mehr für alles zuständig sein – von der Sauberkeitserziehung bis zur Ausbildung eines Atomwissenschaftlers. Ähnlich war auch die Religion früher eng mit anderen sozialen Institutionen verknüpft, wobei der Sippschaft wieder eine zentrale Rolle zukam. Im Leben vieler Menschen gibt es immer noch eine Affinität von Religion und Familie, aber es gibt auch einen großen Komplex davon getrennter religiöser Institutionen. Anders ausgedrückt, Religion hat sich von anderen Institutionen differenziert, mit denen sie sich in vormodernen Zeiten überschnitten hatte; aus vielen dieser anderen Bereiche des sozialen Lebens hat sich die Religion zurückgezogen. Verschiedene Soziologen, insbesondere José Casanova, haben vorgeschlagen, dass diese Differenzierung als ein Aspekt der Säkularisierung gesehen werden könnte. Es ist nützlich, sich in Erinnerung zu rufen, dass der Terminus selbst aus dem römisch-katholischen kanonischen Recht stammt: Ein Gebäude, das bislang eine Kirche gewesen ist, wird säkularisiert, indem es für weltliche Zwecke dekonsekriert wird, genauso wie ein Priester (unter Anwendung einer ein wenig anderen Terminologie) in den Status eines Laien übergeführt wird.

Die vielleicht wichtigste Differenzierung hat es zwischen Religion und Staat gegeben. Es wäre irreführend, würde man die Differenzierung einfach mit der Trennung von Kirche und Staat gleichsetzen, so wie sie in der amerikanischen und anderen demokratischen Verfassungen niedergeschrieben ist. Möglicherweise legte die Institution der christlichen Kirche, scharf differenziert von dem, »was des Kaisers ist«, den Grundstein dafür, was gegenwärtig vor sich geht. Schon im christlichen Mittelalter, als der Staat selbst als von Gott eingesetzte Autorität verstanden wurde, wogte einige Jahrhunderte lang zwischen Kaisern und Päpsten, zwischen dem *Heiligen* Römischen Reich und der eigenständigen Institution der *Heiligen* Apostolischen und katholischen Kirche ein Kampf um die Vorrangstellung. Die Differenzierung wurde im Gefolge des Schismas der westlichen Christenheit im 16. Jahrhundert noch schärfer, als protestantische Fürsten ihre nationalen Kirchen der Autorität Roms entrissen. Die Formel *cuius regio, eius religio* (wer herrscht, bestimmt über die Religion) wurde erstmals auf dem Reichstag zu Augsburg 1555 verkündet und zur Grundlage des Westfälischen Friedens 1648, mit dem der Dreißigjährige Krieg zwischen Katholiken und Protestanten beendet wurde, der weite Gebiete Zentraleuropas entvölkert hatte. Die Formel begründete das moderne Verständnis der nationalen Souveränität, die neben der Religion noch andere Bereiche umfasste. Nicht lange danach prägte Hugo Grotius, einer der Väter des modernen internationalen Rechts, eine andere historische Formel – *etsi deus non daretur* (als es ob Gott nicht gäbe). Sie wurde zum Fundament des internationalen Rechts, später wurde sie auch als zutreffend für das gesamte Staatsrecht verstanden, das nur auf Rationalität basieren sollte und darauf, was für Grotius natürliches Recht unabhängig von offenbarter Religion war. Bemerkenswert ist, dass das sozusagen ein methodologischer Atheismus war, kein philosophischer Atheismus. Grotius war ein guter Protestant, ein Anhänger des Arminianischen oder Remonstrantenzweigs der niederländischen Reformation, weswegen er von den Calvinisten, die damals die gerade erst unabhängig gewordenen Niederlande unter Kontrolle hatten, in tolerantere protestantische Länder ins Exil getrieben wurde. Ich werde auf Grotius noch zurückkommen, denn seine lateinische Formulierung beschreibt prägnant jene Bereiche der Gesellschaft, die von einem strikt säkularen und daher »religionsfreien« Diskurs organisiert sind. Die Aufklärung konnte auf diesen Entwicklungen aufbauen, als sie die Religionsfreiheit in unterschiedlicher Form gesetzlich absicherte – vom ersten Zusatzartikel der US-Verfassung bis zur Trennung von Kirche und Staat 1905 in Frankreich.

Das Zusammenwachsen zweier moderner Entwicklungen – nämlich die weite Verbreitung des Pluralismus als Faktum und die Religionsfreiheit als politische Norm – ist mittlerweile zu einem globalen Phänomen geworden. Es kann auf streng utilitaristischer Ebene eingewandt werden, dass ein Maß an Religionsfreiheit unter diesen Umständen eine praktische Notwendigkeit ist. Das muss nicht überall identische Formen annehmen. Es gibt signifikante Unterschiede sogar zwischen Demokratien westlicher Prägung bei der Ordnung der Religionsfreiheit – so z.B. zwischen Frankreich, den USA und dem Vereinigten Königreich. Die strikte Trennung zwischen Religion und Staat, so wie sie im ersten Zusatzartikel zur US-Verfassung verankert ist, wird Regierungen eher nicht ansprechen, die sich von einer religiösen Tradition (etwa von Islam oder russischer Orthodoxie) inspirieren lassen wollen, die aber doch noch bereit sind (oder es zumindest in internationalem Rahmen oft behaupten), die Rechte von Angehörigen anderer Religionsgemeinschaften zu garantieren. Kann ein Staat den religiösen Pluralismus vollständig unterdrücken? Die empirische Antwort ist (bedauernswerterweise) ja. In Saudi-Arabien ist es bisher gelungen, weil die autochthone Bevölkerung klein und verwöhnt durch den Wohlstand einer auf Öl basierenden Wirtschaft ist. Nordkorea mit seiner vollkommen anderen Ideologie ist es gelungen, weil seine Regierung bereit ist, alle notwendigen Mittel anzuwenden, um jegliche Art von Dissens zu unterdrücken, und weil ihr die menschlichen Kosten gleichgültig sind, die die Isolation von der Weltwirtschaft verursacht, für die ein gewisses Maß an grenzüberschreitender Kommunikation notwendig wäre. Verfügt man weder über riesigen Ölreichtum, um die Bevölkerung zu befrieden, noch über den Willen zu totalitärer Tyrannei, um sie in Angst und Schrecken zu versetzen, dann ist es viel praktischer, ihr gewisse Freiheitszonen zuzugestehen. In diesem Fall ist Religion eine naheliegende Wahl. Die chinesischen Kommunisten könnten diese Lektion lernen, trotz ihres tiefen Argwohns gegen Religion, ein Argwohn, der mittlerweile wahrscheinlich eher konfuzianistisch als marxistisch ist.

Pluralismus verändert auch die Beziehungen der religiösen Institutionen untereinander, grob gesagt, in Richtung ökumenischer und interreligiöser Toleranz. Die sogenannte »Rationale Entscheider«-Schule in den Sozialwissenschaften, ursprünglich mit dem Werk von Rodney Stark assoziiert, hat Konzepte der Marktökonomie in die Religionswissenschaft eingeführt. Für eine allgemeine Betrachtungsweise der Religion ist das natürlich fragwürdig. Ein Dschihadist, der über ein Selbstmordattentat nachdenkt, wird keine Kosten-Nutzen-Rechnung anstellen; religiöse Leidenschaften folgen im Allgemeinen einer anderen Ratio. Wenn jedoch Pluralismus und Religionsfreiheit zusammentreffen, entsteht eine besondere Art von Markt, sodass ökonomische Konzepte sehr wohl anwendbar sind. Religionsfreiheit raubt religiösen Institutionen Privilegien, die ihnen ihr vorheriger Monopolstatus gesichert hatte. Stattdessen müssen sie sich dem Wettbewerb stellen, ohne auf Zwang zurückgreifen zu können. Es wird Druck in Richtung einer Kontrolle des Wettbewerbs geben, was Zusammenarbeit bis zu einem gewissen Grad zweckmäßig erscheinen lässt. Der Ökumenismus (Bemühungen, den Wettbewerb zu kontrollieren, was »Rationale Entscheider«-Theoretiker als Verletzung der Anti-Trust-Gesetze durch die Kirche beschreiben könnten – wenn sie sie denn gäbe!) kann als Reaktion auf diesen Druck verstanden werden. In den USA begann das unter dem Titel »Comity« (Courtoisie) – mit Abkommen zwischen protestantischen Denominationen, dass man einander keine Mitglieder stehlen würde. Als Student war ich einen Sommer lang an solchen Aktivitäten beteiligt. Die Abteilung für Inlandsmission der damaligen *United Lutheran Church in America* (die zweimal fusioniert wurde und mittlerweile verschwunden ist) beauftragte mich und einen zweiten Studenten, in einigen Gemeinden des Mittleren Westen etwas durchzuführen, was man Marktforschung nennen könnte. Hauptsächlich machten wir das in neuen Vorstädten. Ich erinnere mich, wie ich mich in jenem Sommer schweißgebadet durch endlose neue Straßen schleppte, verfolgt von bellenden Hunden und den fragenden Blicken misstrauischer Anrainer. Wir hatten sehr einfache Anweisungen: Wir sollten jeden, der uns die Tür öffnete, fragen, ob er Mitglied einer Kirche wäre. War die Antwort ja, sagten wir danke und gingen weiter. Bei einem Nein fragten wir, ob Interesse bestünde, wenn eine lutherische Kirche in dieser Gemeinde aufgemacht würde. War die Antwort diesmal ein Ja, dann nahmen wir Namen und Kontaktdaten auf und sandten sie an die Zentrale der ULCA. Seit damals ist »Comity« (auch wenn dieser Ausdruck nicht mehr benutzt wird) auf alle Glaubensrichtungen, die ohne Menschenopfer auskommen, ausgedehnt worden und ein hohes Niveau interreligiöser Courtoisie wurde zur Norm. Darüber hinaus führt Wettbewerb zu zwei scheinbar gegensätzlichen Prozessen – zu Standardisierung und marginaler Differenzierung. Um die Wettbewerbskosten reduzieren und möglichst viele Kunden ansprechen zu können, tendiert man dazu, Produkte zu standardisieren – daher kommt es zu einem Niedergang scharfer denominationaler Differenzen und einer Fusion im Wettbewerb stehender Einheiten (Kartellbildung). So ist die ULCA meiner studentischen Übung in »Comity« zuerst in der LCA (Lutheran Church in America) und dann in der ELCA (Evangelical Lutheran Church in America) aufgegangen. Doch die Standardisierung hat Grenzen; wenn ein Produkt auf dem Markt überleben soll, dann muss es einige Merkmale haben, die es von anderen Marken unterscheidet – das ist *Brand-Identity* (Markenidentität). Deshalb ist das Adjektiv »Lutheran« geblieben, zumindest vorerst.

Schließlich verändert der Pluralismus das Verhältnis zwischen Klerus und Laien. Laien, die nicht zwangsverpflichtet sind, gewinnen unvermeidlich an Macht gegenüber den religiösen Autoritäten und dem Klerus. Laien müssen dazu überredet werden, Mitglied einer Kirche zu werden und/oder zu bleiben, denn diese Kirche ist realiter, wenn nicht theologisch, eine freiwillige Vereinigung. Man ist auf sie angewiesen – darauf, dass sie die Gottesdienste besuchen, dass sie die vielen Funktionen, die ihnen traditionellerweise zustehen, ausfüllen und, schließlich und endlich, dass sie ihren finanziellen Beitrag leisten, besonders dann, wenn die Kirche selbst keine großen Reichtümer anhäufen konnte oder ständige finanzielle Unterstützung vom Staat erhält. Diese Rolle der Laien ist natürlich in traditionell »freien« Kirchen selbstverständlich, etwa in jenen, die sich aus dem britischen Nonkonformismus ableiten; sie wird aber auch gesellschaftliche Realität in Kirchen, die theologisch noch ihre Schwierigkeiten damit haben, so wie es in der römischkatholischen Kirche der Fall ist und in anderen früheren Staatskirchen.

Die zwei großen Effekte der Pluralisierung passen also zusammen – der Glaube, der auf einer individuellen Wahl/Entscheidung und nicht auf Schicksal oder einem Geburtsunfall beruht, und der Glaube, der in Form einer freiwilligen Vereinigung institutionalisiert ist. Beide haben eine profunde Affinität mit der Moderne, die die Selbstverständlichkeit aller Institutionen, nicht nur der religiösen, schwächt. Tatsächlich gibt es die zugespitzte Definition von Modernisierung, wonach sie in der Conditio humana eine riesige Verlagerung vom Schicksal zur Entscheidung ist. Es sollte nicht weiter überraschen, dass die Religion von dieser Verlagerung stark betroffen ist.

Weiterführende Literatur

Casanova, José (1994): *Public Religions in the Modern World*, Chicago: Chicago University Press.

Cohen, Charles L./Numbers, Ronald M. (Hg.) (2013): *Gods in America: Religious Pluralism in the United States*, New York: Oxford University Press.

Cuddihy, John Murray (1987): *Ordeal of Civility: Freud, Marx, Levi-Strauss, and the Jewish Struggle with Modernity*, Boston: Beacon Press.

Durkheim, Emile (1982): *The Rules of Sociological Method: And Selected Texts on Sociology and Its Method*, Hg. von Steven Lukes, übersetzt von W. D. Halls. New York: Free Press.

Hervieu-Léger, Danièle (2000): *Religion as a Chain of Memory*, New Brunswick: Rutgers University Press.

Huntington, Samuel P. (1991): *The Third Wave: Democratization in the Late 20th Century*, Norman: University of Oklahoma Press,

Jakelic, Slavica (2010): *Collectivistic Religions: Religion, Choice, and Identity in Late Modernity*, Burlington: Ashgate Publishing.

Murray, John Courtney (1993): *Religious Liberty: Catholic Struggles with Pluralism*, Louisville: Westminster John Knox Press.

Niebuhr, H. Richard (1929): *The Social Sources of Denominationalism*, New York: Henry Holt and Company.

Noll, Mark A. (1992): *A History of Christianity in the United States and Canada*, Grand Rapids: Wm. B. Eerdmans Publishing.

Otto, Rudolf (1958): *The Idea of the Holy*, übersetzt von John W. Harvey, New York: Oxford University Press.

Rico, Herminio (2002): *John Paul II and the Legacy of Dignitatis Humanae*, Washington, D. C.: Georgetown University Press.

Stark, Rodney/Sims Bainbridge, William (1996): *A Theory of Religion*, New Brunswick: Rutgers University Press.

Tierney, Brian (1992): *The Crisis of Church and State, 1050–1300*, Toronto: University of Toronto Press

Troeltsch, Ernst (1992): *The Social Teaching of the Christian Churches*, Louisville: Westminster John Knox Press.

Weber, Max (2009): The Protestant Sects and the Spirit of Capitalism, in: Gerth H. H./Wright Mills, C. (Hg.): *From Max Weber: Essays in Sociology*, New York: Routledge, S. 302–322.

Young, Lawrence A. (Hg.) (1997): *Rational Choice Theory and Religion: Summary and Assessment*, New York: Routledge.

Kapitel 4

Der säkulare Diskurs

Um noch einmal auf meine in einem früheren Kapitel aufgestellte These zurückzukommen: Die sogenannte Säkularisierungstheorie irrte in der Annahme, dass Modernität notgedrungen zu einem Niedergang der Religion führe, deshalb müssen wir sie durch eine Theorie des Pluralismus ersetzen, ein Unterfangen, zu dem dieses Buch einen bescheidenen Beitrag leisten soll. Jedoch war die frühere Theorie nicht vollständig falsch. Die Moderne hat tatsächlich einen säkularen Diskurs hervorgebracht, der die Menschen in die Lage versetzt, mit vielen Lebensbereichen ohne Bezugnahme auf irgendeine religiöse Definition von Realität umgehen zu können. Charles Taylor hat in seinem gewaltigen Buch *A Secular Age* (Ein säkulares Zeitalter, 2007) jenen Prozess in der westlichen Zivilisation sorgfältig dargestellt, durch den das Leben ohne jeglichen Begriff von Transzendenz beschrieben und bewältigt werden kann. Er nennt das den »immanenten Rahmen«. Taylor ist Philosoph und deshalb kommt der Prozess, den er beschreibt, primär im Bereich der Ideen vor; er merkt jedoch an, dass diese Ideen weite Bevölkerungskreise erreicht haben. Das ist eine vollkommen valide Art, diese Geschichte zu betrachten, aber es ist wichtig zu verstehen, dass der Ablauf der menschlichen Geschichte nicht in erster Linie eine Ideengeschichte ist. Um nicht missverstanden zu werden: Ideen sind wichtig und beeinflussen Ereignisse, allerdings für gewöhnlich in einer vereinfachten, vulgarisierten Form. Die Plausibilität von Ideen ist aber entscheidend beeinflusst von Entwicklungen, die nichts mit Ideen zu tun haben, sondern mit viel gröberen politischen und ökonomischen Interessen in Verbindung stehen. Um ein bedeutendes historisches Beispiel zu bringen: Die protestantische Reformation begann mit einem Mönch, der einsam mit seinem Gefühl äußerster Wertlosigkeit vor Gott kämpfte. Die Reformation verursachte enorme historische Veränderungen, als Luthers Ideen nicht mehr ausschließlich Theologen und Prediger beeinflussten, sondern auch dazu dienten, die harten Interessen deutscher Fürsten zu legitimieren, etwa ihr Interesse, die Klöster mit ihrem riesigen

Grundbesitz zu enteignen. Geschichte ist kein philosophisches Seminar; und Religionsgeschichte ist keine Serie von theologischen Disputationen.

Die Entstehung des säkularen Diskurses ist historisch komplex. Sein Ursprung mag durchaus in der »Achsenzeit« liegen, wie Karl Jaspers (1883–1969) die Periode zwischen dem 8. und 5. vorchristlichen Jahrhundert nannte, als in allen bedeutenden Zivilisationen entscheidende Veränderungen der Weltsicht stattfanden. Meiner Meinung nach liegt Eric Voegelin (1901–1985) in seinem monumentalen (fünfbändigen) und unvollendeten Werk *Ordnung und Gesellschaft* besser als Jaspers, wenn er diese Entwicklungen als den Zusammenbruch der mythologischen Weltsicht beschreibt, die bis dahin die gemeinsame Matrix aller menschlichen Kulturen gewesen zu sein scheint. Voegelin analysierte den Zusammenbruch als einen Wechsel von »Kompaktheit« (Wirklichkeit wird als ein geeintes Ganzes erfahren) zu »Differenzierung« (die eine Kluft zwischen Transzendenz und Immanenz aufmacht). Während sich dieser Bruch auch in anderen Weltgegenden ereignete (hauptsächlich in Indien und China, möglicherweise auch im Iran), so sind die für die westliche Zivilisation relevantesten Fälle jene im antiken Israel und im antiken Griechenland, wie in den beiden ersten Bänden von *Ordnung und Geschichte* brillant beschrieben wird. Es ist wichtig zu verstehen, dass diese Brüche keine Übungen in abstrakter Theorie waren, sondern lebhafte Welterfahrungen von ganz gewöhnlichen Menschen in relevanten Gesellschaften – von Israeliten des Altertums, die einen Gott anbeteten, der außerhalb des natürlichen Universums weilt, und von Griechen der Antike, die die *Polis* als vernünftige Ordnung erlebten. Max Weber interessierte sich auch für diese Ursprünge, aber konzentrierte sich auf die distinkte Rationalität des modernen Geistes, aus dem die moderne Wissenschaft entsprang, die wiederum die moderne Technik ermöglichte, was die Lebensumstände auf diesem Planeten dramatisch verändert hat. Moderne Wissenschaft und Technik operieren notwendigerweise innerhalb eines Diskurses, der strikt »immanent« ist – »als ob es Gott nicht gäbe«. Der ungeheure praktische Erfolg dieses Diskurses hat ihn verständlicherweise sehr attraktiv gemacht. Ich möchte dazu ein wirkliches Paradebeispiel bringen. In vormodernen Gesellschaften sterben die meisten Menschen im Kindesalter; in modernen, ja sogar in Gesellschaften am Anfang der Modernisierung, leben die meisten Menschen bis ins Erwachsenenalter. Es ist nützlich, diesen fundamentalen Wandel des menschlichen Daseins, den diese Tatsache in sich birgt, für einen Augenblick zu betrachten. Dann ist es nämlich einfach zu verstehen, warum die Rationalität, die diesen Wandel ermöglichte, ihr gegenwärtiges Prestige erlangt hat.

Der säkulare Diskurs existiert sowohl im subjektiven Denken des Einzelnen, der gelernt hat, mit Bereichen der Realität ohne übernatürliche Annahmen umzugehen, als auch in der objektiven Gesellschaftsordnung, in der spezifische Institutionen ebenfalls ohne solche Annahmen funktionieren. So gibt es Bewusstseinsbereiche, in denen der Einzelne dem säkularen Diskurs erlaubt, seine Vorgehensweise weitgehend festzulegen – etwa, wenn er eine Krankheit bewältigen muss. Aber es gibt auch ganze Institutionen, in denen der säkulare Diskurs dominiert – exklusiv oder beinahe exklusiv; etwa die Institution der modernen Medizin und ihre lokale Verkörperung, das Krankenhaus, in das das kranke Individuum aufgenommen wird. Natürlich kann der Patient vom Krankenhauskaplan besucht werden, dem die Götter in Weiß (manchmal widerstrebend) den Zutritt zugestehen; sie sind ja sozusagen die Herren der örtlichen Realität; der Kaplan ist nur ein Besucher aus einem fremden Land.

Wie ich schon im vorigen Kapitel erwähnte, wurde die prägnanteste Formulierung, die den säkularen Diskurs der Moderne beschreibt, vor mehr als 400 Jahren von Hugo Grotius (1583–1645) geprägt, von jenem niederländischen Juristen, der einer der Begründer des internationalen Rechts war. Grotius schlug vor, dass dieses Recht in vollkommen säkularen Begriffen formuliert werden sollte, ohne jegliche religiöse Annahmen – *etsi deus non daretur*, »als ob es Gott nicht gäbe«, was so viel heißt wie »als ob Gott nicht existierte«. Damals gab es dringende Gründe, warum jedes Gesetz, damit es international anerkannt werden konnte, unbedingt in theologisch neutrale Begriffe gefasst werden musste. Das westliche Christentum war durch die Reformation in zwei Teile gespalten worden; es gab katholische und protestantische Staaten und die Protestanten gehörten darüber hinaus noch verschiedenen Richtungen des Reformationsglaubens an – Lutheraner, Calvinisten, Arminianer, Anglikaner. Was noch wichtiger war: Wenn das Gesetz, das Grotius vorschlug, wirklich international sein sollte, musste es auch von Staaten eingehalten werden, die der östlichen christlichen Orthodoxie (insbesondere in der aufstrebenden Macht Russland) und dem Islam (insbesondere im Osmanischen Reich) angehörten. Nun ist es wichtig anzumerken, dass, auch wenn Grotius' Prinzip auf den ersten Blick atheistisch zu sein scheint, es sich dabei um einen praktischen oder methodologischen Atheismus handelt, in keiner Weise aber um einen Atheismus, der auf einer philosophischen Ablehnung von Religion basiert. Grotius war Protestant, genauer gesagt ein Arminianer oder Remonstrant, ich würde sagen, er gehörte einem humaneren Zweig der niederländischen Reformation an, der die grimmige calvinistische Lehre von der doppelten Prädestination ablehnte, der zufolge Gott von Anbeginn entschieden hätte, wer in den Himmel und wer in die Hölle gehen sollte, ohne Ansehen des Glaubens oder der guten Werke der Person. Grotius hatte sich in den theologischen Kontroversen, die um diesen Disput wogten, zu Wort gemeldet und wurde von den Calvinisten, die damals in den gerade erst unabhängig gewordenen Niederlanden federführend waren, ins Exil geschickt. Er starb im lutherischen Deutschland.

In der Folge wurde Grotius' Prinzip sowohl im nationalen als auch im internationalen Recht angewandt. Während er meines Wissens eine so breite Anwendung gar nicht im Sinn gehabt hatte, kann man Grotius' Prinzip über die Institution des Rechts hinaus auf den Staat als solchen und ganze Bereiche der Gesellschaft anwenden, die mittlerweile vom säkularen Diskurs dominiert werden; zwei äußerst wichtige Beispiele dafür sind die Marktwirtschaft und jede Organisation, die bürokratisch organisiert ist. Heißt das, dass alle religiösen Diskurse von diesem säkularen Diskurs ersetzt worden sind? Nein, das heißt es nicht. Und genau das ist der Punkt, an dem die alte Säkularisierungstheorie fehlgeschlagen ist. Vielmehr fügt sich der säkulare Diskurs in die turbulente Welt des religiösen Pluralismus ein – und es ist wichtig, das zu verstehen.

Das bringt mich zu einem sehr wichtigen Argument. Wenn man den Platz der Religion innerhalb des pluralistischen Phänomens verstehen will, muss man beachten, dass hier zwei Pluralismen vorliegen. Der erste ist der Pluralismus der verschiedenen religiösen Optionen, die in ein und derselben Gesellschaft koexistieren, womit sich die früheren Kapitel dieses Buches beschäftigt haben. Der zweite ist der Pluralismus des säkularen Diskurses und der unterschiedlichen religiösen Diskurse, die ebenfalls in ein und derselben Gesellschaft koexistieren. Was das für den Glauben des Einzelnen impliziert, ist einfach und extrem wichtig zugleich: Für die meisten Gläubigen sind Glaube und Säkularität einander nicht ausschließende Modi, mit der Realität umzugehen; das ist keine Frage des Entweder-oder, vielmehr des Sowohlals-auch. Die Fähigkeit, verschiedene Diskurse (oder, um mit Alfred Schütz zu sprechen, verschiedene Relevanzstrukturen) zu handhaben, ist das wesentliche Merkmal eines modernen Menschen.

Hat der säkulare Diskurs eine privilegierte Stellung im Denken der Menschen? Ja, unbedingt. Hat er eine Exklusivstellung? In manchen Fällen ja, im Allgemeinen aber nicht. Und genau das ist der Punkt, wo sowohl die Säkularisierungstheoretiker als auch ihre Kritiker einen Fehler gemacht haben. Ich habe zuerst der erstgenannten Gruppe angehört, dann bin ich zur anderen übergewechselt, beide überschätzen jedoch die Kohärenz des menschlichen Bewusstseins. In der Erfahrung der meisten Individuen widersprechen Säkularisierung und Religion einander nicht. Sie koexistieren vielmehr, wobei jede zu einer spezifischen Form der Realitätsbetrachtung gehört. Zwar gibt es einige Menschen, die ausschließlich religiös oder ausschließlich säkular sind: ein russischer Starez etwa, der das ewige »Jesusgebet« praktiziert, oder ein schwedischer Soziologieprofessor, der jede transzendente Institution als Restaberglauben ablehnt. Diese beiden Typen sind vielleicht interessant, sie repräsentieren aber nur eine relativ kleine Minderheit der Weltbevölkerung, mit je nach Weltgegend verschiedenen Häufigkeitsverteilungen.

Zwei amerikanische Sozialwissenschaftler haben in ihren – beide 2012 erschienenen – Büchern umfassende Beschreibungen vorgelegt, wie gewöhnliche religiöse Menschen es schaffen, den religiösen und den säkularen Diskurs unter einen Hut zu bringen. Die Anthropologin Tanya Luhrmann ist die Autorin von »When God Talks Back« (Wenn Gott zurückredet), wo sie über die Untersuchung einer evangelikalen Gruppe, der *Vineyard Fellowship*, berichtet. Ihre Mitglieder kultivieren sehr methodisch eine Gebetspraxis, in der sie sich nicht nur an Gott wenden (was wohl alle gläubigen Menschen tun), sondern von der sie auch behaupten, dass sie ihnen gestattet wahrzunehmen, wenn Gott ihnen antwortet. Das zentrale Anliegen dieser Wahrnehmung ist es, dass man zwischen den eigenen Gedanken, die das Gebet begleiten, und der wahren Stimme Gottes, die auf das Gebet antwortet, differenzieren kann. Luhrmann selbst urteilt nicht epistemologisch über diese Behauptung. Als gute Ethnografin beschreibt sie das alles nur in den Begriffen, die die Betroffenen anwenden, ohne zu sagen, ob sie diese Praktik für eine Übung in Illusion hält. Allerdings vergleicht sie diesen mutmaßlichen Dialog zwischen den Gläubigen der Vineyard Fellowship und Gott mit anderen Fällen, in denen Menschen mit Gesprächspartnern kommunizieren, die in der sozialen Realität nicht anwesend sind, etwa mit Kindern, die sich mit ihren Puppen unterhalten, oder mit Schizophrenen, die mit halluzinierten Personen sprechen. Ein sehr interessantes Kapitel des Luhrmannbuchs trägt die Überschrift: *Are They Crazy?* (Sind sie verrückt?) Darin vergleicht sie sorgfältig die psychiatrischen Kriterien für die Diagnose einer Schizophrenie mit den Gebetspraktiken der von ihr untersuchten Personen und kommt zu dem Schluss, dass diese nicht verrückt sind. Die vielleicht wichtigste Begründung für diese Einschätzung ist, dass diesen Gläubigen sehr stark bewusst ist, dass sie zwei unterschiedliche Diskurse führen und sich bemühen, die Spannungen zwischen ihnen zu überbrücken. Mit anderen Worten: Der säkulare und der religiöse Diskurs sind immer gleichzeitig präsent. Die beiden Diskurse belasten einander gegenseitig. Daher entbehrt der Glaube dieser amerikanischen Zeitgenossen der ruhigen Gewissheit des vormodernen Bewusstseins und ist immer von einem Element des Zweifels durchsetzt.

Das andere Buch, *The God Problem* (Das Gottesproblem), stammt von Robert Wuthnow, einem der produktivsten Religionssoziologen mit Schwerpunkt Amerika. Es basiert auf Interviews mit einem viel breiteren Sample moderner Christen als bei Luhrmann, die nur die eine Sekte untersucht hat, beschäftigt sich aber mit demselben Problem, auch wenn die begrifflichen Werkzeuge verschieden sind. Wuthnow stellt sich die Frage, wie Menschen, die sich als modern verstehen, zwischen ihrem Glauben und dem säkularen Diskurs, dem sie sich ebenfalls verpflichtet fühlen, vermitteln. Wuthnow beschreibt, wie sie mit dem Ausgleich der Spannungen zwischen den beiden im eigenen Bewusstsein fertigwerden. Die Sprache der von Wuthnow Untersuchten ist interessant. Sie bekräftigen ihren im Grunde übernatürlichen Glauben, aber lehnen Formen ab, die sie als »weird« (bizarr) oder »wacko« (verrückt) bezeichnen. Ein charakteristisches Beispiel für Letzteres ist jener TV-Prediger, der behauptete, dass sein Gebet die Bahn eines Wirbelsturms, der auf ihn zuzukommen drohte, abgelenkt hätte. Ich sollte vielleicht hinzufügen, dass nicht vollständig klar ist, ob die Ablehnung dieser speziellen »Verrücktheit« der Autorität der wissenschaftlichen Meteorologie geschuldet ist oder moralischen Skrupel darüber, ob man Gott bitten darf, einen selbst zu retten und dafür jemanden anderen zu vernichten. Das Schwerpunktthema beider Bücher ist also, wie moderne Menschen mit den Spannungen zwischen den beiden Diskursen umgehen.

Alfred Schütz (1900–1959) hat sich in seinen Werken kontinuierlich darum bemüht, die Phänomenologie des Bewusstseins mit der soziologischen Theorie zu verknüpfen. Der Ausgangspunkt ersterer war die These, dass das Bewusstsein eines Menschen nicht ein kohärentes Ganzes ist, sondern aus »multiplen Realitäten«, wie Schütz es formulierte, besteht. Um diese These zu erläutern, prägte Schütz zwei Konzepte – »paramount reality« (die »oberste Realität der Alltagswelt«) und »finite provinces of meaning« (die »finiten Sinnprovinzen«). Diese Terminologie ist nicht sehr glücklich. Schütz schrieb ursprünglich auf Deutsch und als er nach seiner Emigration in die USA ins Englische wechselte, blieb doch ein gewisser deutscher Unterton erhalten. Die Bedeutung dieser Termini ist jedoch klar. Die »paramount reality« ist die Alltagsrealität; da wir hauptsächlich in ihr leben, ist sie die oberste Realität, die Arena der meisten unserer Unternehmungen und (soziologisch gesehen ist das das Entscheidende) wir teilen sie mit der Mehrheit der anderen Menschen. Finite Sinnprovinzen sind Realitäten, zu denen wir vor der Alltagsrealität Zuflucht nehmen. Sie sind geschlossen, weil sie fast immer nur zeitlich begrenzt sind; wir treten in sie ein, wenn wir die Alltagsrealität verlassen, sie sind real, solange sie andauern, aber wir lassen sie hinter uns, sobald wir wieder in unser Alltagsleben eintreten. Egal, in welche Richtung wir gehen, da ist immer eine Schwelle. Schütz war ein gebürtiger Wiener und so liebte er Beispiele aus der Welt des Theaters. Also ein Beispiel: Ich sitze im Theater und warte darauf, dass sich der Vorhang hebt. Vielleicht plaudere ich mit meinem Sitznachbarn, wir tratschen über eine gemeinsame Bekanntschaft oder politisieren. Zu diesem Zeitpunkt sind wir noch vollständig in der Realität des Alltagslebens. Dann gehen die Lichter aus, der Vorhang hebt sich und nur mehr die Bühne ist beleuchtet. Die Aufführung beginnt. Wenn es ein gutes Stück ist, wird es mich in seine Realität einsaugen und diese ist vollkommen anders organisiert als die Realität, in der ich mich gerade noch mit meinem Nachbarn unterhalten habe. In meiner Alltagswelt befinde ich mich im Boston des Jahres 2014; in der Welt des Theaterstücks bin ich im England von vor ein paar hundert Jahren. Alles ist dadurch anders, sogar die Grundkategorien von Raum und Zeit. Die Handlung des Stücks erstreckt sich vielleicht über zehn Jahre; inzwischen sind aber auf meiner Armbanduhr nur zwei Stunden vergangen. Dinge, die mir im Boston von heute vollkommen unplausibel erschienen, sind ziemlich plausibel im England Shakespeares – zumindest solange das Stück andauert. Nach zwei Stunden endet der letzte Akt. Der Vorhang senkt sich, die Lichter rund um mich gehen wieder an, und meine Alltagsrealität hat wieder Oberhand. Vielleicht nehme ich das Gespräch mit meinem Sitznachbarn wieder auf oder versuche mich zu erinnern, wo ich mein Auto geparkt habe, oder es fällt mir ein, dass ich jemanden anrufen muss, sobald ich nach Hause komme.

Schütz' Interesse galt nicht der Religion. Die Beispiele, die er für finite Sinnprovinzen anführte (jenseits des Theaters), waren die Realitäten anderer ästhetischer Erfahrungen (inklusive Musik), von Träumen und jeglicher Art reiner Theorie (inklusive Mathematik). Sein Konzept ist aber sehr gut auf intensives religiöses Erleben anwendbar. Da geht es nicht um das beschauliche Erleben eines normalen Gläubigen, also das, was Max Weber die »Religion der Massen« nannte. Diese Art von Erleben verlässt nie, oder nur ganz schwach, die Alltagsrealität. Sogar sehr fromme Menschen wurden schon dabei ertappt, dass sie während des Gottesdienstes getratscht oder geflirtet haben. Aber es gibt ja noch die weberschen »religiösen Virtuosen«, deren religiöses Erleben viel intensiver und immer mit dem Überschreiten einer Schwelle in eine andere Realität verbunden ist. Rudolf Otto, ein überaus erkenntnisreicher Religionsphänomenologe, nannte diese Realität *totaliter aliter*, also vollkommen anders. Prototypen eines solchen Erlebens finden wir bei den großen Mystikern. Man denke an die großen katholischen Mystiker wie Teresa von Ávila (1515–1582), die Ekstasen erlebte, in der die Alltagswelt wegschmolz und nur mehr Gott real war. Aber nicht einmal sie konnte ständig in Ekstase bleiben; sie waren finit in der Zeit, vielleicht auch im Raum – sogar große Mystiker haben Probleme damit, mitten auf einem Marktplatz in Ekstase zu verfallen. Teresa scheint eine sehr kompetente Verwalterin des Karmeliterinnenklosters gewesen zu sein, das sie führte und reformierte – inklusive der Finanzen. Natürlich war das Spektrum des säkularen Diskurses (beispielsweise alles, was die Finanzen betrifft) im Spanien des 16. Jahrhunderts noch viel limitierter als heutzutage. Nichtsdestotrotz musste Teresa von einer Realität in die andere wechseln, wenn sie aus einem ekstatischen Zustand kam und sich dann um die Konten ihres Nonnenklosters kümmerte. Sogar sie musste mit der in ihrem Bewusstsein bestehenden Koexistenz ihrer mystischen Realität mit dem säkularen Diskurs, der die Wirklichkeit des Alltagslebens beherrscht, umgehen. Es ist wohl überflüssig darauf hinzuweisen, dass das eine viel größere Umstellung war als diejenige, die ein durchschnittlicher Kirchgänger zu bewältigen hat, wenn er flüchtige fromme Eingebungen und Alltagsleben auf einen Nenner bringen muss.

Auf diesen Typus ist ein anderes Konzept von Alfred Schütz besser anwendbar, jenes der Relevanzstruktur. Es ist wichtig zu verstehen, dass wir ständig mit verschiedenen Relevanzen leben und nicht nur dann, wenn wir gerade zwischen religiösen und säkularen lavieren. Stellen Sie sich beispielsweise vor, dass ich bei einer politischen Versammlung neben einer Frau sitze. Ich bin vollkommen anderer Meinung als der Vortragende und äußere das auch. Da stellt sich heraus, dass meine Sitznachbarin meine Meinung teilt. Nach der Versammlung diskutieren wir mit einigen anderen Menschen, die ähnliche Ansichten haben wie wir, und rechnen uns aus, wie groß unsere Chance ist zu verhindern, dass die Position des Vortragenden in das Programm unserer Partei eingearbeitet wird. Die Frau, neben der ich gesessen habe, schlägt mit großer Leidenschaft einen Aktionsplan vor; da wird mir plötzlich bewusst, dass ich sie sehr attraktiv finde. Was ist da geschehen? Ich habe von einer politischen in eine erotische Relevanz gewechselt. Der Wechsel kann natürlich auch in die entgegengesetzte Richtung verlaufen; ein vielversprechender Flirt kann ein jähes Ende finden, wenn meine Gesprächspartnerin beginnt, ihre politischen Ansichten zu äußern, die mir total inakzeptabel vorkommen. Es ist natürlich auch möglich, dass die beiden Bedeutungsebenen in meinem Bewusstsein koexistieren, ich aber eine ausklammern kann, während ich die andere bediene. Im ersten Beispiel kann ich mein lustvolles Interesse hintanstellen, damit es nicht die strategische Verschwörung stört; im zweiten Beispiel klammere ich die Politik aus und verfolge indessen ein Projekt, das man klassisch »mit dem Feind schlafen« nennt.

Wenn es um Religion geht, sollte man immer daran denken, dass die meisten Menschen keine Logiker sind. Daher können Relevanzen, die einem Außenstehenden vollkommen inkompatibel erscheinen, für ein Individuum, das nicht philosophisch veranlagt ist, kompatibel sein. Es mag ja so etwas wie einen Hang zur Kohärenz im menschlichen Geist geben, aber diese Kohärenz ist oft schwach und vage. Daher gibt es eine überraschend große Anzahl von Menschen, die von sich behaupten, dass sie an die Lehren der katholischen Kirche glauben, aber auch an Reinkarnation oder, mit eher praktischen Auswirkungen, Empfängnisverhütung praktizieren. Da Pluralismus bedeutet, dass Personen ihren Glauben in derselben Art zusammenbauen wie ein Kind, das aus Legosteinen ein eigenwilliges Gebäude konstruiert, ist es nicht weiter überraschend, dass manche von den so entstehenden Konstruktionen ein bisschen seltsam sind.

Nun sollte es schon klarer sein, warum ich behaupte, dass die ursprüngliche Säkularisierungstheorie in ihrer Grundannahme irrte, dass Modernität zu einem Niedergang der Religion führt. Allerdings irrte sie nicht so, wie ihre Kritiker dachten. Ja, die Welt von heute ist voll von Religion; aber es gibt auch einen sehr wichtigen säkularen Diskurs, der dazu geführt hat, dass Religion durch Denkmuster mit dem Grundsatz *etsi deus non daretur* ersetzt wird. Das moderne Individuum kann die Fähigkeit entwickeln, und tut das in vielen Fällen auch, sowohl mit religiöser als auch mit säkularer Wirklichkeitsdeutung umzugehen, je nachdem welche Art der Deutung für die gegebene Frage relevant ist. Das Thema Religion und Krankheit ist ein wichtiges Beispiel dafür. Wahrscheinlich beten alle frommen Menschen für die Errettung von einer Krankheit, die sie selbst oder ihre Lieben ereilt hat. Manche glauben, dass ihr Gebet ein Wunder wirken wird; das ist ein zentraler Glaube jener mächtigen charismatischen Bewegung, die sich heute explosionsartig in aller Welt verbreitet. Die Geschichten über Wunderheilungen in Pfingstlerkirchen, etwa über einen Krebstumor, der nach einer Heilungsmesse plötzlich verschwindet, beinhalten für gewöhnlich die Phrase, dass »die Ärzte nicht glauben konnten, was sie im Röntgenbild sahen«. Vielleicht erwarten die meisten Gläubigen gar nicht, dass sich tatsächlich ein Wunder ereignen würde, aber sie beten darum, dass der göttliche Wille durch weltliche Werkzeuge wirken möge – durch die Hände eines Chirurgen oder durch wirksame Medikamente. Wenn sie das tun, dann wenden sie gleichzeitig die religiöse wie die weltliche Weltdeutung auf die Situation an. Diese Differenzierung der Realität in mehrere Relevanzstrukturen ist ein Hauptmerkmal der Moderne, das letztendlich in der immensen Zunahme der Arbeitsteiligkeit begründet ist. Wenn man will, kann man diesen Prozess Säkularisierung nennen, aber das würde ein bescheideneres Verständnis ihres Geltungsbereichs implizieren. Die Fähigkeit, mit verschiedenen Bedeutungsebenen umzugehen, existierte wahrscheinlich bereits von Anbeginn an, jedenfalls seit unsere affenartigen Vorfahren die eigenartige Mutation durchmachten, die sie von den Bäumen herunterklettern, eine aufrechte Haltung annehmen und schließlich zu jener Spezies werden ließ, die wir (ziemlich euphemistisch) *Homo sapiens* nennen. Diese Fähigkeit hat sich allerdings enorm verbessert mit dem Erscheinen des modernen Vertreters dieser Spezies: Seine *Sapientia* unterscheidet sich von der eines Neandertalers fast genauso stark wie jene von der eines Schimpansen. In dem Buch *The Homeless Mind: Modernization and Consciousness* (Das Unbehagen in der Modernität, 1973), das ich vor geraumer Zeit mit Brigitte Berger und Hansfried Kellner geschrieben habe, nannten wir diesen modernen Wesenszug des Jonglierens mit Relevanzen »Multirelationalität«. Ich bin immer noch der Ansicht, dass das eine korrekte Erkenntnis war, die sich auch auf die Religion in der modernen Welt anwenden lässt, was wir damals freilich nicht getan haben.

Religion als eine Relevanz unter anderen? Ich höre schon den naheliegenden Einwurf: Impliziert Religion nicht eine Gesamtrelevanz, die alle anderen einschließt, wenn man so will, einen »heiligen Baldachin«? Ja, das trifft zu. Paul Tillich hat auf dieses Allumfassende in seinem Konzept von Religion als Verkörperung der »letzten Dinge« hingewiesen: Was ist der letzte Sinn des Universums und all seiner vielen Wirklichkeiten? Das hindert uns jedoch nicht daran, uns um unsere irdischen Dinge zu kümmern, während wir die letzten für einen Augenblick zur Seite schieben. Dass man das tut, heißt nicht, dass die letzte – wenn man so will, die kosmische – Dimension aller unserer Ziele gemindert oder geleugnet wird. Es heißt nur, dass unsere Aufmerksamkeit gerade etwas anderem gelten muss.

Die russischen Intellektuellen des 19. Jahrhunderts waren berühmt für ihre leidenschaftlichen Diskussionen über kosmische Fragen. Und doch wurden sie manchmal hungrig. Dazu gibt es eine aufschlussreiche Anekdote über Wissarion Belinski (1811–1848), der sein kurzes Leben als Schriftsteller und Literaturkritiker in St. Petersburg verbrachte (er starb mit 37 an Tuberkulose – der romantischen Krankheit schlechthin). Er liebte es, mit Freunden und Schülern bis tief in die Nacht hinein zu diskutieren. Einmal meinte ein Schüler, als es schon nach Mitternacht war: »Einige von uns spüren leichten Hunger. Noch sind die Imbissstände auf der Straße geöffnet. Vielleicht sollte ich hinuntergehen und uns allen etwas zu Essen bringen?« Belinski reagierte verärgert: »Schau an, wir sind noch zu keiner Entscheidung gelangt, ob Gott existiert. Und der da will essen!«

Ich kenne in Boston einen sehr erfolgreichen Chirurgen. Er ist praktizierender orthodoxer Jude. Seiner religiösen Überzeugung gibt er in seiner Sprechstunde (wo er natürlich nicht operiert) Ausdruck, indem er die Kippa trägt. Ob er sie auch im Operationssaal aufhat, lässt sich nicht sagen, da sie unter seinem Kopfschutz nicht zu sehen wäre. Soweit ich weiß, spricht er mit Patienten nicht über Religion; vielleicht tut er es, wenn ein Glaubensbruder ein einschlägiges Thema aufbringt, doch das kann nicht oft sein. Ich zweifle nicht daran, dass seine religiöse Weltanschauung sein Berufsverständnis geformt hat – Heilen als Teil des *Tikkun Olam*, der »Reparatur des Universums«, zu der alle frommen Juden aufgerufen sind. Ich würde auch annehmen, dass die wohlbedachte Höflichkeit und der Respekt im Umgang mit seinen Patienten ebenfalls dieser Weltanschauung und der von ihr gebotenen Ethik geschuldet sind. Ich habe einmal einen seiner Patienten über ihn sagen hören, er sei »ein echter Mensch«, ganz ohne Anspielung auf Religion. Wie auch immer: Wenn er seine OP-Kleidung anzieht und im Operationssaal zu arbeiten beginnt, hat nichts von alldem Relevanz für diese Situation. Jede Bewegung, die er ausführt, und jeder Gedanke, den er in diesem Augenblick hat, geschieht, »als ob Gott nicht existierte« – und das wäre genauso, wenn er Christ, Buddhist oder Atheist wäre. Etwas Anderes erwarten seine Patienten auch nicht von ihm, diejenigen, die seinen Glauben teilen, eingeschlossen.

Gleichgültig, mit welcher religiösen Tradition der säkulare Diskurs um Raum für seine eigene Relevanzstruktur verhandeln muss: Es muss vorausgesetzt werden, dass es einen derartigen Raum überhaupt gibt. Wenn man bis weit zur mythologischen Matrix zurückgeht, dann findet man im Prinzip überhaupt keinen solchen Raum. Religiöse Bedeutungen und Rituale sind mit jedem Aspekt des menschlichen Lebens verknüpft. Was wir als »natürlich« und »übernatürlich« zu unterscheiden gelernt haben, durchdringt einander andauernd. Das verstand Eric Voegelin unter »Kompaktheit«. Dasselbe Konzept ist in dem Terminus »Animismus« enthalten, den Gelehrte des

19. Jahrhunderts prägten, um alte Religionen zu beschreiben. Die gesamte Welt ist »animiert«, voll von guten und bösen Geistern, und diese Geister können auch in das Denken der Menschen eindringen. Diese kosmische Einheit setzte die Menschen mit Felsen und Bäumen, mit Tieren und mit den Göttern in Verbindung. Aber sogar damals, so würde ich annehmen, gab es menschliche Tätigkeiten, bei denen pragmatische Überlegungen abliefen, ohne dass Mythen oder Rituale Beachtung fanden – etwa wenn man herausfinden wollte, wie ein Tomahawk für die Büffeljagd am besten aussehen müsste, sogar wenn die Waffe als göttlich animiert verehrt und unter entsprechenden Zeremonien eingeweiht wurde. Wie ich bereits erwähnt habe, ist dieser kompakte Kosmos möglicherweise während der »Achsenzeit« in verschiedenen Religionen aufgebrochen worden. In der Geschichte der westlichen Zivilisation war die Institution der christlichen Kirche ein sehr wichtiger Trittstein in die Richtung des säkularen Diskurses – eine Institution jenseits der profanen Welt. Allein schon das Wort »säkular« stammt, wie bereits erwähnt, aus dem römisch-katholischen kanonischen Recht. Das Konzept des natürlichen Rechts wurde für die katholische Moraltheologie wichtig, obwohl es aus dem vorchristlichen griechischen Denken stammt. Es legitimierte die Anwendung von Moralprinzipien, die dem logischen Denken zugänglich waren, unabhängig von offenbarten Wahrheiten des christlichen Glaubens, auf weite Bereiche des menschlichen Lebens. Das ist bis heute wichtig geblieben, wenn die katholische Kirche behauptet, dass etwa ihre Sexuallehre sich nicht auf katholische theologische Grundlagen stützt, sondern von allen vernünftigen Menschen akzeptiert werden kann und akzeptiert werden sollte, auch wenn sie einem anderen oder gar keinem Glauben angehören. Die protestantische Reformation war freilich ein weiterer großer Schritt bei der Herausbildung des säkularen Diskurses. Das Luthertum reduzierte die Zahl der Sakramente von sieben auf zwei (mit der historisch ziemlich zweifelhaften Begründung, dass Jesus nur die Sakramente der Taufe und der Kommunion einsetzte, nicht aber die restlichen fünf). Das hatte die bedeutende Konsequenz, dass die Ehe nicht länger als Sakrament angesehen wurde, sondern vielmehr als weltliche Institution, die die Kirche segnen, aber nicht stiften kann. Das lässt sich damit illustrieren, dass es in den frühen Tagen der deutschen Reformation keine kirchlichen Hochzeiten gab. Eine Ehe wurde begründet, wenn das Paar sein gemeinsames Leben aufnahm. Später ging man zum Pastor und bat ihn zu segnen, was man selbst bereits vollzogen hatte. Dieser Segen wurde aber außerhalb des Kirchengebäudes gespendet. Diese Regelung änderte sich, als in Deutschland und Skandina-

vien Lutherische Staatskirchen gegründet wurden und Pastoren faktisch Regierungsbeamte wurden. Die lutherische Theologie bestand weiterhin auf einer klaren Differenzierung zwischen den »zwei Reichen Gesetz und Wort Gottes«, wobei nur Letzteres das eigentliche Anliegen der Kirche war. Luther hatte diese Ansicht prägnant formuliert: Er würde lieber von einem gerechten Türken als von einem ungerechten Christen regiert werden. Der calvinistische Zweig der Reformation hatte viel stärkere theokratische Tendenzen und wollte »christliche Gemeinwesen« gründen. Aber die freien Kirchen in den Niederlanden, in England und besonders in Nordamerika, allen voran die Baptisten, wollten die Trennung von Kirche und Staat als Schutz für ihre eigene freie Religionsausübung.

Später werde ich noch auf verschiedene politische Strategien für den Umgang mit dem religiösen Pluralismus zu sprechen kommen. Jetzt möchte ich nur den Zusammenhang betonen, den es zwischen dem gibt, was in der Gesellschaft vor sich geht, und dem, was im Denken geschieht. Eine Haupterkenntnis der Soziologie besagt, dass jede Institution, wenn sie in der Gesellschaft wirken soll, im Denken der Individuen internalisiert sein muss. Die Trennung von Kirche und Staat ist in modernen Staaten das vorherrschende Modell für den Umgang mit Pluralismus gewesen. Üblicherweise gab die demografische Realität verschiedener religiöser Gruppierungen, die auf demselben Territorium lebten, den Anstoß zu dieser Trennung; diese praktische Notwendigkeit wurde dann, in der einen oder anderen Weise, theologisch legitimiert. Dieser Vorgang lässt sich gut an den englischen Kolonien in Nordamerika ablesen, und zwar noch bevor sie sich zusammenschlossen und eine unabhängige Republik wurden. Der erste Zusatzartikel zur Verfassung der Vereinigten Staaten ist natürlich *die* Ikone der amerikanischen Trennung von Kirche und Staat. Obwohl es immer noch Spannungen zwischen zwei Formulierungen im Text des Zusatzartikels gibt, nämlich zwischen »freier Ausübung« und »keine Einführung einer Staatsreligion«, hat es im Großen und Ganzen einigermaßen gut funktioniert, vor allem wenn man es mit den oft gewalttätigen Auseinandersetzungen zwischen Religion und modernem Staat in anderen Ländern vergleicht. Meine These ist dabei: Wenn der erste Zusatzartikel in den Institutionen Politik und Gesetz funktionieren soll, dann muss es im Denken des einzelnen Bürgers auch so etwas wie einen stark verkleinerten ersten Verfassungszusatz geben. Anders ausgedrückt: Wenn dem säkularen Diskurs in einer Gesellschaft Raum zugestanden werden muss, muss ihm auch im Bewusstsein Raum gegeben werden. Auf diese Weise wurde die religiöse Toleranz in der amerikanischen Kultur internalisiert – durch das Interagieren des psychologischen mit dem politischen Pluralismus. Die amerikanische Umgangssprache gibt dieser Tatsache Ausdruck, wenn über religiöse und andere Unterschiede gesprochen wird: »Du hast das Recht auf deine eigene Meinung«, »Wir leben in einem freien Land«, »Einigen wir uns darauf, dass wir uns nicht einigen können«. Präsident Eisenhower, der nicht gerade als politischer Philosoph berühmt war, hat es perfekt ausgedrückt: »Ich glaube an den Glauben, egal welchen.« Diese Art volkstümlicher Theologie ist der Kitt, der unsere pluralistische Gesellschaft zusammenhält.

Noch einmal der zentrale Punkt: Es ist nichts Mysteriöses daran, wie Menschen es schaffen, zwischen zwei verschiedenen Diskursen zu manövrieren. Die schützsche Kategorie der Relevanzstruktur hilft dabei, dieses Phänomen zu beschreiben. Sie lässt sich auf viele Bereiche des menschlichen Lebens anwenden, sehr direkt auch auf die Koexistenz des säkularen Diskurses mit verschiedenen religiösen Diskursen im Bewusstsein. Diese Koexistenz ist für viele Menschen in der modernen Welt äußerst wichtig. So beschäftigt viele Muslime die Frage, wie sie sowohl gute Gläubige als auch moderne Menschen sein können. In der christlichen Welt sind in dieser Hinsicht zwei Fälle sehr lehrreich – jener des Pfingstlertums in der südlichen Hemisphäre und jener der evangelikalen Protestanten in den USA.

Ich habe bereits das Phänomen der enormen Ausbreitung des Pfingstlertums im vergangenen Jahrhundert erwähnt, ausgehend von einer Erweckungsversammlung in den Slums von Los Angeles bis zu einer Anhängerschaft von mindestens 600 Millionen Menschen in aller Welt. Es gibt unterschiedliche Interpretationen der sozialen Konsequenzen dieses Phänomens in der südlichen Hemisphäre, wo es zum überwiegenden Teil angesiedelt ist. Angesichts der Größe der betroffenen Gruppe ist es sehr wahrscheinlich, dass die verschiedenen Interpretationen auf verschiedene Segmente dieser Gruppe zutreffen, dass sie aber nicht auf das gesamte Phänomen passen. Nach vielen Jahren des Nachdenkens über das Pfingstlertum, besonders in Lateinamerika und Afrika, wo unser Studienzentrum der Bostoner Universität Feldforschung betrieben hat, war ich davon überzeugt, dass das Pfingstlertum soziologisch als Modernisierungsbewegung verstanden werden muss. Auslöser war die länderübergreifende Arbeit des britischen Soziologen David Martin, den ich bereits erwähnt habe. Auf den ersten Blick ist das eine These, die der Intuition zuwiderläuft. Schließlich verkündet das Pfingstlertum Übernatürliches in Praktiken wie dem Besessensein vom Heiligen Geist bei der Erfahrung des »Zungenredens«, Wunderheilungen, Exorzismus und Prophezeiungen. Da das Pfingstlertum gewöhnlich zuerst unter armen, schlecht gebildeten Menschen aufkommt, haben die Intellektuellen dazu tendiert, darauf als etwas hinunterzuschauen, was auf Unwissenheit und Aberglauben gründet. Ich denke, dass das eine verzerrte Sicht der Dinge ist. Ungeachtet der Frage, ob die übernatürlichen Dinge, die dieser Glaube behauptet, wahr sind oder illusionär, so ist die soziologisch relevante Frage die nach den – beabsichtigten oder unbeabsichtigten – Konsequenzen in der realen Welt. Unter den modernisierenden Auswirkungen des Pfingstlertums finden sich die folgenden: Für Menschen, deren traditionelle Quellen der sozialen Unterstützung (Stamm, Kaste, erweiterte Sippschaft, Clan, Dorf) zusammengebrochen sind, bietet die Pfingstlerkirche eine unterstützende Gemeinschaft an, die auf freiwilliger Mitgliedschaft basiert – also eine moderne soziale Institution par excellence. Das Pfingstlertum individualisiert, genauso wie der gesamte evangelikale Protestantismus, dessen Untergruppierung die meisten Pfingstler sind. Im Zentrum des Glaubens steht ein Akt der individuellen Entscheidung, und zwar »Jesus als persönlichen Herrn und Erlöser anzuerkennen«. Mit diesem Bekenntnis zu individueller Handlungsmacht kommt ein Gefühl von Selbstwert und Selbstvertrauen, das sich vom Fatalismus vieler traditioneller Religionen abhebt. Das Pfingstlertum fördert auch die Emanzipation der Frauen und das Engagement bei der Erziehung der Kinder, die beide wichtige Faktoren bei der Entstehung der sogenannten Kernfamilie sind, in der Ehemann und Ehefrau nur mit ihren Kindern gemeinsam in einem Haushalt leben und die eine charakteristische Institution der Moderne ist. Brigitte Berger hat in mehreren Publikationen die Theorie aufgestellt, dass diese Form der Familie ein Kausalfaktor der Modernisierung ist. Schließlich und endlich ist die Moral, die in den Pfingstlerkirchen gepredigt wird, eine Neuauflage der protestantischen Ethik, die Max Weber (zu Recht, wie ich meine) als einen wichtigen Faktor in der Genese des modernen Kapitalismus interpretiert – Solidität, eheliche Treue, Arbeitsdisziplin und Sparen anstatt die vorhandenen Mittel sofort zu konsumieren. Man muss nicht dazusagen, dass nicht alle Pfingstler sich an die Moralpredigten halten, die sie in der Kirche hören, aber das tun Mitglieder anderer Glaubensgemeinschaften auch oft nicht. Jedoch haben diejenigen, die es doch tun, einen signifikanten Vorteil dabei, der Armut zu entrinnen und über die soziale Leiter aufzusteigen. In Brasilien, wo das Pfingstlertum seit längerer Zeit sehr erfolgreich ist, kann man am Auftauchen einer protestantischen Mittelschicht bereits die Folgen ablesen. Ich kann mich hier nicht der äußerst interessanten Frage widmen, ob die höhere Bildung, die mit dem Erreichen des Mittelschichtstatus einhergeht, dazu führt, dass der überschäumende Supernaturalismus des ursprünglichen Glaubens etwas modifiziert wird, doch ist das sicher ein interessantes Gebiet für weitere Forschung. Hier geht es unmittelbar darum, dass Zungenreden und der Glaube an (angebliche) Wunderheilungen ein Individuum nicht daran hindern, ein hochrationaler Geschäftsmann zu sein; tatsächlich kann es dem Individuum sogar dabei helfen.

Die Evangelikalen in den Vereinigten Staaten, vor allem im Süden, sind ein weniger dramatisches Beispiel für einen streng supernaturalistischen Glauben, der mit einem säkularen Diskurs koexistiert, innerhalb dessen der Glaube meist ausgeklammert ist. Die meisten amerikanischen Evangelikalen sind keine Pfingstler, aber im Vergleich zu den liberalen Protestanten der Mainline-Kirchen ist ihr Glaube sicher immer noch robust supernaturalistisch. Ich möchte nun wieder eine Behauptung aufstellen, die auf den ersten Blick ebenfalls jeder Intuition zuwiderläuft: Es ist kein Zufall, dass der *Bible Belt* (Gebiet im Süden der USA zwischen Texas, Kansas, Virginia und Florida) sich teilweise mit dem *Sun Belt* (US-Gebiet südlich des 37. Breitengrads) deckt. Die religiös konservativste Region der USA deckt sich mit einer ihrer wirtschaftlich dynamischsten. Natürlich gibt es auch andere Faktoren, die den wirtschaftlichen Aufschwung des Südens mit auslösten – wirtschaftsfreundliche Regierungen der einzelnen Staaten, weniger und schwächere Gewerkschaften, die Öffnung des Arbeitsmarkts nach Abbau rassischer Barrieren und schließlich die Allgegenwart von Klimaanlagen. Mein Argument lautet ganz einfach, dass die Modernisierung der Wirtschaft durch die baptistische Hegemonie (wie man es nennen könnte) nicht behindert, sondern sogar befördert wurde, sofern sie immer noch die protestantische Ethik propagiert. Ich habe in den letzten Jahren wiederholt in Texas unterrichtet, und die charakteristisch evangelikalen Modifikationen der amerikanischen Sprache klingen mir daher immer noch in den Ohren. Ich möchte nur zwei Beispiele bringen.

»Ich glaube, das soll uns etwas sagen.« Diesen Satz kann man hören, wenn zwei Ereignisse, deren gleichzeitiges Eintreten ein nicht gläubiger Beobachter als zufällig betrachten würde, als etwas angesehen werden, was eine Botschaft von Gott beinhaltet. Vor einigen Jahren besuchte ich eine Konferenz, die eine evangelikale Stiftung organisiert hatte. Die Kosten für die Konferenz trug ein reicher evangelikaler Geschäftsmann. Zweck der Veranstaltung war es, die Möglichkeit, einen evangelikalen Thinktank zu gründen, auszuloten; das Projekt ist nie verwirklicht worden. In der Vormittagssitzung wurden mögliche Themen für die Agenda des geplanten Thinktanks diskutiert; irgendjemand schlug Umweltschutz vor. In der Nachmittagssitzung, wo die Diskussion nicht mehr über die Agenda geführt wurde, erwähnte jemand anders die Umwelt. Der Vorsitzende der Konferenz, offensichtlich verwundert, erinnerte daran, dass das nun schon das zweite Mal sei, dass Umweltschutz aufgetaucht wäre, und dann äußerte er das bereits erwähnte Mantra – »Ich glaube, das soll uns etwas sagen«. Er schlug vor, wir sollten darüber nachdenken und am nächsten Vormittag auf das Thema zurückkommen; was aber nicht geschah. Da fiel mir auf, dass sich hier Menschen in einem luxuriösen modernen Hotel versammelt hatten und nach Zeichen und Omen suchten, die in der klassischen Antike selbstverständlich gewesen wären. Glücklicherweise schlug niemand die Untersuchung der Eingeweide eines Opfertiers vor.

Die zweite Phrase ist: »Lasst uns darüber beten.« Unlängst lernte ich einen evangelikalen Professor kennen, der dem Lehrkörper einer Eliteuniversität angehört hatte. Er hatte gelehrte Publikationen produziert, die nicht den geringsten Hinweis auf seine religiösen Überzeugungen gaben. Er war allerdings in der weiteren evangelikalen Gemeinde bekannt und so bot ihm eine evangelikale Universität einen Posten in ihrem Lehrkörper an. Ich weiß nicht, welche finanziellen oder anderen Anreize mit diesem Angebot verbunden waren, ihn faszinierte jedoch besonders der Gedanken, in einem eindeutig evangelikalen Milieu arbeiten zu können. Er zögerte zuerst, das Angebot anzunehmen. In Bezug auf seine akademische Karriere wäre dieser Wechsel eindeutig ein Schritt nach unten gewesen. Als er mir davon erzählte, gebrauchte er das Mantra: »Meine Frau und ich haben darüber gebetet.« Das Resultat dieser Übung war, dass sie zu dem Schluss kamen, Gott wolle, dass sie diesen Wechsel vollzögen, und so taten sie es denn. Tanya Luhrmann beschreibt in ihrem bereits erwähnten Buch *When God Talks Back* sehr detailliert die Methode, die die Evangelikalen entwickelt haben, um herausfinden zu können, ob sie als Antwort auf ihre Gebete wirklich Gott hören oder ob sie es sich nur einbilden. Wie auch immer, in Bezug auf das hier zur Debatte stehende Thema ist zu sagen, dass der Professor aus meiner Geschichte weiterhin professionelle Arbeit leistet, »als ob Gott nicht existierte«.

Weiter oben habe ich auf Teresa von Ávila verwiesen, die auch in verschiedenen Wirklichkeiten operieren musste – zwischen ihren ekstatischen Erfahrungen und den weltlichen Belangen ihres Lebens als Reformerin einer Institution. Es ist jedoch vernünftig anzunehmen, dass ihr auch in ihrem Alltagsleben die Wahrheit ihres katholischen Glaubens selbstverständlich war. Genau das ist der Hauptunterschied zwischen einer vormodernen Gesellschaft und einer Gesellschaft, die durch die relativierende Dynamik des Pluralismus geformt ist. In letzterer Situation haben sogar leidenschaftlich beteuerte Überzeugungen einen zweifelnden Unterton. Irgendwo klingt immer noch die Erinnerung nach, dass man sich hatte entscheiden müssen, die mutmaßlichen Gewissheiten zu bejahen, und dass prinzipiell noch andere Optionen vorhanden sind.

Wie so oft, kann ein Witz, der scheinbar gar nichts mit der Sache zu tun hat, plötzlich Licht in eine soziale Situation bringen. Auf der Suche nach der letzten Wahrheit reist ein junger Amerikaner nach Indien. Ihm wurde gesagt, dass irgendwo hoch im Himalaja ein heiliger Mann lebt, der alle Antworten auf die Fragen des jungen Mannes hätte. Nach einer beschwerlichen Reise in die entlegensten Regionen des Landes erreicht der Amerikaner endlich sein Ziel. Der heilige Mann sitzt im Lotussitz vor seiner kargen Höhle, die Augen hat er auf weit entfernte Bergspitzen gerichtet. Der junge Mann spricht ihn an: »Sir, ich heiße Jack Schulze. Ich bin aus Cleveland, Ohio. Ich suche den wahren Sinn des Lebens. Mir wurde gesagt, dass Sie wissen, was er ist. Würden Sie es mir bitte sagen?« Es folgt eine lange Stille. Der heilige Mann fixiert immer noch die Bergspitzen in der Ferne. Schließlich, ohne den Blick abzuwenden, sagt er: »Das Leben ist wie eine Lotusblume.« Dann beginnt er die Stirn zu runzeln. Er sieht verstört aus. Er reißt sich von seinen Berggipfeln los und wendet sich an den verwirrten jungen Mann, der vor ihm kniet: »Oder haben Sie irgendwelche anderen Vorschläge?«

Wie ich in einem vorangegangenen Kapitel zu beschreiben versucht habe, wird jede als selbstverständlich genommene Wirklichkeitsdeutung durch die korrodierende Erkenntnis des Pluralismus relativiert: Es gibt verschiedene Möglichkeiten, die Wirklichkeit zu deuten. Wie schon erwähnt, habe ich versucht, diesen Vorgang in meinem gemeinsam mit Anton Zijderveld verfassten Buch *Lob des Zweifels* zu beschreiben. Auf Religion bezogen leben wir nicht so sehr in einem Zeitalter des Unglaubens als in einem Zeitalter des Zweifels. Daher ist der Umgang mit dem Zweifel eine wichtige Aufgabe sowohl für den einzelnen Gläubigen als auch für die religiösen Institutionen.

Es sollte nicht überraschend sein, dass der Prozess der Relativierung, den der Pluralismus in Gang gesetzt hat, in Angst mündet. Die Menschen haben offensichtlich ein Bedürfnis nach Sicherheit, zumindest nach Sicherheit in den wichtigen Fragen des Lebens. Wer bin ich? Wie soll ich leben? Worauf kann ich hoffen? Man sollte das Ausmaß und die Intensität dieser Angst nicht überschätzen. Die meisten Menschen sind keine Philosophen, sie können solche Grundsatzfragen sehr wohl von sich schieben und sich stattdessen auf die praktischen Belange des Alltags konzentrieren. Allerdings ist die Angst doch weit genug verbreitet, um den Händlern mit angeblichen Sicherheiten einen Markt zu garantieren. Sicherheiten, die religiöse oder säkulare Inhalte haben. Auf dem Gebiet der Religion, wie auch auf anderen Gebieten, kommen Sicherheiten in zwei Versionen: als Relativismus, der die Unsicherheit zum Glauben erhebt, und als Fundamentalismus, der vorgibt, das Gefühl der Sicherheit wiederherzustellen. Ersterer ist weniger verbreitet, eben weil die meisten Menschen keine Philosophen sind und weiterhin mit der Brüchigkeit aller Wirklichkeitsdeutungen auskommen. Die Grundthese des Relativismus ist, dass absolute Wahrheit entweder gar nicht existiert oder chronisch unzugänglich ist. Diese These kann sehr elaboriert verpackt sein, vor Kurzem in den sogenannten postmodernen Theorien, meist in Übersetzungen aus dem Französischen. Vor vielen Jahren hat die exzentrische christliche Denkerin Simone Weil diese Theorien vorweggenommen, als sie in den 1940er-Jahren behauptete, dass man Menschen, die hungern, mit der Vorstellung trösten könnte, dass Essen überhaupt nicht existiere. Präziser gesagt sprach sie über Atheisten, die – hungrig nach Gott – nicht nur seine Existenz leugneten, sondern auch die Tatsache selbst, dass sie nach ihm hungerten. Es gibt natürlich viel weniger komplexe Formen des Relativismus. Man sollte sie nicht verachten; es kann auch ein Zeichen von Charakter sein, wenn jemand sagt: »Lasst mich mit euren tiefgründigen Fragen zufrieden. Ich habe genug damit zu tun, meiner Familie ein ordentliches Auskommen zu schaffen.«

Gleichwohl gibt es viele potenzielle Rekruten für Bewegungen, die aufgefrischte oder neu erfundene Sicherheiten anbieten. Sie alle lassen sich unter der Kategorie Fundamentalismus zusammenfassen. Einige Bewegungen sind religiös, andere nicht. Die angebliche Sicherheit kann christlich, muslimisch, hinduistisch etc. sein oder auch politisch, psychologisch, ästhetisch, sogar atheistisch. Was sie alle gemeinsam haben, ist das Projekt, die Qualität der Selbstverständlichkeit von Weltanschauungen wiederherzustellen, die der Pluralismus unterminiert hat. Diese Selbstverständlichkeit gibt es ohne Weiteres in vormodernen Gesellschaften, in denen die meisten Menschen in Milieus aufwachsen und verweilen, wo es eine hohe Übereinstimmung in der grundsätzlichen Wirklichkeitsdeutung gibt, ebenso wie in Fragen wie »Wer bin ich?« usw. Ein fundamentalistisches Projekt muss dann versuchen, ein derartiges Milieu bewusst neu aufzubauen, während es sich in früheren Zeiten ganz natürlich ergeben hat. Anders ausgedrückt: Der Fundamentalismus will eine archaische Geisteshaltung unter modernen Bedingungen herstellen. Es gibt das fundamentalistische Projekt in einer eher ehrgeizigen und einer bescheideneren Version: Es kann auf eine Gesellschaft als Ganzes zielen oder sich in seinen Ambitionen auf einen Teil einer Gesellschaft beschränken, auf eine Subkultur oder eine Sekte. Beides ist schwierig, denn in jedem Fall müssen die mächtigen Wirkungen des Pluralismus ausgeschaltet werden. Der ehrgeizigere Fundamentalismus impliziert eine Art totalitären Regimes, das jegliche oder zumindest die meiste Kommunikation unter Kontrolle hat, die der offiziellen Weltanschauung widerspricht. Nur wenn das Regime alle dissidenten Kommunikationskanäle erfolgreich unterdrückt hat und nur wenn es sich von der Weltwirtschaft abkoppelt, die ja zu einem hohen Grad von freier Kommunikation abhängt, kann es einer modernen Gesellschaft eine Kultur aufzwingen, die ihrem Wesen nach archaisch ist. Innerhalb der Grenzen eines Landes pflegen die modernen Kommunikationsmedien der totalen Kontrolle zu entkommen. In den Beziehungen zur Außenwelt fallen hohe ökonomische und menschliche Kosten an, wenn man die Interaktion mit der Weltwirtschaft vollständig unterbindet oder auch nur stark einschränkt. Derzeit ist Nordkorea einer der wenigen Fälle eines Regimes, das ein (bisher) sehr erfolgreiches Unterdrückungsregime eingerichtet hat und dabei gegenüber den menschlichen Kosten seiner Wirtschaftspolitik völlig gleichgültig geblieben ist. Die Geschichte der bisherigen totalitären Experimente legt keine optimistische Prognose für das lange Überlegen solcher Regime nahe, was, wie ich denke, in die Kategorie der guten Nachrichten fällt.

Sowohl der Relativismus als auch der Fundamentalismus sind gefährlich – für den Einzelnen und noch mehr für eine Gesellschaft. Relativismus drängt den Einzelnen in Richtung moralischen Nihilismus, Fundamentalismus in Richtung Fanatismus. Beides ist nicht sehr attraktiv als Lebenseinstellung, aber solange meine nihilistischen oder fanatischen Nachbarn nicht versuchen, mir ihre Ansichten aufzuzwingen, kann ich mit ihnen leben und auch kooperieren, indem ich meinen Müll entsorge. Mit der Gefahr für die Gesellschaft lässt sich nicht so einfach umgehen. Wenn es keine Übereinstimmung darin gibt, was ein zulässiges Betragen ist (in Emile Durkheims Formulierung: Wenn kein »kollektives Bewusstsein« existiert), dann ist das moralische Fundament und in der Folge die schiere Existenz einer Gesellschaft infrage gestellt. Es fehlt dann die Solidarität, die das Individuum motiviert, Opfer für andere Mitglieder der Gesellschaft zu bringen, und es letztes Endes auch dazu veranlasst, sein Leben zu riskieren, wenn die Gesellschaft angegriffen wird. Auch wenn es dem Fundamentalismus nicht gelingt, sich einer ganzen Gesellschaft aufzuzwingen (mit all den erwähnten Folgekosten), dann verursacht er andauernden Konflikt, der, wenn er nicht zum Bürgerkrieg wird, die soziale Stabilität unterminiert.

Ich möchte noch einmal auf Arthur Gehlens Theorie der Institutionen zurückkommen. Die Theorie behauptet, dass Institutionen am besten funktionieren, wenn sie Instinkten ähneln – Verhaltensprogrammen, denen spontan und ohne nachzudenken gefolgt werden kann. Das heißt, dass starke Institutionen von Menschen, die in sie hinein sozialisiert worden sind, als selbstverständlich genommen werden. Der moderne Pluralismus untergräbt diese Selbstverständlichkeit, weil er das Individuum zwingt, innezuhalten und über das institutionelle Programm zu reflektieren. Helmut Schelsky, der von Gehlen beeinflusste deutsche Soziologe, hat für die Beschreibung dieses Prozesses den Begriff *Dauerreflexion* geprägt. Die Konservativen haben das übrigens immer gewusst: Zu viel Denken ist schlecht für die soziale Stabilität, deshalb sind Intellektuelle die plausible Zielgruppe für polizeiliche Überwachung.

Wieder kann diese Erkenntnis mit einem alten Witz gut illustriert werden. Ein Mann fragt seinen Freund, der einen langen Bart trägt: »Sag mir einmal: Wenn du ins Bett gehst, hast du da deinen Bart über oder unter der Decke?« Der Bärtige muss eingestehen, dass er darüber noch nie nachgedacht und daher auch keine Antwort hat, aber er verspricht, dass er darauf achten wird. Nach ein paar Tagen treffen die beiden einander wieder. Der Bärtige ist schwer verärgert: »Seit unserem letzten Gespräch habe ich nicht mehr schlafen können. Ich bleibe wach und schaue, wo mein Bart hinkommt.«

Der Zweifel ist also die Achse, um die die Dynamiken des Pluralismus wirbeln. Im Denken begleitet der Zweifel den Glauben beinahe immer – vielleicht nicht bei den »religiösen Virtuosen« nach Weber, aber bei der großen Mehrheit der gewöhnlichen Gläubigen. Das bedeutet nicht, dass diese keine starken Überzeugungen haben können, aber ihnen wird sehr wahrscheinlich die gelassene Sicherheit vormoderner Menschen fehlen. In der Gesellschaft bedeutet der Umgang mit dem Zweifel, dass Abweichungen von den offiziellen Wirklichkeitsdeutungen unter Kontrolle gebracht werden müssen. Wenn die Autoritäten damit zögern, jede abweichende Meinung auszuradieren, oder das auch gar nicht wollen, müssen sie Wege finden, damit zu koexistieren. Religionsfreiheit kann begrenzt oder total sein. Abgesehen von ihrem intrinsischen Wert wird jedoch ein gewisses Maß an Religionsfreiheit zum politischen Imperativ.

Weiterführende Literatur

Berger, Peter L./Berger, Brigitte/Kellner, Hansfried (1973): *The Homeless Mind: Modernization and Consciousness*, New York: Random House.

Berger, Peter L. (Hg.) (2010): *Between Relativism and Fundamentalism: Religious Resources for a Middle Position*, Grand Rapids: Wm. B. Eerdmans Publishing.

Casanova, José (2011): The Secular, Secularizations, Secularisms, in: Calhoun, Craig/Juergensmeyer, Mark/Van Antwerpen, Jonathan: *Rethinking Secularism*, New York: Oxford University Press, S. 54–74.

Cox, R. R. (1978): *Schutz's Theory of Relevance: A Phenomenological Critique*, The Hague: Martinus Nijhoff.

Jaspers, Karl (1953): *The Origin and Goal of History*, New Haven: Yale University Press.

Juergensmeyer, Mark (2008): *Global Rebellion: Religious Challenges to the Secular State, from Christian Militias to Al Qaeda*, Berkeley: University of California Press.

Ders. (2011): Rethinking the Secular and Religious Aspects of Violence, in: Calhoun, Craig/Juergensmeyer, Mark/Van Antwerpen, Jonathan: *Rethinking Secularism*, New York: Oxford University Press, S. 185–203.

Luhrmann, Tanya M. (2012): *When God Talks Back: Understanding the American Evangelical Relationship with God*, New York: Alfred A. Knopf.

Martin, David (2008): Another Kind of Cultural Revolution?, in: Southall, Roger/Rule, Stephen (Hg.): *Faith on the Move: Pentecostalism and Its Potential Contribution to Development*, Johannesburg: Centre for Development and Enterprise, S. 7–19.

McCoubrey, Hilaire (1999): Natural Law, Religion and the Development of International Law, in: Janis, Mark W./Maree Evans, Carolyn (Hg,): *Religion and International Law*, The Hague: Martinus Nijhoff Publishers, S. 177–190.

Schuetz, Alfred (1945): On Multiple Realities, in: *Philosophy and Phenomenological Research 5 (4)*, S. 533–576.

Taylor, Charles (2007): *A Secular Age*, Cambridge: Harvard University Press.

Tuck, Richard (1998): *Natural Rights Theories: Their Origin and Development*, New York: Cambridge University Press.

Voegelin, Eric (2000): Order and History, in: *The Collected Works of Eric Voegelin*, Bd. 1–2, S, 14–15, Columbia: University of Missouri Press.

Wuthnow, Robert (2012): *The God Problem: Expressing Faith and Being Reasonable*, Los Angeles: University of California Press.

Kapitel 5
Religion und multiple Modernitäten

Der israelische Soziologe Shmuel Eisenstadt (1923–2010) leistete einen sehr zweckdienlichen Beitrag zum Thema dieses Buchs, obwohl er ebenso wie Alfred Schütz meines Wissens nicht besonders an Religion interessiert war. Im Jahr 2000 präsentierte er in einem Artikel in der Zeitschrift *Daedalus* das Konzept der »multiplen Modernitäten«, das breite Aufmerksamkeit hervorrief und das er später in weiteren Publikationen ausarbeitete. Es ist, so denke ich, ein wichtiger Beitrag zu unserem Verständnis von Modernität und lässt sich sehr gut auf das Verhältnis von Säkularität und Religion in der modernen Gesellschaft anwenden. Der zentrale Gedanke ist einfach: Modernität kommt nicht nur in einer Variante, sondern in verschiedenen Varianten. Als nach dem Zweiten Weltkrieg viele Soziologen versuchten, die Modernisierungsprozesse zu verstehen, die die damals als Dritte Welt bezeichneten Länder (Länder in Asien, Afrika und Lateinamerika) radikal veränderten, gab es eine vorherrschende Ansicht: Dass Modernität nur in einer Variante vorkommt – in Gestalt der westlichen Zivilisation. Manche waren damit sehr glücklich, unter ihnen Talcott Parsons, der damals eine Art Maharadscha der amerikanischen Soziologie war. Eisenstadt hatte in Harvard bei ihm studiert. Andere bedauerten dieses vorgebliche Faktum, weil sie es als Ausdruck des westlichen Imperialismus und der kulturellen Homogenisierung ansahen. Eisenstadts Konzept stellte die zentrale Annahme des damals vorherrschenden Verständnisses von Modernisierung infrage und dämpfte damit den Enthusiasmus von einigen, aber auch die Befürchtungen anderer.

Ich habe die Idee, dass Modernität nur in einer Variante vorkommt, als »Elektrische-Zahnbürsten-Theorie der Modernisierung« bezeichnet. Sie besagt, dass, wenn man eine elektrische Zahnbürste über dem Regenwald am Amazonas abwirft, sich die Abwurfstelle binnen einer Generation in einen Ort wie Cleveland verwandeln wird. Diese Theorie ist nicht vollständig verrückt. Beispielsweise hat die schlichte Einführung des Mobiltelefons im ländlichen Afrika – wie auch die Einführung elementarer Methoden der modernen Medizin – das Leben der dort ansässigen Bauern dramatisch verändert, auch wenn diese Einbrüche der Moderne stark limitiert sind und den Großteil der traditionellen Kultur nicht berührten. Allerdings führen sogar größere Importe moderner Technik nicht unvermeidlich zu einer totalen Verwestlichung.

Wie multiple Modernitäten funktionieren, zeigt auch ein anderes Beispiel, bei dem es um Mobiltelefone geht. Auf einer meiner frühen Reisen nach Hongkong machte ich einen Spaziergang. Ich kam an einem buddhistischen Tempel vorbei und ging hinein. Dort erwartete mich ein bemerkenswerter Anblick. Vor einer riesigen Buddhastatue stand in einer gebeugten Andachtshaltung ein Chinese mittleren Alters, gekleidet in einen Geschäftsanzug. In der einen Hand hielt er ein Räucherstäbchen, in der anderen ein Mobiltelefon, in das er hineinredete. Mein erster Gedanke war: Mit wem nur spricht er da? Natürlich, ich war dabei vollkommen in der obersten Realität eines touristischen Ausflugs – absolut im Griff des säkularen Diskurses, genauso wie in diesem Augenblick, da ich dieses Buch schreibe, was ja für einen Soziologen die durchaus säkulare Übung des Entwickelns einer Argumentation ist. Deshalb ist mir und war mir damals wie heute der Gedanke fremd, dass dieser Mann mit einem übernatürlichen Wesen gesprochen hätte – etwa zu einem der vielen Bodhisattvas, zu denen man um Hilfe auf dem Weg zur Erleuchtung beten kann. Mir fiel damals ein, und es fällt mir jetzt ein, dass die Auslandschinesen (inklusive der Bewohner von Hongkong) eine der wirtschaftlich erfolgreichsten Menschengruppen der Welt sind. Tatsächlich war ich ja in Hongkong, um ein Forschungsprojekt über die Wirtschaftskultur von auslandschinesischen Unternehmern zu besuchen, das unser Forschungszentrum an der Bostoner Universität unter der Leitung von Gordon Redding, damals Direktor der Business School an der Universität Hongkong, durchführte. Ergo unterstellte ich damals, so wie heute, dass der Mann im Tempel sich nicht mit dem Jenseits unterhielt, sondern vielmehr mit einem Menschen sprach. Diese Unterhaltung könnte mit allen möglichen Lebensbereichen des Mannes zu tun gehabt haben, vielleicht stand sie mit irgendeiner geschäftlichen Transaktion in Zusammenhang. Chinesische Unternehmer sind ein äußerst pragmatisches Völkchen, sogar in ihren religiösen Haltungen. Wie auch immer, in diesem Moment führte dieser Mann eine Kulthandlung aus (er verbeugte sich mit einem Räucherstäbchen in der Hand) und widmete sich gleichzeitig einer weltlichen Konversation (was meine sehr säkulare Annahme war und ist). In der Rückschau bedauere ich es außerordentlich, dass wir diesen Menschen nicht als Teil unseres Forschungsprojekts interviewt haben. Zu gerne würde ich wissen, wie er seine Relevanzstrukturen für Religion und Geschäft in Balance halten konnte. Während er sich physisch mit einer buddhistischen Kulthandlung beschäftigte, war er gleichzeitig in eine im Normalfall säkulare Form der Unterhaltung verstrickt. Und er machte wirklich den Eindruck, mit dieser Synthese sehr erfolgreich umgehen zu können.

Irgendwann in den 1920er-Jahren wollte König Ibn Saud, der Gründer des Staates Saudi-Arabien, eine Telefonleitung zwischen der Hauptstadt Riad im Inneren des Landes und Dschidda, der Hafenstadt am Roten Meer, legen lassen. Die muslimischen Kleriker in seiner Umgebung waren strikt dagegen. Sie vertraten die Ansicht, das Telefon sei ein Instrument des Satans. Daraufhin ließ der König Teile des Koran am Telefon verlesen und bewies damit, dass es kein Instrument des Satans sein konnte, weil es den heiligen Text übermittelte. Seit diesen Tagen ist Saudi-Arabien zu einem eindrucksvollen Zentrum moderner Technologie geworden, deren Anwendung auch eine zutiefst konservative Form des Scharia-Gesetzes nicht behindert, in dem zivile und strafrechtliche Bestimmungen enthalten sind, die westlichen Menschen zutiefst abstoßend erscheinen. Man könnte auch noch anmerken, dass die Islamische Revolution im Iran von Predigten des Ayatollah Khomeini inspiriert wurde, die aus seinem Exil im Ausland auf Audiokassetten eingeschmuggelt wurden, und dass die dschihadistischen Terrorgruppen das Internet nutzen, um ihre Botschaft zu verbreiten und Rekruten zu gewinnen.

Japan ist ein zentraler Fall für jede Erörterung multipler Modernitäten. Eisenstadt hat sich sehr dafür interessiert und auch ein Buch darüber geschrieben. Japan war das erste nichtwestliche Land, das sich vollständig modernisiert hat und das noch dazu in erstaunlich kurzer Zeit. Und doch hat Japan trotz aller möglichen von globalen Einflüssen bewirkten Veränderungen bis zum heutigen Tag seine eindeutig nichtwestliche Kultur behalten. Das kann wohl jeder bestätigen, der jemals am Flughafen Narita angekommen und auch nur für einen kurzen Aufenthalt im Land gewesen ist. Der erste Eindruck ist der einer durch und durch modernen Kultur, die in mancherlei Hinsicht moderner ist als die Kulturen der Länder Europas oder Nordamerikas. Das beginnt schon mit der Art, wie der Fahrplan der Busse von Narita ins Zentrum von Tokio angezeigt wird, nämlich in präzisen Minutenangaben für die Abfahrtzeiten und das alles überraschend genau, zumindest meiner Erfahrung nach; da kann nicht einmal die Schweizer Bahn

mithalten. Und doch muss man sich nicht lange in Japan aufhalten um zu
erkennen, dass die Kultur sich dort noch sehr stark von dem unterscheidet,
was man aus Cleveland oder Düsseldorf kennt.

Ausgelöst wurde Japans außergewöhnlicher Modernisierungsprozess von
der sogenannten Meiji-Revolution des Jahres 1868, die die Shogunherrschaft
stürzte, jenes feudale Regime, das das Land sorgfältig von so gut wie allen
fremden Einflüssen abgeschirmt gehalten hatte. Vorgeblich hatte die Revolution die Macht des Kaisers wiederhergestellt, obwohl die Regierung tatsächlich in Händen einer Gruppe von Oligarchen lag, die aus der alten Aristo-
kratie stammten. Die Sorge, es könnte zu einer ausländischen Intervention
kommen, löste ihre Rebellion aus. 1854 segelte Commodore Perry von der
US-Marine mit seiner Flottille in die Bucht von Tokio und zwang die Regierung der Shogun, Auslandshandel zuzulassen. Die Regierung gab fast sofort
nach. In den darauffolgenden vierzehn Jahren fand innerhalb der japanischen
Elite ein intensiver Prozess des Nachdenkens statt, der nur von einem Gedanken beherrscht war: Wie konnte man das Schicksal Chinas vermeiden,
das Objekt einer andauernden imperialistischen Infiltration und Ausbeutung
durch die westlichen Mächte geworden war, bis es als souveräner Staat buch-
stäblich ausgelöscht war; der ekelhafteste Ausdruck davon war der Opium-
krieg, mit dem Großbritannien China zwang, im Namen des Freihandels den
Import von Opium zuzulassen. Der Slogan der Meiji-Rebellen war: »Hul-
digt dem Kaiser, verjagt die Barbaren.« Um das bewerkstelligen zu können,
machte sich das Meiji-Regime eine große Zahl »barbarischer« Technologien
und Institutionen zu eigen, allerdings mit dem Ziel, Japan in einen modernen Staat zu verwandeln, der in der Lage war, seine Macht international zu
behaupten und die Kernwerte seiner Kultur zu verteidigen. Das feudale Ethos
wurde verallgemeinert: Nicht nur die Klasse der Samurai, sondern die gesamte Bevölkerung wurde mit einer Ethik der Loyalität gegenüber Höherstehen-
den in einer erneuerten Hierarchie indoktriniert, zuoberst gegenüber dem
Kaiser, dem Symbol der nationalen Einheit, aber auch – und das mit enormen ökonomischen Auswirkungen – gegenüber den kapitalistischen Firmen,
die nach der Demontage des Feudalsystems aus dem Boden schossen. Der
Schintoismus, der mit dem Buddhismus immer als ursprüngliche Populär-
religion koexistiert hatte, wurde zum obligatorischen politischen Kult erhoben,
durch den der göttliche Status des Kaisers gefeiert werden sollte. Alle feudalen Ränge wurden abgeschafft, alle Bürger wurden gleich vor dem Recht,
die allgemeine Schulpflicht wurde eingeführt – anfangs nur mit Volksschulen
–, um gebildete Arbeitskräfte hervorzubringen. Der Staat sorgte dafür, dass

die grundlegende technologische Infrastruktur einer modernen Gesellschaft (Eisenbahn, Telekommunikation und Stromnetz) rasch zur Verfügung stand. Und – äußerst wichtig – die Armee wurde umgehend modernisiert. Das alles geschah mit atemberaubender Geschwindigkeit. Schon 1905 war die Entwicklung so weit gediehen, dass Japan Russland sowohl zu Lande als auch zur See besiegen konnte, also immerhin eine der europäischen Großmächte.

Die Meiji-Oligarchen waren außerordentlich stark reflektierende Menschen. Ganz am Beginn des Erneuerungsprozesses sandten sie eine große Delegation aus, die die bedeutenderen westlichen Länder besuchen sollte – die USA, Großbritannien, Frankreich und Deutschland. Der ausdrückliche Zweck dieser Mission war es herauszufinden, welche Gegenstände der westlichen Zivilisation Japan annehmen und – noch viel wichtiger – welche es ablehnen sollte. Die Mission dauerte viele Monate, aber sie erbrachte sehr genaue Empfehlungen. Die westliche Demokratie machte keinen großen Eindruck, aber amerikanische und britische Ingenieurskunst gefielen. Man mochte auch die kapitalistische Marktwirtschaft und einige Aspekte des französischen Rechts. Aber am besten gefiel der Delegation Deutschland, wo sie von Bismarck sehr herzlich empfangen wurde. Er gab den Ratschlag, eine Art Parlament vorzusehen, denn das würde von einem modernen Land erwartet, aber seine Rechte müssten unbedingt limitiert sein; die reale Macht solle in den Händen des Monarchen und derer, die in seinem Auftrag handeln, bleiben. Diesen Rat nahm man sich nun aber wirklich zu Herzen! Man wird kaum andere Fälle in der Geschichte finden, bei denen eine derartig fundamentale Umgestaltung einer Gesellschaft mit einem ähnlichen Maß an rationaler Reflexion und Planung vorgenommen wurde.

Das Projekt der Meiji-Restauration war noch viel erfolgreicher, als es sich seine Initiatoren in ihren kühnsten Träumen hatten vorstellen können. Durch lange Zeit überlebten viele Züge der vormodernen japanischen Kultur diesen Modernisierungsprozess, darunter auch – was für das hier diskutierte Thema wichtig ist – seine religiösen Komponenten aus dem Buddhismus (in einer Vielzahl von Schulen), Schintoismus (auch wenn er seinen politischen Status nach 1945 verloren hat) und die vom Konfuzianismus inspirierte Ethik. Interessant ist, dass Japan sich in der Zeit nach dem Zweiten Weltkrieg in scharfem Kontrast zu Korea, China und der Chinesischen Diaspora mehr oder weniger immun gegenüber dem Eindringen des Christentums gezeigt hat. Japan ist weiterhin eine zutiefst hierarchische Kultur, auch wenn es seit der amerikanischen Besatzung mit Erfolg die Demokratie übernommen hat. Die traditionellen Werte von Geschlecht und Alter sind

mehr oder weniger intakt geblieben, ebenso die eher kollektivistische Ori-
entierung, hinter der die individualistische zurücksteht. Natürlich hat sich
die Kultur auch verändert. Sie ist weniger unterwürfig, weniger kollektivis-
tisch, stärker egalitär und permissiver in den Beziehungen zwischen den Geschlechtern. Kein Ort in Japan sieht aus wie Cleveland, ungeachtet der Millionen elektrischen Zahnbürsten. Eisenstadt hatte recht, Japan an die erste
Stelle seines Katalogs der multiplen Modernitäten zu setzen.

Stellen Sie sich einen Piloten der Japan Airlines vor. Wenn er im Cockpit
der Maschine sitzt, ist sowohl seine bewusste Aufmerksamkeit als auch sein
Verhalten rigoros standardisiert. Diese Standards sind immer dieselben, ganz
gleichgültig, welcher Nationalität der Pilot oder seine Fluglinie ist. Noch
mehr, die Standards gehen vollständig konform mit einem unverwechselbar
modernen Diskurs, der in jedem Fall vollständig unabhängig von einem religiösen Diskurs ist. Die Situation ändert sich schlagartig, wenn der Pilot nach
der Landung das Cockpit verlässt und nach Hause kommt. Man kann sich
diesen Piloten als einen sehr konservativen Menschen vorstellen, so wie es
sie in Japan in vielen Berufen gibt. Vorstellbar ist, dass sein Privatleben von
Werten und Verhaltensmustern dominiert ist, die in der vormodernen japanischen Kultur wurzeln – was die Beziehung zu seiner Ehefrau betrifft, zu
seinen Kindern, seinen Eltern und Schwiegereltern, seine Loyalität zu verschiedenen Stufen der gesellschaftlichen Hierarchie, seine Ansichten zu allen
möglichen politischen Fragen, und – last, but not least – zur Religion. Sobald er zu Hause ankommt, wird unser Pilot vielleicht traditionelle Kleidung
anlegen, sich vor den kleinen Buddhaschrein in der Wohnung hinsetzen und
Sutra singen oder meditieren.

Das legt eine Metapher nahe, eine wahrnehmbare Differenzierung zwischen »im Cockpit« und »außerhalb des Cockpits«. Ich möchte die Metapher kurz gedanklich näher ausführen. Die Geschichte hat nicht unbedingt
etwas mit Religion zu tun, aber ist sehr relevant für das Thema dieses Kapitels, also für den Pluralismus der säkularen und religiösen Diskurse. Ich
möchte meine Fantasie kurz ausweiten. Stellen Sie sich den Papst vor, wie er
an Bord eines (sicher sehr exklusiven) japanischen Flugzeugs sitzt. Gehen Sie
sogar so weit, sich vorzustellen, wie er während des Fluges eine Messe zelebriert. Es sollte ihm nicht schwer fallen, dieses Kunststück fertigzubringen,
außer er wird von plötzlichen Turbulenzen daran gehindert. Und trotzdem
wage ich die Vermutung, dass es dem Papst gar nicht recht wäre, praktizierte
der Pilot im Cockpit eine Zenmeditation, übrigens ebenso wenig, wenn dieser dort eine authentisch katholische mystische Erfahrung hätte.

Eine Fluglinie zu führen, involviert zumindest drei sehr wichtige Diskurse, von denen jeder auf einer rein säkularen Relevanzstruktur basiert, »als ob es Gott nicht gäbe«: den technologischen Diskurs, den bürokratischen Diskurs und (heutzutage in den meisten Fällen) den Diskurs der kapitalistischen Marktwirtschaft. Nicht nur der Pilot muss, solange er arbeitet, alle seine religiösen Glaubensvorstellungen und Werte ausklammern; das müssen auch der Regierungsbeamte, der für die Regulierung des Flugverkehrs zuständig ist, und der Investmentbroker, der sich mit dem Kurs der Fluglinienaktien an der Börse beschäftigt. Diese Diskurse sind in einer modernen Gesellschaft sehr mächtig und üben auf die Religion Druck aus. Ihre ganz spezielle Logik dringt häufig in den religiösen Diskurs selbst ein. So kommt es, dass der Klerus und auch ganz gewöhnliche Gläubige ihre Religion im Sinne der angeblich wissenschaftlichen Medizin betrachten können – als etwas, was der psychischen und sogar physischen Gesundheit nütze oder intime Beziehungen verbessere –, und dass dann auch noch Techniken erfunden werden, durch deren Einsatz man diese säkularen Ziele erreichen könne. So wollen religiöse Organisationen sich modernisieren, indem sie bürokratische Strukturen institutionalisieren, die oft die ursprünglichen religiösen Prinzipien von Kirchen modifizieren oder sogar ersetzen. Konfessionelle Zentralen können genauso aussehen wie Regierungs- oder Unternehmensbüros und auch ihre Angestellten denken in Begriffen der Produktivität und des effizienten Einsatzes von »Human Resources«. Und die säkulare Logik des Kapitalismus kann in die Art und Weise eindringen, in der die Menschen über Religion denken – und sich auf Kosten und Nutzen, Investitionserträge etc. beziehen (so wie in der bereits erwähnten »Rationalen Entscheider«-Schule der Religionssoziologie, die religiöse Phänomene mit Hilfe solcher Kategorien zu analysieren versucht). Diese empirischen Realitäten weisen darauf hin, wo die alte Säkularisierungstheorie nicht ganz falsch gelegen ist. Jedoch haben sie nie den religiösen Diskurs verdrängt, sogar dann nicht, wenn gewalttätiger Druck sie verstärkt hat, wie das in den meisten kommunistischen Staaten der Fall gewesen ist. Trotz der gewaltigen Verbreitung von elektrischen Zahnbürsten haben sich die Götter geweigert zu verschwinden. Im Gegenteil, im Großteil der modernen Welt sind sie so erfolgreich wie nie zuvor. Taylors *A Secular Age* liefert ein detailliertes Bild des säkularen Diskurses oder »Immanent frame«, der in der modernen Welt so wichtig geworden ist. Allerdings ist der Titel des Buches irreführend. Die Formulierung »Secular age« wird dem empirischen Sachverhalt im Großteil der gegenwärtigen Welt kaum gerecht. Die zentrale These dieses Buchs ist hingegen, dass unser Zeitalter am besten als pluralistisch und nicht als säkular beschrieben werden könnte.

Ich habe bereits das Buch *The Homeless Mind* (1973) erwähnt, das ich gemeinsam mit Brigitte Berger und Hansfried Kellner geschrieben habe. Auch wenn ich heute einiges anders formulieren würde, glaube ich, dass die Grundannahme, typisch moderne Bewusstseinsformen mit ihren institutionellen Korrelaten (darunter in erster Linie Technologie und Bürokratie) in Verbindung zu setzen, immer noch Gültigkeit hat. Damals haben wir unser Augenmerk nicht auf Religion gerichtet. Wir haben die Arbeit an dem Buch in Mexiko begonnen (als wir an dem idiosynkratischen Thinktank von Ivan Illich in Cuernavaca beteiligt waren). Fast alle unsere Gesprächspartner waren Marxisten der einen oder anderen Spielart und sie schrieben alle Merkmale der Modernisierung (die sie als negativ charakterisierten) den kulturellen Auswirkungen des kapitalistischen Imperialismus zu. Diesem marxistischen Konsens hielten wir entgegen und wollten zeigen, dass bestimmte grundlegende Merkmale der Modernität existierten, und zwar ganz unabhängig davon, ob die Wirtschaft kapitalistisch oder sozialistisch organisiert war. Der weltweite Zusammenbruch des Sozialismus lässt diesen Blickpunkt heute weniger interessant erscheinen, aber einige der damals von uns entwickelten Konzepte lassen sich noch gut auf das Thema der Koexistenz des säkularen mit dem religiösen Diskurs anwenden.

In jenem Buch haben wir zwischen dem unterschieden, was wir als »intrinsische und extrinsische Bündel« bezeichnet haben. Ein Bündel ist eine spezifische Verbindung zwischen Elementen des Bewusstseins und des Verhaltens. Ein intrinsisches Bündel kann nicht auseinandergenommen werden, wenn eine bestimmte Handlung Erfolg haben soll. Ein extrinsisches Bündel kann man auseinandernehmen und in anderer Weise wieder zusammensetzen, ohne dass das negative Auswirkungen auf die Handlung hat. Um auf die vorher gebrachte Metapher zurückzukommen: Ein Pilot muss darauf trainiert sein, mit einem sehr genau umrissenen Bündel von Bewusstsein und Verhalten umzugehen, wenn er im Cockpit arbeitet, etwa muss er imstande sein, jede seiner Handlungen mit den Angaben seiner Instrumente über Flughöhe, Geschwindigkeit, Benzinverbrauch etc. in Verbindung setzen zu können. Dieses Bündel ist intrinsisch: Wenn es der Pilot nicht erfolgreich internalisiert hat, wird das Flugzeug abstürzen. Zumindest wenn er auf internationalen Routen unterwegs ist, wird der Pilot jedoch auch Englisch lernen müssen, denn das ist die weltweit von der Luftfahrtkontrolle genutzte Sprache. Die englische Sprache ist nun Teil des Bündels, das von jedem Individuum, das zum Piloten für den internationalen Luftverkehr ausgebildet wird, erlernt werden muss. Dieses Bündel, das die Gewohnheit, präzise zu sein, mit dem Beherrschen der englischen Sprache verbindet, ist extrinsisch; die Notwendigkeit dafür entstand, weil es auf dem Gebiet der Luftfahrt eine frühe ökonomische Dominanz der Vereinigten Staaten gegeben hat. Prinzipiell könnte jede andere Sprache, die über die notwendige technische Terminologie verfügt, das Englische ersetzen.

Schon die vorangegangenen Kapitel werden klar gemacht haben, dass die intrinsischen Bündel der Modernität vom säkularen Diskurs beherrscht werden. Extrinsische Bündel sind schon per definitionem vielfältiger. In den frühen 1970er-Jahren waren wir mit unserer Arbeit am *Unbehagen in der Modernität* eine kognitive Minderheit in der Kakofonie der marxistischen Stimmen, aber wir waren im Recht, als wir darauf beharrten, dass gewisse Züge der Modernität intrinsisch seien – und zwar ungeachtet dessen, ob eine Gesellschaft nach kapitalistischen oder nach sozialistischen Prinzipien organisiert ist, auch wenn der Sozialismus heute kaum mehr eine plausible Alternative darstellt. Religiöse Diskurse in vielen verschiedenen Versionen sind als extrinsische Elemente in Bündeln der Modernität sehr präsent. Diese Aussage wertet ihre Bedeutung in keiner Weise ab. Für jeden, dem der Glaube den höchsten Sinn seines Lebens spendet, wird die religiöse Komponente des Bündels, mit dem er im Leben agiert, wichtiger sein als jede andere Komponente, ungeachtet dessen, dass letztere für das Funktionieren einer modernen Gesellschaft stärker intrinsisch ist als ihr Glaube.

Wenn der säkulare Diskurs einmal etabliert ist – und zwar sowohl im Denken von Individuen als auch in der Gesellschaft –, dann kommt es unweigerlich zu Abgrenzungsstreitigkeiten. Radikale Säkularisten, deren Weltanschauung seit der Aufklärung philosophisch legitimiert ist, werden abstreiten, dass es Probleme mit der Abgrenzung gibt. Rationales Denken, so wie sie es verstehen, ist die einzig gültige Form von Wissen; jeder andere Diskurs, auch jener, der im Zentrum der meisten Religionen steht, ist Aberglaube, der enttarnt und aus dem anerkannten kognitiven Kanon beseitigt werden muss. Es gar nicht über Abgrenzungen verhandelt werden, denn »Irrtum hat keine Rechte« – in jedem Fall kein Recht auf eine eigene Relevanzstruktur, deren Grenzen respektiert werden müssen. Ein aktuelles Beispiel dafür ist der Versuch einiger überzeugter Atheisten, alle religiösen Phänomene durch die Neurologie zu erklären und *ipso facto* weg zu erklären; Gott ist demnach nicht mehr als ein Zucken in irgendeinem Teil des menschlichen Gehirns.

Auf der anderen Seite der epistemologischen Trennlinie hat es Versuche gegeben, die Religion selbst als Wissenschaft darzustellen. Das ist ganz verständlich, bedenkt man, wie viel Prestige die Wissenschaft und ihr Vermögen, das menschliche Leben zu verändern, hat. In der amerikanischen Religionsgeschichte ist der Prototyp dieser Bewegung die Christian Science, die Mary Baker Eddy (1821–1910) begründet hat. In ihrem Hauptwerk, *Wissenschaft und Gesundheit mit Schlüssel zur Heiligen Schrift*, präsentierte sie »Christus, den Wissenschaftler,« als den Lehrer einer wissenschaftlichen Methode, die zu spiritueller und körperlicher Gesundheit verhelfen kann. Sie muss eine bemerkenswerte Frau gewesen sein, denn es gelang ihr, eine ganze neue Denomination auf ihrer eher bizarren Interpretation des Christentums aufzubauen. Obwohl Christian Science nie zu einer einflussreichen Größe in der amerikanischen Religionsszene geworden ist, überlebt die Denomination bis in die Gegenwart. Ihre eindrucksvolle Mutterkirche sticht immer noch aus der Bostoner Skyline hervor und ihre Zeitung, der Christian Science Monitor, ist eine weithin angesehene Publikation (wie ich vermute zum Teil deswegen, weil darin die Theologie der Denomination heruntergespielt wird).

Einen höheren Grad an Ausdifferenzierung hat die anthroposophische Bewegung, die der geniale österreichische Exzentriker Rudolf Steiner (1861–1925) begründet hat. Er war ein produktiver Schriftsteller, doch sein wohl fruchtbarstes Werk war *Wie erlangt man Erkenntnisse der höheren Welten?* Darin vertritt er die Theorie, dass eine »spirituelle Wissenschaft«, so wie er sie verstand, einem Geist die übernatürliche Welt eröffnen könnte, ohne dass er deshalb die moderne Rationalität aufgeben müsse. Neben der Anthroposophischen Gesellschaft, die sich dem Studium und der Praxis seiner Lehren widmet, hat Steiner auch eine innovative Bildungsbewegung begründet (die Waldorf Schulen, auch als Steiner Schulen bekannt) mit sehr speziellen Herangehensweisen an Medizin, Architektur und Kunst. Er hat auch eine eigene Kirche gegründet, die Christengemeinschaft, die ein Sakrament feiert, die sogenannte Menschenweihehandlung, die wohl das ist, was heutzutage einem archaischen Mysterienkult am nächsten kommt. Übrigens wird eine wirklich erstaunliche Kultsprache bei diesem Ritual verwendet, die das Potenzial hat, einen unschuldigen Besucher in eine »vollkommen andere« Wirklichkeit zu katapultieren. Die anthroposophische Gemeinschaft ist klein, hat aber Ableger in verschiedenen Ländern und spricht besonders Menschen aus den Naturwissenschaften an.

Jüngst wurde in den USA eine Kontroverse von einer (mehrheitlich evangelikalen) Bewegung ausgelöst, die sich selbst »Schöpfungswissenschaft«

(creation science) nennt. Ihre zentrale These ist, dass die Evolutionstheorie, so wie sie von der Standardbiologie gelehrt wird, wissenschaftlich nicht evidenzbasiert ist. Die »Schöpfungswissenschaft«, die sich auf die biblische Schöpfungsgeschichte im Buch Genesis stützt, soll eine Alternative darstellen. Die Forderung, dass diese angeblich wissenschaftliche Theorie in öffentlichen Schulen neben der üblichen Biologie unterrichtet werden solle, hat eine Prozesslawine losgetreten. Darauf werde ich gleich noch zurückkommen. Hier möchte ich nur feststellen, dass es sich um einen weiteren (intellektuell nicht sehr differenzierten) Versuch handelt, die Grenze zwischen den religiösen und säkularen Diskursen zu beseitigen, indem man das legitimierende Banner »Wissenschaft« für eine religiöse Weltanschauung beansprucht.

Es ist nicht weiter überraschend, dass lange Zeit die Schulen das wichtigste Schlachtfeld bei den Grenzstreitigkeiten zwischen säkularen und religiösen Diskursen waren. Das war eine zwangsläufige Entwicklung, da sie in allen modernen Staaten ab dem 19. Jahrhundert mit der Einführung der allgemeinen Schulpflicht (zuerst nur in Volksschulen, später auch in mittleren Schulen) einherging. Es gibt wenige Menschenrechte, die den Menschen so am Herzen liegen, wie das Recht, die eigenen Kinder nach den eigenen Werten zu erziehen. An dieses Anliegen wurde gerührt, als der Staat Eltern zwang, ihre Kinder in vom Staat approbierte Schulen zu schicken, wo oft Lehrer unterrichteten, die den Religionen der Eltern gleichgültig oder feindlich gegenüber standen. In vielen Fällen hatte die Debatte über den Platz der Religion im Lehrplan eine ethnische Komponente, dort nämlich, wo religiöse und ethnische Unterschiede zusammenfielen. Das war der Fall in den letzten 50 Jahren der Habsburger Monarchie, was sich auf unheimliche Weise in den religiös-ethnischen Konflikten zu Ende des 20. Jahrhunderts wiederholte, die zum Zerfall Jugoslawiens führten. In Ländern, wo der Staat den Säkularismus zur Ideologie erhoben hat, wurde der Streit über die Schulen besonders heftig, ein Paradebeispiel dafür ist das Frankreich der Dritten Republik, besonders nach der Trennung von Kirche und Staat im Jahr 1905. Bis ins letzte Dorf wurde der Konflikt, verkörpert durch Schullehrer und Priester, zur zentralen politischen Realität. In der modernen Bildung, besonders in den Naturwissenschaften und in Mathematik, wird notwendigerweise der säkulare Diskurs an die erste Stelle gesetzt, »als ob es Gott nicht gäbe«, und das löst bei religiösen Institutionen und gewöhnlichen Gläubigen Widerstand gegen Übergriffe dieser Säkularität auf die Relevanzstruktur der Religion und ihres Platzes im öffentlichen Leben aus.

Während ich an diesem Buch schreibe, liefert Israel die lebhafte Illustration eines derartigen Konflikts. Für die israelischen Araber gibt es ein separates Schulsystem, aber auf die jüdischen Schulen hatte der demografische Anstieg der streng orthodoxen oder charedischen Bevölkerungsgruppen – die viel höhere Fertilitätsraten als die säkularen oder moderat gläubigen Israelis haben – große Auswirkungen. Man schätzt, dass mittlerweile 20 Prozent der jüdischen Kinder in charedische Schulen gehen. Und dieser Prozentsatz wird weiter steigen. Der Lehrplan in charedischen Schulen räumt dem traditionellen Thora- und Talmudstudium besonders viel Raum ein. Die Absolventen dieser Schulen sind notorisch arbeitslos und in der hochmodernen Wirtschaft des Landes auch nicht vermittelbar. Die Regierung versucht, einen minimalen Lehrplan für nichtreligiöse Gegenstände in charedischen Schulen durchzusetzen, der Naturwissenschaften, Mathematik und auch Englischunterricht vorsähe. Dieses Bestreben hat wilden Widerstand in der charedischen Gemeinde hervorgerufen, die zwar eine Minderheit innerhalb der jüdischen Bevölkerung ist, aber großen Einfluss hat, der von ihrer Macht über wichtige politische Parteien und die radikale Form des Verhältniswahlrechts in Israel herrührt. Das Wachstum eines chronisch ungebildeten (im modernen Sinn) und daher beschäftigungslosen Bevölkerungssegments verursacht nicht nur eine zunehmende Belastung für den ziemlich großzügigen israelischen Wohlfahrtsstaat, sondern gefährdet in absehbarer Zeit auch die Zukunft der bisher erfolgreichen israelischen Wirtschaft. Unter Umständen wird sich dies zu einer existenziellen Frage für die Zukunft des Staates Israel entwickeln.

Jede moderne Gesellschaft hängt von einer technologischen und organisatorischen Infrastruktur ab, die notwendigerweise auf einem säkularen Diskurs beruht. Dieser Diskurs hat daher einen privilegierten Platz im öffentlichen Leben sogar dann, wenn er – wie in den Vereinigten Staaten – durch rigorosen gesetzlichen Schutz der Religionsfreiheit limitiert ist. Die Amerikaner sind bekanntermaßen süchtig nach Rechtsstreitigkeiten und so sind die Gerichte überhäuft mit Fällen, die die Grenzen der religiösen und der säkularen Relevanzstrukturen betreffen. Wie zu erwarten ist, beziehen sich viele dieser Fälle auf Probleme in öffentlichen Schulen. Die schon erwähnte Frage des Kreationismus ist ein wichtiges Beispiel dafür. In jenen Teilen Amerikas, wo die Evangelikalen stark vertreten sind, wurde eine Kampagne gefahren, damit die sogenannte »Schöpfungswissenschaft« in öffentlichen Schulen neben den üblichen naturwissenschaftlichen Fächern unterrichtet wird. Gerichte beziehen aus verständlichen Gründen ungern Position, wenn

es um strittige Bereiche der Wissenschaft geht, aber hier waren sie gezwungen, darüber zu entscheiden, was Wissenschaft ist und was nicht. Ihr Spruch
lautete, dass die Evolution ein anerkanntes wissenschaftliches Faktum sei,
während die These, dass die Welt nur in etwa 6000 Jahre alt wäre, nicht
auf Wissenschaft basiere, sondern auf religiösem Glauben; deshalb sollte der
Steuerzahler nicht dafür zahlen müssen, dass dies in öffentlichen Schulen
unterrichtet würde. Der Konflikt wurde komplexer, als die Streitfrage sich
vom Kreationismus zum sogenannten »intelligenten Design« hin entwickelte, das von der Annahme ausgeht, dass das Universum nur dann verstanden
werden kann, wenn man es als Produkt einer Intelligenz versteht (und zwar
vermutlich als Produkt eines intelligenten Designers oder Schöpfers, auch
wenn das nicht übermäßig betont wurde). Dieser Behauptung stimmt, so
denke ich, wahrscheinlich jeder Gläubige zu, zumindest jeder Angehörige einer monotheistischen Religion. Den Verfechtern des »intelligenten Designs«
genügte es aber nicht, dieses Argument aufzustellen; sie beharrten darauf,
dass es ein wissenschaftliches Argument sei und deshalb sehr wohl als wissenschaftlicher Lehrplan, den der Steuerzahler unterstützen müsse, gelten könne. Und wieder waren die Gerichte gezwungen zu definieren, was ein wissenschaftliches Faktum ist. Und wieder lautete ihr Spruch – zu Recht, wie
ich meine –, dass das »Intelligente Design« keine wissenschaftliche Theorie,
sondern der Ausdruck eines religiösen Glaubens sei. Personen und Kirchen
steht es somit frei, diesen Glauben von Kanzeln, an Straßenecken und in Privatschulen, die sie selbst finanzieren, zu verkünden, aber nicht im naturwissenschaftlichen Unterricht, für den der Steuerzahler aufkommt.

Es gibt eine Reihe von anderen Fällen, in denen amerikanische Gerichte, explizit oder implizit, den privilegierten Status des säkularen Diskurses
der Wissenschaft bestätigt haben. In einem der Fälle aus letzter Zeit ging es
wieder um die Streitfrage, ob Eltern wegen krimineller Vernachlässigung ihrer Kinder vor Gericht gestellt werden sollten, wenn sie aus religiösen Gründen nicht für die zeitgerechte medizinische Behandlung ihres schwer kran-
ken Kindes gesorgt hätten. Dieser Streit ist oft im Zusammenhang mit den
Zeugen Jehovas ausgetragen geworden, die ja aus theologischen Überlegungen gegen Bluttransfusionen sind. In dem speziellen Fall gab es einen Faktor,
der die Sachlage verkomplizierte, weil die Verteidigung damit argumentier-
te, dass die Eltern vernünftig gehandelt hätten, indem sie eine Weile zuge-
wartet und erst dann medizinischen Beistand gerufen hätten; die Eltern jedoch gaben offen zu, dass ihr Glaube ihnen befohlen habe, für die göttliche
Heilung des Kindes zu beten, anstatt einen modernen medizinischen Ein-

griff vornehmen zu lassen. Wie auch immer dieser Fall ausgeht, amerikanische Gerichte haben generell daran festgehalten, dass die moderne Medizin anders als irgendein religiöser Glaube faktenbasiert ist. In einem anderen interessanten Fall wurde ein Prediger geklagt, weil er eine Person zeremoniell verflucht hatte. Das war kein strafrechtlicher, sondern ein zivilrechtlicher Prozess, bei dem es um Fragen der Haftpflicht ging. Der Kläger verlor den Prozess, weil der Richter entschied, dass ein Fluch keinerlei reellen Schaden anrichten könne. Man kann sich leicht vorstellen, wie ein derartiger Prozess etwa im puritanischen New England ausgegangen wäre. In jedem Fall hat auch hier wieder ein Gericht den privilegierten Status einer wissenschaftsbasierten »naturalistischen« Weltanschauung gegenüber einem »übernatürlichen« Interpretationsschema bestätigt. Es sei noch hinzugefügt, dass das Gericht keinerlei Verbot für Flüche aussprach, ob sie nun ein Prediger oder irgendein religiös erzürnter Laie ausspricht; es gab nur die Aussage, dass der Gerichtshof den Fall auf Basis eines säkularen Diskurses entscheiden musste. Man könnte hinzufügen, dass das auch dann so wäre, wenn der Richter oder ein Geschworener an die Wirkung von Flüchen glauben würde.

Shmuel Eisenstadt lag mit seiner Theorie von den multiplen Modernitäten richtig. Es sind moderne Gesellschaften vorstellbar, in denen die Grenzen zwischen Religion und Säkularität anders gezogen sind als derzeit in den Vereinigten Staaten oder anderen westlichen Demokratien. Könnte Israel aber eine moderne Gesellschaft bleiben, wenn die Charedi-Version des jüdischen religiösen Gesetzes offiziell eingeführt würde? Vielleicht, auch wenn das einige Modifizierung der Charedi-Ideologie voraussetzen würde; El-Al-Airlines könnte nicht nach Halacha-Regeln geführt werden, und es müssten Ausländer für die Fluglinie angeworben werden, wenn ein charedidominiertes Bildungssystem nicht genug technisch kompetente Israelis hervorbringen würde. Auch die Vereinigten Staaten könnten weiterhin als moderne Gesellschaft funktionieren, sogar wenn beispielsweise Texas die »Schöpfungswissenschaft« als Schulfach neben moderner wissenschaftlicher Biologie zuließe, obwohl biotechnische Firmen dann eher zögern würden, Absolventen des Texanischen Bildungssystems einzustellen.

Abschließend würde ich gerne die Hauptpunkte der letzten beiden Kapitel wiederholen. Es gibt einen Pluralismus der religiösen Diskurse im Denken von Individuen und Gesellschaft. Es gibt auch den Pluralismus zwischen säkularem und religiösem Diskurs, der zentrale Bedeutung hat. Außerdem gibt es einen Pluralismus von verschiedenen Versionen von Modernität, mit unterschiedlichen Entwürfen der Koexistenz von Religion und Säkularität.

Pluralismus muss politisch gemanagt werden. Dieser Frage wird sich das nächste Kapitel widmen.

Weiterführende Literatur

Bellah, Robert N. (1985): *Tokugawa Religion: The Cultural Roots of Modern Japan*, New York: Free Press, 2. Aufl.

Cohen, Asher/Susser, Bernard (2000): *Israel and the Politics of Jewish Identity: The Secular-Religious Impasse*, Baltimore: The Johns Hopkins University Press.

Eisenstadt, S. N. (2000): Multiple Modernities, in: *Daedalus 129 (1)*, S. 1–29.

Ders. (1996): *Japanese Civilization: A Comparative View*, Chicago: University Of Chicago Press.

Jelen, Ted G. (Hg.) (2002): *Sacred Markets, Sacred Canopies: Essays on Religious Markets and Religious Pluralism*, Lanham: Rowman & Littlefield.

Larson, Edward J. (2008): *Summer for the Gods: The Scopes Trial and America's Continuing Debate over Science and Religion*, New York: Basic Books.

Sachsenmaier, Dominic/Eisenstadt, Shmuel N./Riedel, Jens (Hg., 2002): *Reflections on Multiple Modernities: European, Chinese and Other Interpretations*, Leiden: Brill.

Kapitel 6
Das politische Management von Pluralismus

Ich habe die Behauptung aufgestellt, dass eine sinnvolle Theorie des religiösen Pluralismus die individuellen und die politischen Komponenten des Phänomens miteinander verknüpfen muss. Für gewöhnlich werden die beiden Komponenten getrennt voneinander diskutiert. Um auf ein schon angeführtes Beispiel zurückzukommen: Es gibt zwei Fragen, die Millionen Menschen in unserer Welt beschäftigen. Die erste ist: »Wie kann ich, der ich ein gläubiger und praktizierender Muslim bin, auch ein moderner Mensch sein?« Die zweite ist: »Wie könnte und sollte eine moderne islamische Gesellschaft aussehen?« Die beiden Fragen gehören zusammen. Findet man die Antwort auf die eine, wird das helfen, auch die andere zu beantworten. Man muss nicht betonen, dass es in unserer Zeit von dringender Notwendigkeit ist, Antworten auf diese beiden Fragen zu finden. Neben dem Islam erheben auch andere religiöse Traditionen vergleichbare Fragen, auch wenn das nicht unbedingt die gleiche politische Brisanz hat.

Religiöser Pluralismus verursacht zwei distinkte politische Probleme: nämlich, wie der Staat seine eigene Beziehung zu Religion definiert, und was der Staat unternimmt, um die Beziehung der verschiedenen Religionen untereinander zu regulieren. In der Praxis mündet das in die Suche nach etwas, wofür ich die Bezeichnung »Friedensformeln« vorschlage. Anders ausgedrückt, müssen Formeln für eine friedliche Koexistenz verschiedener religiöser Traditionen und Institutionen innerhalb einer Gesellschaft definiert werden. Das ist kein neues Problem. Auch in früheren Geschichtsepochen existierte religiöser Pluralismus und es wurden ganz unterschiedliche Friedensformeln dafür entwickelt. Diese sind an sich interessant. Jeder, der sich mit den politischen Problemen unserer Zeit beschäftigt, wird sich mit der Nützlichkeit der unterschiedlichen Formeln beim Umgang mit dem aktuellen Problem auseinandersetzen.

Im späten römischen Kaiserreich gab es einen religiösen Pluralismus, der in mancher Hinsicht unserem heutigen ähnlich war. Der Bericht über die

Reise des Apostel Paulus nach Athen im Neuen Testament zeichnet ein leb-
haftes Bild davon. Paulus selbst beschreibt die vielen Altäre, die er in der
Stadt gesehen hatte. Das gleiche hätte er in Alexandria oder Antiochia oder
sogar in Rom erleben können, auch wenn er nur wenige Kilometer außerhalb
solcher städtischen Zentren religiös viel homogenere Gegenden vorgefunden
hätte. Es gab hochgradigen religiösen Pluralismus entlang der Seidenstraße,
die jahrhundertelang die Welt des Mittelmeers mit China verbunden hat.
Dort interagierte das Christentum (in unterschiedlichen Versionen) mit Ma-
nichäismus, Zoroastrismus, Buddhismus, Konfuzianischer Lehre und den
Überresten der griechischen Kultur, die ursprünglich von Alexander dem
Großen dorthin gebracht worden war. Wie schon erwähnt, gab es auch religiösen Pluralismus über längere oder kürzere Perioden im maurischen Spanien und im Indien der Mogule. Es gibt jedoch zwei wichtige Unterschiede
zwischen diesen Pluralismen und dem heutigen religiösen Pluralismus.

Ein Unterschied ist der rein geografische Umfang des gegenwärtigen
Phänomens. Missionare der Pfingstler oder der Mormonen können heutzutage fast überall in der Welt angetroffen werden. Im Großteil von Süd-
amerika, einst einheitlich katholisch, sind nun riesige protestantische Gemeinden angesiedelt. In China erlebt das Christentum eine explosionsartige
Entwicklung. Hare Krishnas singen und tanzen vor den mittelalterlichen
Kathedralen Europas. Zehntausende Europäer und Amerikaner befassen
sich mit Meditationspraktiken, die aus dem südlichen und östlichen Asien
stammen. Möchte man dieser globalen pluralistischen Dynamik entkommen, wird man in ein Dorf in Zentralafrika oder am Amazonas ausweichen
müssen. Und man wird gut beraten sein, keinen Laptop dorthin mitzuneh-
men. Sollte es nämlich gelingen, ihn mit dem Internet zu verbinden, dann
erreicht einen die pluralistische Kakofonie sogar in den Tiefen des urzeitli-
chen Regenwaldes – sollte man nicht ohnehin schon einem der erwähnten
unerschrockenen Missionare begegnet sein.

Der zweite wichtige Unterschied gegenüber früheren Pluralismen ist die
machtvolle Präsenz des säkularen Diskurses, die ich in einem früheren Kapitel abgehandelt habe. Wenn in einem entlegenen Winkel des Regenwaldes
ein Krankenhaus eingerichtet wird, dann werden seine Wirklichkeitsdeutungen mit jenen des ortsansässigen Hexendoktors kollidieren und die Kol-
lision am Dorfplatz wird im Denken jener Patienten wiederholt, die Hilfe
auf beiden Seiten suchen.

In der Geschichte gab es eine wichtige Friedensformel, die besonders jene
favorisierten, die an der Macht waren oder nach ihr strebten: Friede durch of-

fizielle Indifferenz. Diese Formel wurde mit Sicherheit im römischen Kaiserreich angewandt. Die Darstellung des Historikers Edward Gibbon fängt die Situation prägnant ein: »Es glaubten die einfachen Leute, dass alle Religionen gleich wahr wären, die Philosophen, dass alle Religionen gleich falsch wären, die Beamten, dass alle Religionen gleich nützlich wären« (oder vielleicht gleich nutzlos). Thornton Wilder beschreibt diese Haltung in seinem Roman über Julius Cäsar, *Die Iden des März*, sehr anschaulich. Wilders Cäsar glaubte nicht an die Götter und war überzeugt, dass alle Zeremonien rund um die vestalischen Jungfrauen und die offiziellen Auguren nichts als Aberglaube wären. Sobald er jedoch an der Macht war, nahm Cäsar an allen diesen Zeremonien teil, weil er glaubte, dass sie dazu dienten, seine Macht zu legitimieren.

In diesem Zusammenhang lohnt es sich, die Haltung der römischen Obrigkeit gegenüber den Christen zu rekapitulieren. Den römischen Magistraten, die die Christen verfolgten, waren deren Glaubenslehren – wie die Vorstellung, dass ein obskurer jüdischer Prophet als göttlich verehrt wurde und dass man an seine Auferstehung glaubte – völlig gleichgültig. Was die Autorität herausforderte, war die Tatsache, dass die Christen sich weigerten, am Kaiserkult teilzunehmen, der die wichtigste Zeremonie der Loyalitätsbezeugung zum Reich darstellte. Um der Verfolgung zu entgehen, mussten die Christen nicht irgendeinem ihrer Glaubensinhalte abschwören; sie mussten nur den Beleg vorweisen, den man nach der Teilnahme an den Zeremonien des Kaiserkults erhielt. Die Christen setzten ihr Leben aufs Spiel, wenn sie diese Rituale mieden, die ihnen als blasphemische Verletzung ihres ersten Gebotes erschienen. Ich finde es kurios, dass ein paar Jahrtausende später eine andere Gruppe von Christen in einem vergleichbaren Fall zu dem gegenteiligen Schluss gekommen ist. Unter dem Militärregime im Japan der 1930er-Jahre galt die Teilnahme am Kaiserkult als verpflichtende Betätigung eines patriotischen Staatsbürgers. Der Kyodan, der Verband der kleinen protestantischen Gemeinde in Japan, entschied, dass Christen mit gutem Gewissen an diesem Ritual teilnehmen könnten, da es keinerlei Ausdruck eines religiösen Glaubens, sondern nur politischer Loyalität sei (obwohl es den göttlichen Status des Kaisers implizierte). Das Regime selbst unterschied zwischen dem offiziellen Staatsschintoismus (dessen ritueller Kern die Kaiserverehrung war) und dem sogenannten Sektenschintoismus mit seinem ganzen Bündel von religiösen Glaubensinhalten und Praktiken. Die amerikanische Militärregierung nach dem Zweiten Weltkrieg bestätigte diese Unterscheidung implizit, indem sie Staatsschintoismus unter Verbot stellte, aber sich nicht in das einmischte, was in den volkstümlichen Schintoschreinen vor sich ging.

Die römischen Magistrate waren nicht die einzigen, die der auf Indifferenz (wenn nicht Verachtung) basierenden Friedensformel folgten. Gibbons oben zitierte Beschreibung könnte man ohne ein Wort zu ändern auf die klassische konfuzianistische Haltung zur Religion anwenden. Man könnte plausibel argumentieren, dass der Konfuzianismus, auch wenn er auf einigen quasireligiösen Theorien (wie dem »Mandat des Himmels«, das einer Regierung Legitimation verleiht) beruht, mehr ein weltliches Ethiksystem ist als ein Bündel von religiösen Doktrinen. Die Mandarine, die politische Elite der konfuzianistischen politischen Ordnung, befassten sich sehr viel mit *li*, der korrekten Durchführung offizieller Zeremonien, aber tendierten dazu, auf die Religion der Massen herabzuschauen, einschließlich der angeblich abergläubischen Vorstellungen und Praktiken des Buddhismus und des Taoismus, von den zahlreichen »Küchengöttern« und lokalen Geistern der chinesischen Volksreligion gar nicht zu reden. Ich denke, dass dieses konfuzianische Erbe in der heutigen Volksrepublik China für die Regierungspolitik in Sachen Religion überraschend relevant ist. Die Beschwörung des Marxismus und Mao Tse-tungs ist nützliches *li*, um die Macht der kommunistischen Partei zu feiern (wenn man so will, ihr »Mandat des Himmels«). Ich hege meine Zweifel, ob viele in der Parteielite heute noch wirklich an irgendeine der marxistischen oder maoistischen Doktrinen glauben. Ihre Haltung gegenüber Religion macht mir einen essentiell konfuzianistischen Eindruck. Religion kann ein Stabilitätsfaktor sein; das Christentum könnte diesem Kriterium entsprechen, besonders wenn es die »protestantische Ethik« fördert, die als nützlich für die moderne wirtschaftliche Entwicklung erachtet wird – die ja ein Ziel der Partei ist. Daher könnte das Christentum vielleicht eine nützliche Sache sein, besonders wenn seine Anhänger nicht auf Menschenrechte und Demokratie drängen (wie sie es – *exemplum horribile* – in Taiwan und Südkorea getan haben). Im Gegensatz dazu ist der Buddhismus in Tibet nicht nützlich, auch nicht der Islam der Uiguren; in beiden Regionen ermutigen diese Religionen angeblich zu Abweichlertum (»splittism«). Schon vor Jahren hat das chinesische Regime begonnen, den Falun-Gong-Kult gnadenlos zu unterdrücken. Ich glaube nicht, dass das Regime sich dabei von der Sorge um die Volksgesundheit leiten ließ, auch wenn es wahrscheinlich richtig ist, dass die angeblich positive Wirkung der Meditationstechniken des Kults auf die Gesundheit äußerst fragwürdig ist. Was das Regime in den Wahnsinn trieb, war die Tatsache, dass Falun Gong einige Zehntausend ihrer Anhänger zu einer Konferenz in Peking versammeln konnte, ohne dass es den Autoritäten aufgefallen wäre. Wenn die Kommunisten über eine Sache Bescheid wissen, dann über das revolutionäre Potenzial von Massenversammlungen.

Im Falle des Christentums war Pontius Pilatus, der römische Statthalter in Judäa, in jeder Hinsicht ein gebildeter Vertreter seiner Klasse. Als Jesus, der ihm vorgeführt wurde, sein Urteil zu empfangen, sagte, er sei gekommen, um für die Wahrheit Zeugnis abzulegen, antwortete Pilatus verächtlich: »Was ist Wahrheit?« Die Sache war ihm mehr als gleichgültig, denn das, worum es in diesem Prozess ging, war seiner Meinung nach jüdischer Aberglaube. Woran er aber sehr interessiert war, das war die Stabilität der römischen Herrschaft in der Provinz. In den Jahrhunderten nach der offiziellen Anerkennung durch Kaiser Konstantin, als das Christentum in einem Land nach dem anderen zur Staatsreligion wurde, war die Einstellung der Herrscher gar nicht so anders als jene des Pontius Pilatus.

Konstantin hatte sich zum Christentum bekehrt, möglicherweise aus abergläubischen Beweggründen – vor einer wichtigen Schlacht hatte er die Vision des Kreuzes mit dem Versprechen »In diesem Zeichen wirst du siegen«. Ich glaube jedoch, dass es keineswegs theologische Überlegungen waren, die ihn das Konzil von Nizäa einberufen ließen, das die Konturen der christlichen Orthodoxie definierte. Konstantin war vielmehr der sehr römischen Überzeugung, dass religiöse Streitigkeiten potenziell destabilisierend wirken. Jahrhunderte später, bekundete König Friedrich der Große von Preußen die gleiche Einstellung, wenn er (ebenfalls in einem verächtlichen Ton) sagte: »Jeder soll nach seiner Fasson selig werden.« Die katholische Fasson im Hinblick auf die Erlösung war in Friedrichs dezidiert protestantischen Staat eindeutig suspekt, doch intraprotestantische Dispute waren das nicht weniger. Es existierte die potenziell destabilisierende Tatsache, dass die meisten preußischen Untertanen Lutheraner waren, die herrschende Dynastie jedoch Reformierte/Calvinisten. Man vermutete, dass das nicht gut war, und so dekretierte die Regierung, dass die beiden protestantischen Bekenntnisse in einer Kirche, der sogenannten Preußischen Union, geeint werden sollten, mit einer synthetisierten Theologie und Liturgie. Ihr Protestantismus wurde als sowohl lutherisch, als auch reformiert definiert. Man könnte hier anmerken, dass einige der frühen lutherischen Einwanderer nach Amerika Dissidenten waren, die den preußischen Zusammenschluss ablehnten und an dem festhielten, was sie als echtes Luthertum betrachteten.

Religion ist seither oft politisch instrumentalisiert worden. Die amerikanischen Politiker werden heutzutage von Wahltechnikern bedient, die ungeachtet ihrer eigenen Überzeugungen Kunden mit einander völlig widersprechenden Ansichten haben können. Kandidaten beider Parteien werden in Staaten mit starker evangelikaler Wählerschaft klarerweise Stimmen aus diesem Bevölkerungssegment gewinnen wollen. Wahltechniker können sie darin beraten, was sie wann und vor wem sagen sollen; ein Atheist kann dabei ebenso effektiv sein wie ein gläubiger Evangelikaler, vielleicht sogar effektiver, denn ein Gläubiger könnte zögern, den Glauben dieser Menschen so stark zu instrumentalisieren. Diese Art von Zynismus hat Grenzen. Andrerseits könnte ein hochsäkularisierter Wahlberater aus San Francisco Schwierigkeiten haben, wie ein glühender Südstaatenbaptist in Arkansas zu klingen. Manche lernen schneller als andere, und ich kann mir vorstellen, dass manche Politiker zynischer sind als andere.

Indien hat eine interessante und völlig eigenständige Friedensformel hervorgebracht, die man Friede durch Absorption nennen könnte. Indem der Hinduismus eine Religion mit einer Vielzahl von Doktrinen ist (einschließlich Monotheismus, Pantheismus und Atheismus), auch wenn keine davon als rechtgläubig oder bindend bezeichnet werden kann, und er über einen Wunderladen von Ritualen verfügt, hat er über Jahrhunderte einen internen Pluralismus enthalten. Dieser Pluralismus ist in den verschiedenen Schulen der Hingabe (Bhakti) vertreten, die beinahe schon verschiedenen Denominationen ähneln, beispielsweise diejenigen, die Wischnu, Schiwa und noch anderer Götter verehren. Es wurde argumentiert, dass das, was die Tradition wirklich zusammenhält, das Kastensystem ist – diese spezifisch indische Institution (auch wenn sie sich auf einige wenige andere Länder ausgeweitet hat, insbesondere auf Indonesien mit Bali als der am stärksten hinduisierten Insel des Archipels). Besonders interessant ist die Tatsache, dass andere religiöse Gemeinschaften in Indien ihre eigenen Kasten geschaffen haben, und zwar ebenso mit Brahmanen an der Spitze und den früher als Unberührbare Bezeichneten (die jetzt Dalits heißen) am unteren Ende. Auf diese Weise gibt es Jain-Kasten, Sikh-Kasten und – dem grundlegenden Egalitarismus von Christentum und Islam zum Trotz – christliche Kasten und muslimische Kasten. Kerala und Goa sind die Bundesstaaten mit dem höchsten christlichen Bevölkerungsanteil und mit elaborierten christlichen Kastensystemen. Jetzt müssen sie (genauso wie der echte Hinduismus) mit einer Dalit-Bewegung für Gleichberechtigung zurande kommen. Das Gefühl für die Kaste sitzt sehr tief und führt sogar zu körperlichen Reaktionen. Folgende Geschichte hat mir einmal ein protestantischer Missionar erzählt. Ein Angehöriger einer hohen Hindukaste war zum Christentum konvertiert; ich glaube, er ist in die Church of South India eingetreten, die ein Zusammenschluss von Anglikanern und anderen protestantischen Gruppen ist. Der Missionar, der mir die Geschichte erzählte, hatte keinerlei Zweifel an der Aufrichtigkeit der Bekehrung. Schließlich wurde es Zeit für die Erstkommunion des Neubekehrten. Er bemerkte mit Besorgnis, dass in seiner Nähe einige Dalits knieten, die ebenfalls das Sakrament empfangen wollten. In seinem Denken war er gerade dabei, ein Mahl mit rituell unreinen Menschen einzunehmen – ein ultimatives Kastentabu. Dieser Auffassung war er nicht nur in Gedanken, sie betraf auch seinen Körper. Er wusste, dass es seine Christenpflicht war, die Kommunion mit ihnen zu empfangen. Und er zwang sich dazu, es zu tun, aber sobald die Hostie in seinem Mund war, musste er hinauslaufen und sich übergeben. Folglich könnte man einen Hindu nicht danach definieren, was er glaubt, sondern danach, was ihn erbrechen lässt.

Früher oder später, so scheint es, wird jeder in Indien eine Kaste, genauso wie in den Vereinigten Staaten jeder, sogar der Judaismus, Denominationen produziert. Ich bin kein Experte für das indische Kastensystem der Gegenwart. Es hat sich als eine sehr robuste Institution erwiesen, auch wenn es im Großteil des Landes (besonders in den städtischen Gebieten) weniger wirkungsvoll ist als früher. Hindunationalisten haben vorgeschlagen, dass der Hinduismus nicht als Religion, sondern als Zivilisation gelten solle, die sie *hindutva* (Hinduheit) nennen. Sie wollen, dass die Muslime, die rund zehn Prozent der indischen Bevölkerung ausmachen, diese anerkennen. Wenige tun das. Ich bezweifle, dass die Ideologie des *hindutva* letztendlich als plausible zeitgemäße Friedensformel funktionieren wird – nicht einmal in Indien. Es lässt sich nur schwer vorstellen, dass das Kastensystem irgendwo anders als Friedensformel fungieren kann. Historisch gesehen ist es jedoch sicher ein einzigartiger und interessanter Versuch.

Während das Kastenwesen als Friedensformel im Umgang mit dem religiösen Pluralismus wenig Zugkraft außerhalb Indiens haben wird und sogar dort nicht mehr einheitlicher Konsens unter den Hindus ist, stellt sich als dringlichste Frage unserer Tage, wie mit dem religiösen Pluralismus in einer Gesellschaft, die sich selbst als islamisch definiert, umgegangen werden kann oder soll. Natürlich gehen die Meinungen darüber in den meisten, wenn nicht in allen mehrheitlich muslimischen Ländern stark auseinander, besonders in jenen, die sowohl islamisch als auch modern (wenn auch innerhalb gewisser Grenzen) sein wollen – was mittlerweile die Mehrheit ist. Dieses Problem wird aus einleuchtenden Gründen für gewöhnlich anhand der Frage diskutiert, ob der Islam demokratiekompatibel ist. Das ist natürlich eine wichtige Frage, aber es gibt die viel elementarere Frage nach dem Verhältnis des Islam zur Modernität. Schließlich gibt es schon lange Zeit moderne Gesellschaften, die nicht demokratisch waren oder sind. Die früheren Sowjetrepubliken Mittelasiens und ihre unabhängigen Nachfolgestaaten liefern interessante Beispiele dafür. Anders ausgedrückt: Bevor wir danach fragen können, wie eine islamische Demokratie aussehen könnte oder sollte, müssen wir die Frage nach dem Charakter einer islamischen Modernität stellen. Im Einklang mit den Erörterungen in den vorangegangenen Kapiteln dieses Buchs umfasst das auch die Frage nach dem Platz, den der säkulare Diskurs in einer islamischen Gesellschaft innehat. Offenkundig muss es einen solchen Platz in manchen Gesellschaftsbereichen geben – besonders dort, wo sich die Gesellschaft Institutionen bedient, die auf moderner Technologie beruhen, von Fluglinien bis zu Krankenhäusern, aber auch dort, wo die Gesellschaft erfolgreich mit der globalen Ökonomie interagiert, die von allen Beteiligten verlangt, einer spezifisch modernen Rationalität zu folgen. Die Geschichte des Islam zeigt, dass es auf diese Fragen keine einfachen Antworten gibt.

Hier stellen sich zwei distinkte Unterfragen: Wie schafft man die Koexistenz des islamischen und des säkularen Diskurses und wie die Koexistenz verschiedener religiöser Traditionen innerhalb eines islamischen Staates. Das islamische Gesetz, die *Scharia*, war immer allumfassend und hat die Staatsstruktur genauso geregelt wie die Details des Alltagslebens. Es gibt verschiedene Schulen des islamischen Rechts, einige sind in diesen Fragen flexibler als andere. Es ist aber wichtig, im Gedächtnis zu behalten, dass der Islam zwar eine universelle, transnationale muslimische Gemeinschaft, die *Umma*, postuliert, aber auch deklariert islamische Staaten errichtet hat, deren Herrscher sich häufig bekriegten und ihre Handlungen sehr oft den harten Erfordernissen der Staatsraison unterordnen mussten. Man kann davon ausgehen, dass das Spannungsverhältnis zwischen den Anforderungen des Glaubens und jenen des Staates gering war, als Mohammed selbst den allerersten islamischen Staat in Medina errichtete. Sobald der Islam aber ein geografisch ausgedehntes Reich dominierte, beginnend mit dem von Damaskus aus regierten Kalifat der Omaijaden, können viele staatliche Handlungen nur mehr im Sinne von Prinzipien, die gemeinhin machiavellistisch genannt werden, adäquat erklärt werden. Es ist überflüssig darauf hinzuweisen, dass sich der Islam in diesem Punkt kaum vom Christentum unterscheidet, das seit seinen frühen Tagen eine universelle christliche Kirche postulierte, aber auch zum offiziellen Glauben von Staaten wurde, deren Handlungen sich nur schwer mit den Lehren Jesu in Einklang bringen ließen. Was in diesen

Staaten den Umgang mit dem religiösen Pluralismus betrifft, so war für lange Zeit Toleranz gegenüber anderen Glaubensrichtungen (die verschiedenen Auslegungen des christlichen Glaubens eingeschlossen) nicht gerade ein hervorstechendes Charakteristikum.

Historisch ist die Welt, wie bereits erwähnt, nach der Definition der *Scharia* in zwei Reiche unterteilt – in das Haus des Islam (*Dar al-Islam*) und das Haus des Krieges (*Dar al-harb*). Prinzipiell herrscht ein Kriegszustand zwischen den beiden, obwohl aus verschiedenen praktischen Gründen auch Perioden des Waffenstillstands, *hudna*, zwischen ihnen möglich sind. Ohne Frage wurde mit Waffengewalt eine riesige muslimische Welt errichtet. Bis zum heutigen Tag beseelt die Erinnerung daran in der muslimischen Welt immer noch Perspektiven und Handlungen. Nur wenige Jahre nach Mohammeds Tod stürmten muslimische Armeen über die Grenzen Arabiens hinaus, besiegten das Byzantinische und das Persische Reich, die bis dahin den Nahen Osten beherrscht hatten, und errichteten muslimische Staaten von Nordafrika und Spanien bis an die Grenzen Indiens. In manchen Kreisen gehört es heute zur politischen Etikette, diese martialische Geschichte herunterzuspielen. Unmittelbar nach den Ereignissen des 11. September 2001 sagte Präsident George W. Bush (zweifellos mit lobenswerten Absichten), dass die Vereinigten Staaten sich nicht mit dem Islam im Krieg befänden, sondern mit Terroristen, die eine verfälschte Version des Islam verfechten. Er sagte auch:»Islam bedeutet Frieden.« Dem ist nicht so. Das arabische Wort für Friede ist»Salam«. Jedes Mal, wenn Muslime jemanden grüßen, wünschen sie ihm, dass der Friede mit ihm sei:»Salam aleikum. Das ist ein schöner Brauch, aber definiert nicht den Islam. Das Wort Islam leitet sich von arabisch *aslama* (»unterwerfen«), ab. Diese Geschichte verursacht innerhalb des Hauses des Islam große Probleme für einen säkularen Diskurs und für religiösen Pluralismus.

Genauso wie andere religiöse Traditionen musste der Islam zwei verwandte, aber unterschiedliche Fragen verhandeln – wie kommt man mit dem religiösen Pluralismus in einer muslimischen Gesellschaft klar und wie kommt man mit dem Pluralismus von religiösen (in diesem Fall islamischen) und säkularen Diskursen zurecht? Was das erste Thema betrifft, hat der Islam schon früh in seiner Geschichte seine eigene Friedensformel entwickelt. Man könnte sie mit Frieden durch Unterwerfung beschreiben. Der Staat ist eine islamische Entität, doch werden nichtislamische religiöse Gemeinden in einem untergeordneten Status toleriert und geschützt. Diese Formel geht auf den Koran zurück. Sie gründet auf die Auffassung, dass Mohammed der krönende Abschluss einer Reihe von Prophetenvorgängern war, darunter Abraham, Moses und Jesus. Die Anhänger dieser früheren Propheten werden als »Schriftbesitzer« bezeichnet. Anfänglich, als Mohammed noch selbst in Medina regierte, galt diese Bezeichnung für Christen und Juden. Später, als sich die muslimische Welt ausbreitete, wurden auch Zoroastrier, Hindus und sogar Buddhisten in diese Kategorie eingeschlossen. Derartigen nichtislamischen Untertanen wurde der Status des *Dhimmi* zugesprochen – sie waren ausgeschlossen von den Rechten und Pflichten, die nur den Muslimen zustanden, aber ihnen wurde als Gegenleistung für eine spezielle Steuer das Recht auf ihren eigenen Kultus und auf Rechtsprechung in ihren internen Belangen, in Sachen Ehe und Erbschaften, garantiert. Bezeichnenderweise gab es keine Ungleichbehandlung zwischen Muslimen und Nichtmuslimen, wenn es um Eigentumsrechte und Vertragsrecht ging, wodurch der wirtschaftlichen Aktivität von Nichtmuslimen großer Spielraum eingeräumt wurde. Manche Schulen des islamischen Rechts gestehen den Dhimmistatus allen Nichtmuslimen zu, die sich der Autorität eines islamischen Staates unterwerfen.

Aus heutiger Sicht, besonders nach unserem Verständnis von Menschen- und Bürgerrechten, ist der Dhimmistatus hochdiskriminierend und erniedrigend, eine Art Staatsbürgerschaft zweiter Klasse, die nicht im Einklang mit Rechtsstaat und demokratischen Werten steht. Ich kann mir vorstellen, dass viele *Dhimmis* in der Vergangenheit dies ebenso erlebt haben, und es gab auch Perioden, in denen sogar diese geringeren Rechte von intoleranteren muslimischen Regimen verletzt wurden. Es ist jedoch erwähnenswert, dass diese Friedensformel es vielen Nichtmuslimen ermöglichte, es zu Wohlstand zu bringen und recht komfortabel zu leben, besonders wenn man ihre Lage mit jener von Nichtchristen in repressiven christlichen Regimen vergleicht. Ich habe schon den Pluralismus des Osmanischen Reichs erwähnt, wo viele Juden nach ihrer Vertreibung aus Spanien Zuflucht fanden. Ich sollte auch das Schicksal der sogenannten orientalischen oder nichtchalzedonischen Christen (besonders die Monophysiten und Nestorianer, die die christologischen Lehren, die auf den ersten Kirchenkonzilen verkündigt wurden, ablehnten) erwähnen, die im orthodoxen Byzantinischen Reich in schlimmer Weise unterdrückt wurden. Viele von ihnen flohen in muslimische Staaten, wo sie als Schriftbesitzer Schutz erhielten. Es gab eine Periode der sogenannten *convivencia* – der friedlichen Koexistenz und Interaktion zwischen Muslimen, Christen und Juden – unter dem Kalifat von Córdoba. Ähnliche Episoden gab es im Indien der Mogule. Diese Friedensformel existierte ziemlich erfolgreich im sogenannten *Millet*-System der Osmanen weiter; jedem Millet war offiziell die Rechtsprechung über Juden und Christen verschiedener Bekenntnisse zugestanden. Auf dieses Phänomen wurde von manchen Historikern das Konzept der »ottoman civility« (Osmanischen Höflichkeit) angewandt; es ist überflüssig zu sagen, dass es manchmal außer Kraft gesetzt wurde, wenn Verfolgungen Andersgläubiger aufflammten, aber über lange Zeiträume war es ganz real. Nach dem Zusammenbruch des Osmanischen Reichs wurde es, vielleicht ironisch, von den britischen und französischen Kolonialherrschaften im arabischen Raum übernommen, in jüngerer Zeit auch vom Staat Israel. Angemerkt muss noch werden, dass bei dieser Friedensformel eine Art Religionsfreiheit immer Gemeinden, nicht aber Individuen zugestanden wird.

Es gibt keine vergleichbare traditionell muslimische Formel für den, wie ich sagen würde, »anderen Pluralismus«, den von islamischem und säkularem Diskurs. Die Scharia ist allumfassend, sie ordnet sowohl den Staat als auch die intimsten Details des persönlichen Lebens. Daher ist es viel schwieriger, einen freien Bereich für den einen oder anderen säkularen Diskurs zu erkämpfen. Soweit es die moderne Technologie und (zu einem geringeren Grad) die moderne Ökonomie betrifft, lässt sich das noch einigermaßen machen, auch wenn es ein Problem mit islamischen Vorstellungen von Zinswucher gibt, das die Teilnahme am globalen Bankensystem verhindert. Nicht einmal der fundamentalistischste Salafist erwartet, dass islamische Rechtssprüche, *Fatwas*, darüber entscheiden, wie man ein Passagierflugzeug fliegt oder eine Gehirnoperation durchführt. Ich habe früher das Experiment erwähnt, mit dem König Ibn Saud »bewies«, dass das Telefon kein Instrument des Teufels ist. Es gibt kein vergleichbares Experiment, das dazu führen könnte, dass einem säkularen Diskurs erlaubt wird, verschiedene Bereiche des politischen oder sozialen Lebens zu beherrschen. Das ist aber genau die Frage, um die sich derzeit die Debatten drehen.

Die Türkei war in dieser Debatte an vorderster Front, besonders seit eine islamistische Partei, die AKP (Adalet ve Kalkınma Partisi, »Partei für Gerechtigkeit und Aufschwung«), durch Wahlen an die Macht gekommen ist. Zur Zeit ist nicht klar, wohin dieses Experiment einer »islamistischen Demokratie« führt, aber eine frühe Aussage aus dem Parteiprogramm der AKP ist nach wie vor interessant: »Wir wollen keinen Schariastaat; wir wollen als gute Muslime in einer säkularen Republik leben.« Während ich dieses Buch schreibe, zeigt die Debatte über die ägyptische Verfassung sehr deutlich die beiden Richtungen auf, in die ein islamistisches Programm gehen könnte. Eine Formulierung sagt, dass die Gesetze auf »islamischen Entscheidungen« basieren sollten, also auf spezifischen Fatwas, ausgesprochen von islamischen Instanzen. Die andere Formulierung besagt, dass Gesetze auf »islamischen Prinzipien« beruhen sollten. Der große Unterschied zwischen diesen beiden Formulierungen ist offensichtlich. Christliche Parallelen zu diesen Formulierungen sind in der jüngeren Geschichte leicht zu finden. Das Francoregime, eingerichtet als Ergebnis des Spanischen Bürgerkriegs (1936–1939) war der letzte Versuch, einen explizit christlichen (in diesem Fall »vollständig katholischen«) Staat zu errichten. Im Gegensatz dazu hatte die Bewegung der christlichen Demokratie, die auch meist katholisch inspiriert war und nach dem Zweiten Weltkrieg eine wichtige Rolle in der Politik Westeuropas spielte, ein viel lockereres Verständnis von der Beziehung zwischen Christentum und dem säkularen demokratischen Staat. Die Debatten, die darüber heute unter Muslimen geführt werden, haben sehr große Bedeutung für die Zukunft eines großen Teils der Welt und für die Beziehungen der Muslime zur globalisierten Gesellschaft. Viele meist nichttheologische Faktoren werden ihr Ergebnis beeinflussen. Ich würde eine eher vorsichtige Vorhersage wagen: Es ist unwahrscheinlich, dass viele mehrheitlich muslimische Länder eine strenge Trennung von Moschee und Staat vornehmen, so wie sie in der amerikanischen und französischen Verfassung existiert. Wahrscheinlicher ist ein Ergebnis zwischen den beiden erwähnten Alternativen mit einer Verfassung und in der Folge erlassenen Gesetzen, die entweder auf »islamischen Rechtssprüchen« oder auf »islamischen Prinzipien« beruhen. Menschen, die dem ersten Zusatzartikel zur Verfassung der Vereinigten Staaten oder der *Laïcité* als Herzstück der französischen Republik verpflichtet sind, werden sich entscheiden müssen, ob sie eines oder beide islamistischen Projekte akzeptabel finden.

Auf die interessante Ähnlichkeit von islamischem und jüdischem Religionsgesetz wurde schon oft hingewiesen. Beide Traditionen definieren sich im Rahmen eines solchen Gesetzes. Es ist bemerkenswert, dass im Arabischen das Wort *din*, das wörtlich übersetzt »Gesetz« bedeutet, auch auf eine religiöse Tradition angewandt wird. So wird ein Araber, der die Religion seines Gesprächspartners herausfinden will, fragen: »Was ist Ihr *din*?« Ein Protestant wird große Schwierigkeiten haben, diese Frage zu beantworten, möglicherweise auch ein Katholik. Das römische kanonische Recht regelt beispielsweise nicht, was in der Küche zu geschehen hat. Ein praktizierender Jude wird solche Schwierigkeiten nicht haben. Die *Halacha* ist genauso wie die *Scharia* allumfassend – und bezieht sich auf alles, von den Staatsräten bis zu den Aktivitäten in Küche und Schlafzimmer. Es gibt allerdings einen wichtigen

Unterschied. In den rund zwei Jahrtausenden zwischen der Zerstörung des letzten jüdischen Staates durch die Römer (70 v. Chr.) und der Errichtung des Staates Israel (1948) hat es keine jüdische Regierung gegeben, die irgendeinem Element der *Halacha* Geltung hätte verschaffen können. Heute ist die Situation in Israel, mit seiner eigenartigen Fortführung des osmanischen Millet-Systems, ganz anders. Wie immer das Arrangement zwischen jüdischer Religion und der säkularen Demokratie in Israel aussehen wird, es wird wohl kaum in irgendeinem anderen Land nachgeahmt werden. Wie auch immer, wenn man die unterschiedlichen Friedensformeln untersucht, können die israelischen Debatten ganz lehrreich sein.

In der modernen westlichen Geschichte gab es zwei enorm wichtige Friedensformeln, die für den religiösen Pluralismus Relevanz hatten: jene des Kaiserlichen Reichstags zu Augsburg und des Westfälischen Friedens und jene der später erfolgten Trennung von Kirche und Staat, die das Verständnis von Religionsfreiheit im internationalen Menschenrechtsdiskurs stark beeinflusst hat. Den Reichstag zu Augsburg hatte Kaiser Karl V. 1555 einberufen, um zu irgendeiner Art von Frieden zwischen Katholiken und Protestanten zu kommen. Der Kaiser, ein sehr konservativer Katholik, hätte die aufkommende protestantische Bewegung am liebsten vollkommen ausgelöscht. Von dieser frommen Handlung hielt ihn die lauernde Gefahr einer osmanisch-türkischen Invasion ab, die eine halbwegs einheitliche christliche Reaktion verlangte, die sowohl die katholischen als auch die protestantischen Fürsten unterstützten. Die Lutheraner legten ihre eigene theologische Position vor (seither bekannt als Augsburger Bekenntnis), die der Kaiser respektvoll las, natürlich ohne damit einverstanden zu sein. Die Formel war sehr klar und sehr einflussreich: *Cuius regio, eius religio* (»Wessen Gebiet, dessen Glaube«). Das bedeutete, dass jeder Fürst das Recht hatte zu entscheiden, welcher Glaube, der katholische oder der protestantische, maßgeblich sein sollte; allen seinen Untertanen, die damit nicht einverstanden waren, stand es frei auszuwandern. Das deckt sich natürlich nicht mit der Religionsfreiheit, so wie wir sie heute verstehen, aber es war sicherlich besser als massakriert oder mit Gewalt bekehrt zu werden. Die Formel wurde nicht sofort umgesetzt, aber 1648 wurde sie erneut verkündet und damit zur Grundlage für den Westfälischen Frieden, der durch eine Reihe internationaler Verträge zustande kam (die in Münster und Osnabrück unterschrieben wurden), die das moderne Konzept des souveränen Staates begründeten und das grauenvolle Blutvergießen des Dreißigjährigen Kriegs beendeten. Um diese Zeit wurde diese Friedensformel zu einem hohen Grad in den Ländern, die dem Heili-

gen Römischen Reich angehörten, umgesetzt. Sie betraf damit nicht mehr
nur Katholiken und Protestanten, sondern auch Calvinisten, die in den eben
erst unabhängig gewordenen Niederlanden und in einigen Schweizer Kantonen an die Macht gekommen waren.

Hierbei handelt es sich natürlich um eine territoriale Friedensformel, die
davon ausgeht, dass die Bevölkerung jedes Gebiets entweder von vorneherein religiös homogen wäre oder es als Resultat dieser Formel sein würde.
Der zunehmende religiöse Pluralismus in immer mehr westlichen Staaten
macht es immer schwieriger, diese Formel in Europa und auch anderswo in
die Praxis umzusetzen. Wo auch immer das versucht wurde, hat es zu hohen, oft horrenden menschlichen Kosten einer religiös-ethnischen »Säuberung« geführt. So geschehen beim Bevölkerungszwangsaustausch zwischen
Griechenland und der Türkei in den frühen 1920er-Jahren, bei den Massakern und Flüchtlingsströmen, die auf die Teilung Indiens 1947 folgten, und
in jüngster Zeit bei den Kriegen, die nach dem Zerfall Jugoslawiens ausbrachen. Angesichts dieser Bilanz ist es nicht weiter überraschend, dass diese
Friedensformel nicht sehr oft befürwortet wurde. Sie wurde in den Diskussionen über eine mögliche Lösung des israelisch-palästinensischen Konflikts
ins Gespräch gebracht – der Enthusiasmus hielt sich auf beiden Seiten in
Grenzen.

Die zweite wichtige westliche Friedensformel ist die Trennung von Kirche und Staat gewesen, die die Denker der Aufklärung entwickelt hatten und
die im Gefolge der amerikanischen und der französischen Revolution umgesetzt wurde. Dieses Konzept wurde erfolgreich auf beide vorgeschlagenen
Pluralismen angewandt – auf den Pluralismus verschiedener religiöser Traditionen und Institutionen sowie auf den Pluralismus des säkularen und des
religiösen Diskurses. Diese doppelte Anwendung ist klassisch in den beiden
Klauseln des ersten Zusatzartikels zur US-Verfassung formuliert worden –
die eine verbietet die Errichtung einer Staatsreligion, die andere garantiert
die freie Religionsausübung. Zwischen diesen beiden Klauseln besteht ein
gewisses Spannungsfeld, wodurch sich bis zum heutigen Tag die Möglichkeit
von endlosen Gerichtsstreitigkeiten bietet. Was mit dem Zusatz bezweckt
und auch weitgehend erreicht wurde, war das Herstellen einer Nische in Gesetz und Staatsbelangen, in der einzig und allein ein strikt säkularer Diskurs
zugelassen ist, der aber auch mit einer Vielfalt von religiösen Diskursen koexistiert. So sollte etwa ein Höchstrichter, der ein gläubiger und praktizierender Christ ist und äußerst negative Ansichten über die gleichgeschlechtliche
Ehe hat, seinen Spruch in einer einschlägigen Causa nur auf Basis des säku-

laren Rechts ohne Bezugnahme auf irgendwelche religiösen Glaubensinhalte
oder Werte fällen.

In der einen oder anderen Weise operieren alle westlichen Demokratien
auf Basis einer Trennung von Kirche und Staat, wenn auch in unterschiedlichen Versionen. Die amerikanische Version sticht heraus. Die gesetzliche
Trennung ist sehr strikt, in gewisser Weise strikter als in der französischen
Version, die oft als Gegenbeispiel angeführt wird. So wäre es beispielsweise
in den USA gegen die Verfassung, Steuergeld für die Bezahlung von Leh-
rern in konfessionellen Privatschulen zu verwenden, was in Frankreich vollkommen üblich ist – und übrigens auch in der Türkei, wo der Säkularismus
von Kemal Atatürk nach dem französischen Modell eingeführt worden ist.
Gleichzeitig erklingt in der amerikanischen Politik eine Kakofonie von religiösen Diskursen, was im Großteil Europas heutzutage völlig undenkbar
wäre. Als Tony Blair englischer Premierminister war, wurde einer seiner Pres-
sesprecher einmal gefragt, warum Blair, der als sehr religiöser Mensch bekannt war, nie öffentlich über Religion spreche. Der Sprecher gab eine großartige Antwort: »We don't do God here!« (etwa: »Gott steht bei uns nicht auf
der Speisekarte!«) Dieser Ausspruch beschreibt das Verhalten der meisten Politiker West- und Mitteleuropas heutzutage.

In Frankreich wurde eine radikale Trennung zwischen Kirche und Staat
1905 eingeführt, als die republikanische Seite in dem Konflikt rund um die
Dreyfusaffäre über die konservative obsiegte. Das Ideal der *laïcité* (wörtlich:
Laizismus) gibt dieses Verständnis der Republik sehr klar wieder. Aus praktischen Erwägungen wird der Staat in Verhandlungen mit religiösen Körperschaften eintreten, etwa in Bildungsbelangen. Ja, der Staat wird die Bildung
solcher Körperschaften, wo sie noch nicht vorhanden sind, sogar unterstützen, um einen Verhandlungspartner zu haben. Das wurde in der Vergangenheit bei den Juden, in jüngerer Zeit bei den Muslimen so gehalten. Der Staat
selbst jedoch hat sich aller erdenklichen religiösen Symbole entledigt. Ich
glaube, es wäre nicht unfair, die ursprüngliche dahinter steckende Haltung
als eine Art Krankheitsprophylaxe zu beschreiben: Religion ist potenziell gefährlich, und da es nicht zweckmäßig und vielleicht auch moralisch nicht
vertretbar ist, sie zu unterdrücken, muss sie in separaten religiösen Institutionen unter Quarantäne gehalten werden, damit sie den Rest der Gesellschaft
nicht »infiziert«. Während die Philosophie der Aufklärung, die dieses Arrangement auf den Weg brachte, der Religion eher feindselig gegenüberstand,
haben diese aus ihr erwachsenden Konsequenzen religiösen Minderheiten
– inklusive Protestanten, Juden und Muslimen – sogar genützt, weil sie so

vor der potenziellen Gefahr geschützt wurden, die die katholische Mehrheit
darstellte. Heutzutage ist das kaum mehr eine echte Gefahr, aber vor 1905
war das noch so.

Wie schon in einem früheren Kapitel erwähnt, ist Großbritannien ein
sehr interessanter Fall der Trennung von Kirche und Staat, weil dort nämlich diese Trennung eine gesellschaftliche Realität ist, im offiziellen Selbstverständnis des Staates aber abgelehnt wird. Großbritannien ist eine äußerst säkularisierte Gesellschaft, genauso wie jede andere in Westeuropa, und doch
ist die Church of England immer noch eine Staatskirche im klassischen Sinne. Ihre Bischöfe sitzen im Oberhaus und der Monarch ist immer noch ihr
offizielles Oberhaupt. Jedoch hat Elizabeth II. jüngst diesen Titel in einer
öffentlichen Erklärung neu interpretiert. Einer ihrer Titel ist immer noch
»Verteidiger des Glaubens«, und obwohl die Queen ihren Glauben an den
staatskirchlichen Status der Church of England bekräftigte, fügte sie hinzu,
dass sie sich mittlerweile als »Verteidiger aller im Vereinigten Königreich ver-
tretenen Glaubensrichtungen« betrachte. Dieser Wechsel von »Glauben« zu
»Glaubensrichtungen« signalisiert die feierliche Billigung des religiösen Pluralismus. Von katholischen, jüdischen und muslimischen Kommentatoren gab
es beifällige Kommentare zu dieser Neudefinition des Status der anglikanischen Kirche. Auch der Erzbischof von Canterbury hat wiederholt die Anerkennung des Islam als legitimes Mitglied der britischen Religionslandschaft
beteuert. Zu einem anderen Thema gibt es eine sehr interessante Aussage seines gegenwärtigen Amtsnachfolgers. Dieser sagte, dass er zwar bei der konservativen christlichen Ablehnung der Homosexualität bleibe, aber dennoch
nicht gegen die Legalisierung der gleichgeschlechtlichen Ehe durch die Ca-
meronregierung opponieren werde. Der Staat kann die Ehe definieren, wie er
will, aber die Kirche wird eine Gleichwertigkeit der staatlich definierten Ehe-
schließung mit jener, die sie selbst bei einer feierlichen christlichen Hochzeit
vollzieht, nicht anerkennen. Mit anderen Worten: Die Church of England
hat sich mit dem, was ich »die zwei Pluralismen« genannt habe, arrangiert.

Grace Davie, die bedeutende britische Religionssoziologin, hat folgende
Theorie aufgestellt: Eine starke Staatskirche ist schlecht, und zwar sowohl für
den Staat als auch für die Religion, da sie dazu tendiert, die Staatsgewalt dazu
zu benutzen, religiöse Konformität durchzusetzen; auf diese Weise unterminiert sie die politische Stabilität und die Kredibilität des Glaubens. Das ist
durch das anglikanische Staatskirchentum in der Vergangenheit geschehen.
Jedoch kann ein schwacher Staatskirchenstatus positive Folgen haben, positiv für den Staat, weil es die politische Stabilität erhöht, und positiv für die

Religion, weil ihre Verbindung mit der weltlichen, oft ungerechten Macht nicht weiter auf sie abfärbt. Die Church of England unserer Tage scheint Grace Davies Standpunkt zu untermauern.

Es gibt noch andere Versionen der Trennung von Kirche und Staat in Europa; beispielsweise in Deutschland, wo immer mehr Kirchen der Status und die Privilegien einer »Gesellschaft öffentlichen Rechts« zuerkannt wird, was früher auf Protestanten und Katholiken beschränkt war, jetzt aber auf jede größere Religionsgemeinschaft ausgedehnt wird, die nicht in offenkundig illegale Aktivitäten involviert ist. Was alle Versionen der Trennung von Kirche und Staat in westlichen Demokratien aber gemeinsam haben, ist ein Staat, der (de jure oder de facto) religiös neutral ist und der innerhalb eines eindeutig säkularen Diskurses operiert (»als ob Gott nicht existierte«).

Die meisten Katholiken und Protestanten in Europa und in den Vereinigten Staaten haben mittlerweile alle Bestrebungen aufgegeben, einer bestimmten Religion einen starken staatskirchlichen Status zu verschaffen, solange das Recht religiöser Bürger und Gemeinschaften respektiert wird, in den demokratischen Prozess einzutreten und für Politik, die mit ihren Werten übereinstimmt, Druck zu machen. Das Ergebnis davon sind viele Beispiele dafür, wie eine christliche Modernität aussehen könnte.

Einen Sonderfall stellt derzeit Russland dar. Der orthodoxe Glaube hat Jahrzehnte des totalitären Sowjetregimes überlebt, in denen sich mörderische Verfolgung mit zögerlicher Tolerierung abwechselte, periodisch unterbrochen von selektiver Repression und Kampagnen für einen »wissenschaftlichen Atheismus«. Der postkommunistische russische Staat hat, da er aller anderen legitimierenden Ideologien beraubt war, dafür immer stärker den Nationalismus genützt. Wie in früheren Geschichtsperioden auch, hält der russische Nationalismus die Orthodoxe Kirche in enger Umklammerung. Der traditionelle Terminus für diese enge Verbindung zwischen Kirche und Staat war *sinfonia* – Kirche und Staat singen gewissermaßen die gleichen Hymnen aus dem Gesangbuch. Bis jetzt hat diese »Symphonie« die formelle Anerkennung als Staatskirche gerade noch verhindert, aber unter der Regierung Putin wurde der russisch-orthodoxen Kirche ein privilegierter Platz in der Gesellschaft zugestanden, während mögliche religiöse Rivalen (insbesondere die römisch-katholische Kirche und verschiedene protestantische Missionen) schikaniert und diskriminiert wurden. Im Gegenzug hat die orthodoxe Kirche die Regierung sowohl in innenpolitischen Materien (wie bei der Unterdrückung von Dissidenten) als auch in der Außenpolitik (etwa in Fragen des Nahen Ostens) unterstützt. Der weitere Verlauf dieser Beziehung wird von den politischen Bedürfnissen der russischen Regierung bestimmt werden, die sie in verschiedene Richtungen drängen können. Es sollte angemerkt werden, dass sich in den letzten Jahrzehnten eine volkstümliche orthodoxe Frömmigkeit wiederbelebt hat, die sich vom politischen Agieren des Moskauer Patriarchats stark abhebt. Es gibt für mich keine bessere Metapher für diesen Dualismus als ein wiederholt stattfindendes Ereignis im Eremitagemuseum in Sankt Petersburg. Die Eremitage stellt eine bemerkenswerte Ikonensammlung aus. Zur Überraschung von Touristen und Museumsbesuchern und zum Leidwesen der Museumsverwaltung kommen von Zeit zu Zeit einfache Russen, um die Ikonen zu küssen und vor ihnen zum Gebet niederzuknien.

Der Zweck dieses Buches ist analytisch. Ich habe nicht die Intention, jemandem meine eigenen religiösen oder politischen Ansichten aufzudrängen oder irgendwelche Politikempfehlungen abzugeben. Die Argumentation in diesem Kapitel deutet jedoch auf eine politikrelevante Konklusion hin. Unter den Bedingungen der Moderne wird irgendeine Version der Trennung von Kirche und Staat höchstwahrscheinlich eine stabile und humane politische Ordnung stützen, die imstande ist, das, was ich »die beiden Dualismen« genannt habe, zu handhaben. Zu diesem Schluss kann man auf empirischem Boden kommen, ohne auf irgendwelche theologischen oder philosophischen Begründungen zu rekurrieren – wenn man so will, bleibt man dabei auf streng »machiavellistischem« Boden. Vor einigen Jahren habe ich bei einer Vorlesung in China so argumentiert, bei der auch offizielle Vertreter der Partei anwesend waren, die ihrer Zustimmung Ausdruck verliehen haben (was immer das auch wert sein mag). Ich würde genauso argumentieren, wenn ich um des Publikums willen die Chirurgenmaske aus antiseptischer, »wertfreier« Sozialwissenschaft tragen muss.

Es gibt gute empirische Gründe, für Religionsfreiheit im Kontext eines der Religion gegenüber neutralen Staats einzutreten. Allerdings ist es wichtig zu betonen, dass die politische Nützlichkeit nicht der Hauptgrund dafür ist, dass die meisten Menschen die Religionsfreiheit befürworten (und ich nehme mich da bestimmt nicht aus). Man könnte auch ein theologisches Argument dafür bringen, wie es das Zweite Vatikanische Konzil sehr überzeugend getan hat und es seither die römisch-katholische Kirche in ihrer Lehre und Praxis tut. Ähnlich, so glaube ich, würden auch andere christliche, jüdische und muslimische Denker argumentieren. Und es gibt ein philosophisches Argument dafür, das nichts mit religiösen Voraussetzungen zu tun hat, mit dem auch Agnostiker und Atheisten konform gehen könnten. Es rührt an die Grundannahme, was es bedeutet, Mensch zu sein. Pascal beschreibt die Conditio humana als Verortung in der Mitte zwischen »dem Nichts und dem Unendlichen« (*le néant et l'infini*). Dieser Platz ist in ein Geheimnis gehüllt. Durch die gesamte Menschheitsgeschichte hat dieses Geheimnis staunende Fragen ausgelöst. Religion war das Hauptvehikel für dieses Staunen: Warum ist da eher Etwas als Nichts? Was ist der Sinn von all dem? Wo komme ich her? Worauf darf ich hoffen? Wie sollte ich leben? Wer bin ich? Die Freiheit, diesen Fragen nachzugehen, ist ein fundamentales Menschenrecht. Diese Freiheit setzt der Macht des Staates Grenzen; es ist ein fundamentales Recht, älter und gewichtiger als die Demokratie oder irgendeine andere Regierungsform. Es benötigt keine instrumentelle Rechtfertigung. Wenn sich Religionsfreiheit, wie es der Fall ist, dann auch noch als politisch nützlich erweist, könnte man das als einen Vorteil ansehen, für den man dankbar sein sollte.

Weiterführende Literatur

An-Na'im, Abdullahi Ahmed (2008): *Islam and the Secular State: Negotiating the Future of Shari'a*, Cambridge: Harvard University Press.

Beneke, Chris (2006): *Beyond Toleration: The Religious Origins of American Pluralism*, New York: Oxford University Press.

Ferguson, John (1985): *The Religions of the Roman Empire*, Ithaca: Cornell University Press.

Kuru, Ahmet T. (2009): *Secularism and State Policies toward Religion: The United States, France, and Turkey*, New York: Cambridge University Press.

Monsma, Stephen V./Soper, J. Christopher (2009): *The Challenge of Pluralism: Church and State in Five Democracies*, Lanham: Rowman & Littlefield.

Norris, Pippa/Inglehart, Ronald (2004): *Sacred and Secular: Religion and Politics Worldwide*, New York: Cambridge University Press.

Putnam, Robert D./Campbell, David E. (2010): *American Grace: How Religion Divides and Unites Us*, Simon & Schuster.

Van der Veer, Peter (1994): *Religious Nationalism: Hindus and Muslims in India*, Berkeley: University of California Press.

Yang, Fenggang (2011): *Religion in China: Survival and Revival under Communist Rule*, New York: Oxford University Press.

Kommentare

Moderne Altäre im Alltagsleben

Kommentar von Nancy T. Ammerman

Von Anbeginn haben sich Soziologen mit der Frage nach der Präsenz und der Rolle von Religion in der modernen Welt beschäftigt, niemand aber hat das so brillant und einflussreich getan wie Peter Berger (1969). Er schuf eine meisterhafte Synthese der grundlegenden Theoretiker und ermöglichte es Soziologen dadurch, in kritischer Weise über Religion nachdenken zu können. Es war eines der allerersten Bücher, die ich auf diesem Gebiet gelesen habe, und seine ersten vier Kapitel stehen stets auf der Leseliste für meine Einführungsvorlesungen. In den abschließenden drei Kapiteln von *The Sacred Canopy* (*Zu Dialektik von Religion und Gesellschaft. Elemente einer soziologischen Theorie*. Frankfurt am Main 1973) bewies Berger seine Meisterschaft, die westliche philosophische und theologische Tradition im Lichte dieser soziologischen Texte zu interpretieren, und formulierte eine Säkularisierungstheorie, die ungeheuer überzeugend war, und zwar in hohem Maß deshalb (worauf er auch selbst hingewiesen hat), weil sie der sehr intellektuellen Welt, die die Mehrheit der Leser seines Buches bewohnten, einleuchtete (Berger 1999).

Drei Jahrzehnte lang hatte ich das Privileg, mit Berger über diese Ideen sprechen zu können – man könnte sogar sagen, dass er Teil meiner Plausibilitätsstruktur ist. Seine intellektuelle Gastfreundschaft war maßgeblich sowohl bei der Unterstützung, die er dem von mir geleiteten *Congregations in Changing Communities Project* (Projekt»Kirchengemeinden in sich wandelnden Kommunen«) angedeihen ließ, als auch beim Anstoß zu jenen Gesprächen, aus denen mein Buch *Everyday Religion* (*Alltagsreligion*, Ammerman 2006) und später das Projekt *Spiritual Narratives in Everyday Life (Spirituelle Erzählungen im Alltagsleben)* hervorgingen. Ich bin nun wie Berger an einem Punkt angelangt, wo ich überzeugt bin, dass das Verständnis für die Varianten der Verhältnisse zwischen Staaten und Religionen zu den theoretisch und praktisch wichtigsten Rätseln zählt, mit denen man sich beschäftigen muss, will man moderne Religion verstehen. Darauf werde ich am Ende noch zurückkommen, aber zuerst möchte ich mich der Frage des Pluralismus widmen, jener rätselhaften Frage der Moderne, die Berger in dem vorliegenden Buch behandelt. Die Idee eines »sakralen Baldachins«, der unter dem Druck miteinander konkurrierender Weltanschauungen reißen würde, war einer der ersten Aspekte von Bergers großer Synthese, die gefallen ist, und das vorliegende Buch umreißt sein eigenes Neuüberdenken. Meine Arbeit über dieses Problem war ebenfalls der Versuch, sowohl den Pluralismus des alltäglichen Interagierens als auch den Pluralismus des Bewusstseins in sehr geerdeten empirischen Projekten anzugehen, wobei jedes Projekt davon de unterstützenden Gesprächen zu danken ist, die im Hause Lennox Street 10 stattgefunden haben.

1. Pluralismus in amerikanischen Kommunen

Das Nachdenken über den Pluralismus im alltäglichen Interagieren nahm für mich in Fragen über die Transformation des Verhältnisses zwischen Religion und Geografie Formen an. In den frühen 1990er-Jahren wurde es zunehmend klar, dass sich amerikanische Kommunen in einer Weise veränderten, die für religiöse Gruppen eine Herausforderung darstellten, auf die sie reagieren mussten[2]. Schon im Großteil des 20. Jahrhunderts waren die Menschen vom Land in die Stadt und aus der Stadt an die Peripherie gezogen, aber diese Bewegung hatte größtenteils innerhalb einer religiösen Landschaft stattgefunden, die immer noch von den kulturellen und organisatorischen Strukturen des protestantischen und katholischen Christentums dominiert waren. Der Kleinstadtmethodist, der in die Großstadt übersiedelte, konnte dort wieder eine Methodistische Kirche finden, die er besuchen konnte, und denominational-methodistische Beamte konnten neue Gemeinden einrichten, wann immer ihre Planungsabteilungen gute Chancen dafür zu entdecken glaubten. Sogar wenn sich einige dieser Methodisten in presbyterianische oder baptistische Kirchen verirrten, w ar es sehr unwahrscheinlich, dass die Menschen in diesen denominationalen Kirchenbänken die amerikanische protestantische Weltanschauung infrage stellten, die die neuen Anwohner mit sich gebracht hatten.

---

2 Dieser Abschnitt über Religion und kommunales Leben basiert auf den Erkenntnissen, die in *Congregation and Community* (Ammerman 1997a) publiziert sind.

Die Welt nach 1980 sieht ganz anders aus. Die amerikanische Wirtschaftslage sorgte nicht mehr für stabile Jobs für die Arbeiterklasse. Verfallende Viertel können saniert werden, aber die neuen Bewohner könnten dann Schwule und Lesben sein. Und diejenigen, die in die amerikanischen Städte zuzogen, kamen eher aus Dörfern in Guatemala oder Indien als aus Kleinstädten in Alabama. Das Umfeld von Arbeitsplätzen, Populationen und religiösen Gemeinden wurde gehörig durcheinandergewirbelt. Die Realität des Pluralismus war nicht nur eine kognitive Herausforderung, sondern auch eine Herausforderung an die organisatorische Infrastruktur, die weitgehend jenen Kontext gebildet hatte, in dem die Amerikaner ihre religiösen Weltanschauungen entwickelt hatten.

Für die Menschen in den USA war natürlich immer ein gewisser Grad an religiösem Pluralismus greifbar – eine Situation, die das europäische Modell eines einzelnen sakralen Baldachins schlecht zu einer Soziologie der amerikanischen Religion passen ließ. Wie Stephen Warner 1993 in einer weithin einflussreichen Gesamtdarstellung schieb, war der Pluralismus in diesem Land konstitutiv für das religiöse Umfeld (Warner 1993). Die politische und religiöse Landschaft der USA ist nicht durch einen Westfälischen Frieden rund um territoriale Religionsmonopole geformt worden. Jede religiöse Gruppierung in den USA musste damit zurechtkommen, nur eine unter vielen zu sein. Die Puritaner konnten ihre Baptisten, Quäker und Hexen nur so lange verjagen, bis das ganze Durcheinander der europäischen religiösen Vielfalt herüberkam und pragmatische Toleranz zu einer Notwendigkeit wurde (Butler 1990).

Die Frage, die ich mit stellte, hatte aber nichts mit dem größeren gesellschaftlichen und kulturellen Normengefüge zu tun, das man brauchte, um mit einander auszukommen. Es ging mir auch nicht um die inneren Konflikte, die der einzelne durchleben kann, wenn er mit religiösen Verhältnissen in Berührung kommt, die ihm fremd sind. Vielmehr interessierte es mich herauszufinden, wie Organisationen sich in diesem komplizierten Tanz der Diversität neu organisierten. Wie reagieren religiöse Organisationen, die für eine spezielle Gruppe konzipiert wurden, auf die Anwesenheit von Anderen, ohne einen zentralstaatlichen Apparat zu haben, der plant und beschränkt? Zum Leidwesen von allen, die gehofft hatten, dass Kirchengemeinden Orte der sozialen Integration werden könnten, war die Antwort, dass sich nur sehr wenige bereits bestehende Gemeinden in Gemeinschaften eines vielfältigen Miteinanders und kultureller Integration transformierten (vgl. Emerson und Kim 2003). Einige gehen langsam zugrunde, sobald ihre Gründungskonstituenten schwinden und die Bühne verlassen. Einige finden Mittel und Wege, neue und alte Bevölkerungsgruppen mit stilistisch neuen Kultformen und neuen Arten der Menschenführung zu integrieren. Das ging am einfachsten, so fanden wir heraus, wenn die kulturelle Kluft nicht allzu dramatisch war – zwischen heterosexuellen und homosexuellen gut ausgebildeten Arbeitskräften etwa. Am auffallendsten aber vollzog sich der religiöse Wandel, weil neue Gruppen von Menschen einfach neue Gemeinden gründeten.

Dort, wo eine neu hinzugekommene Bevölkerungsgruppe eine vollkommen neue religiöse Tradition mitbrachte (beispielsweise pakistanische Muslime oder japanische Buddhisten), würde man neue religiöse Gemeinschaften erwarten; aber genauso wahrscheinlich waren neue Zusammenschlüsse, wenn die Mexikanische Pfingstler in ein afroamerikanisches Viertel zuzogen oder ums wirtschaftliche Überleben kämpfende afroamerikanische Baptisten in eine wohlhabende protestantisch weiße Umgebung kamen. Aus welchem Grund auch immer – wegen offener Diskriminierung oder aus dem Wunsch heraus, eine sichere und bequeme religiöse »Heimat« zu haben – organisierten sich die Menschen in deutlich abgegrenzten religiösen Gemeinschaften – worin sich auf einer organisatorischen Ebene der für den amerikanischen religiösen Weg konstitutive Charakter des Pluralismus ausdrückt.

Es gibt viele Gründe, warum man über diese Reaktion auf den Pluralismus besorgt sein sollte. Nicht nur, dass er soziale Ungleichheit mit einer Schicht von religiöser Legitimation einfassen kann, er kann auch einen Echoraum aus sozialer, kultureller und politischer Meinung verstärken, der die Beteiligten vom Unbehagen durch divergierende Meinungen isoliert. Es gibt aber auch Gründe, weniger pessimistisch zu sein. Es gibt sehr gute Belege dafür, dass solche partikularistischen religiösen Gemeinschaften eine »subalterne Gegenöffentlichkeit« abgeben, wie Nancy Fraser (1990) es nennt. Afroamerikanische Kirchen sind der Prototyp eines »sicheren Ortes«, wo eine unterdrückte Bevölkerungsgruppe ihren Sorgen und Hoffnungen Ausdruck geben konnte, wenn es keinen anderen öffentlichen Ort dafür gab (Lincoln und Mamiya 1990; Du Bois 1903 [2003]). Kirchengemeinden haben es Einwanderergruppen auch erlaubt, Bräuche, Sprache und Werte über Generationen hinweg weiterzugeben und sie haben Neuankömmlinge mit lebensnotwendigen sozialen Diensten in Verbindung gebracht[3]. Sie bieten Frauen die Möglichkeit, führende Rollen anzunehmen, und indirekt sorgen sie für Mo-

---

3 Es gibt eine reiche Literatur zur Rolle von Kirchengemeinden bei der Eingliederung von Einwanderern. Siehe beispielsweise Ebaugh and Chafetz (1999), Foley and Hoge (2007), Ecklund (2005), Kurien (2007) und Mooney (2009).

delle und Erfahrung von demokratischer Partizipation – alles innerhalb eines
größeren kulturellen Kontexts, in dem es eher unwahrscheinlich sein kann,
dass Minderheitengruppen und unterdrückte Bevölkerungsschichten derart
umfassende Partizipationsmöglichkeiten erhalten. In jeder Situation, in der
Anderssein nicht vollständig willkommen geheißen wird, sind festgelegte –
oft religiöse – Räume nötig, um ein freies und eigenständiges Gespräch am
Laufen zu halten (Warner 1999).

Bei der Untersuchung all dieser relativ homogenen Kirchengemeinden
stellte sich auch heraus, dass die meisten letztendlich doch nicht so stark isoliert waren. Nicht weiter überraschend, suchten sie nach Möglichkeiten, um
mit religiös ähnlich denkenden Anderen zusammenzuarbeiten und zu kommunizieren. Es war aber auch sehr wahrscheinlich, dass sie sich mit Dingen
beschäftigten, die sie mit einer großen Vielfalt religiöser und säkularer Anderen in Verbindung brachte. Meine Forschung dokumentierte in den späten
1990er-Jahren dichte und überlappende Netzwerke, die jenen Mechanismus
ausmachen, über den Kirchengemeinden in den USA für Dienstleistungen
und Vielfalt sorgen (Ammerman 2005a, 2005b). Gemeinnützige Organisationen, sowohl religiöse als auch säkulare, können dafür das wichtigste Vehikel sein, aber sie werden sowohl mit öffentlichen Mitteln als auch mit jenen
menschlichen und materiellen Ressourcen unterhalten, die oft durch religiöse Gemeinden weitergeleitet werden. Mexikanische Pfingstler und pakistanische Muslime mögen ihre Gottesdienste getrennt abhalten, aber sie können
genauso gut Seite an Seite in einer Suppenküche arbeiten oder eine Unter-
kunft für die Hilfsorganisation Humanity House bauen. Diese »Straßenöku-
mene« ist eine weitere Art, wie der Pluralismus in den USA im Alltag zum
Ausdruck kommt. Wie Berger hier schreibt, gelingt es den Menschen, »in
der pluralistischen Situation zu leben, indem sie pragmatisch mit ihr umgehen. Sie lassen sich in einer *conviviencia* mit den ›Anderen‹ in ihrem sozialen
Umfeld ein, vermeiden direkten Widerspruch und handeln die Dinge auf
der Basis von ›leben und leben lassen‹ aus. Diese Verhandlungen können,
aber müssen nicht kognitive Kompromisse zwischen Weltanschauungen und
Werten bedingen« (Seite 30 in diesem Buch). Sogar wenn sie darüber uneins
sind, wie sie ihren Gott nennen sollen, stimmen sie darin überein, dass Gott
will, dass sie Menschen in Not helfen.

Robert Putnam und David Campbell (2010) haben überzeugend darüber geschrieben, wie dieses Netzwerk aus überlappenden Verbindungen auf
der individuellen Ebene funktioniert, sodass es das Spaltpotenzial kultureller und religiöser Diversität mildert. Sie merken an, dass fast alle Amerika-

ner Freundschaftsnetzwerke haben, die religiös unterschiedliche Andere einschließen. Wir arbeiten und spielen mit einem Freund, der »zufälligerweise«
einer anderen religiösen Tradition entstammt; und weil gute Gefühle abfär-
ben, bringt es uns dazu, alle Mitglieder dieser religiösen Tradition in günsti-
gerem Licht zu sehen. Sogar noch stärker wirkt die Tatsache, dass jeder von
uns zumindest einen Verwandten zu haben scheint, den wir wegen seines
Glauben als zur ewigen Verdammnis verurteilt betrachten müssten, würden
wir unseren eigenen Glaubensinhalten bis in die letzte Konsequenz folgen;
da wir uns aber auch danach richten, wie sich Menschen verhalten, ist es unwahrscheinlich, dass wir der freundlichen Tante Susanne aus dem Weg gehen. Ich habe diesen Impuls als »Golden Rule Christianity« (etwa »Christentum der Goldenen Regel«) beschrieben (und darauf hingewiesen, dass es das
Gleiche im Judentum und in anderen religiösen Traditionen auch gibt; vgl.
Ammerman 1997b). Wenn wir in unseren vielfältigen Forschungsprojekten
die Frage stellten, was jemand als essenziell für seinen Glauben bezeichnen
würde, war die wahrscheinlichste Antwort: Wie Menschen ihr Leben leben –
ob sie nach der Goldenen Regel lebten. Der Pluralismus der religiösen Überzeugungen kann so lange toleriert werden, wie sich der grundlegende ethische Verhaltenskodex nicht verändert. Menschen, die »zufälligerweise« einer
anderen Glaubensrichtung angehören, sogar wenn diese Anathema ist, können Freunde und Mitbürger sein, solange sie die Goldene Regel beachten.

Konfrontiert mit einer Vielfalt von religiösen Traditionen, haben die modernen Menschen weder religiöse Weltanschauungen kognitiv unterdrückt,
noch ihre Unterschiede vollkommen privatisiert. Ich erinnere mich, dass
sich mitten in der Arbeit an meiner ersten Studie über Kirchengemeinden
eine wichtige Wende in meinem Denken vollzog. Ich suchte nicht mehr
nach Belegen dafür, dass der moderne Pluralismus religiösen Glauben und
religiöse Praxis untergräbt. Vielmehr wollte ich die spezifischen Umstände
finden, die religiöse Praxis im Umfeld pluraler religiöser Alternativen förderten oder unterminierten.

2. Soziale Strukturen für den Pluralismus

Es war mir klar, dass in den USA ein Teil der Antwort auf diese Fragestellung
in der gleichberechtigten gesetzlichen Stellung zu finden ist, die den vielfältigen religiösen Traditionen garantiert wird. Die »amerikanische Einzigartig-

keit« innerhalb der Geschichte der Säkularisierung resultiert in hohem Maß aus der Tatsache, dass sich der Staat nicht in das religiöse Leben einmischt. Die spezifischen Umstände, die eine Koexistenz von Pluralismus und Moderne erlaubten, begannen mit der besonderen Form der Trennung von Kirche und Staat, die sich hier entwickelt hatte (Hatch 1989). Das Ergebnis war ein relativ offenes religiöses Feld, das einen hohen Grad an Anpassungsfähigkeit, die Aufnahme eines riesigen Spektrums von religiöser Diversität und ein relativ hohes Niveau von religiöser Partizipation zuließ. Meines Erachtens geht es dabei nicht um die bloße Zahl religiöser Optionen oder einen marktähnlichen Wettbewerb unter diesen[4]. Während die Frage des Monopols und des Wettbewerbs auf Religions-»Märkten« mindestens ebenso heftig diskutiert wurde wie die Frage der Säkularisierung selbst, habe ich es immer vorgezogen, eher am Rande dieser Debatte zu bleiben (Ammerman 1997c). Meine Einschätzung ist, dass der Großteil der komplizierten statistischen Algorithmen, mit denen man die Auswirkungen von mehr oder weniger Wettbewerb nachweisen oder widerlegen wollte, keinerlei neue Einsichten lieferten, die über die Tatsache hinausgingen, dass Menschen, die von staatlichen Regulierungen unbehelligt bleiben und eine Kultur des organisatorischen Voluntarismus haben, sehr wahrscheinlich soziale Institutionen organisieren, in denen religiöse Ideen und Praktiken in Gesellschaft anderer zelebriert werden können, die die Rhythmen ihrer Leben teilen wollen. Unter gewissen sozialen und gesetzlichen Bedingungen kann also der religiöse Pluralismus zum deutlichsten Kennzeichen einer durch und durch modernen Gesellschaft werden.

Als in den 1990er-Jahren der Theoriestreit um Makroebene – Metanarrative über das Verhältnis von Religion und moderner Gesellschaft tobte, habe ich mich auch zu fragen begonnen: »Wessen Geschichte ist das? Wie kommt es, dass diese Darstellung der modernen Welt so große Aktualität bekommen hat?« Die erste Antwort, die ich auf diese Frage fand, entsprang den Beobachtungen der Geschlechterdynamik in diesem Streit (Ammerman 1994). Ob man gleichzeitig religiös und modern sein könnte, war nicht die Frage, die sich in erster Linie Frauen stellten. Und es wurde immer klarer, dass es sich eher um eine europäische, nicht aber um eine amerikanische Frage handelte. Und wie Berger in den späten 1990er-Jahren aufzeigte, war es sicherlich keine Frage im aufstrebenden Süden der Welt (Berger 1999). Viel-

---

4 Zu den wichtigsten Akteuren in dieser Debatte zählen Finke und Stark (1988), Iannaconne (1991), Chaves (1992) und Olson (1999).

mehr, so merkte er an, schien das der spezielle beherrschende Gedanke einer westlichen intellektuellen und kulturellen Elite zu sein, einer Gruppe, deren persönliche Lebensgeschichten oft den Übergang vom Glauben zum Zweifel beinhaltete, den sie dann als Conditio humana für selbstverständlich erachteten.

Wie Talal Asad (1993) beobachtet hat, versuchte dieselbe westliche Elite (die anfangs zufällig auch überwiegend protestantisch war) die spirituellen Äußerungen im Rest der Welt zu verstehen, indem sie sie durch eine Brille betrachtete, die von Religionen und Staaten bestimmt war, so wie sie selbst sie kannten und brauchten. Wie gute Protestanten erwarteten sie, dass Religion die Form von persönlichem Glauben annehmen würde. Als kluge Herrscher sorgten sie dafür, dass »Religion« in Ordnungen abgegrenzter Unternehmungen und hierarchischer Autoritätsstrukturen organisiert war, die Regulierung sinnvoll machen würde. Sowohl im Westen als auch darüber hinaus wurde Religion zu etwas, was man mit unseren Bürokratien verwalten und mit unseren Statistiken verlässlich erfassen konnte – Zustimmungsgrade zu einem kleinen Kern von übernatürlichem Glauben, die Besuchshäufigkeit von organisierten Gemeinschaftsgottesdiensten, Mitgliedschaft bei einer bestimmten religiösen Tradition. Sobald diese messbaren Daten abnehmen, tritt Säkularisierung ein, und zwar ungeachtet dessen, was eine spezifische Tradition oder Gesellschaft als ihre spirituelle Sensibilität ansieht.

3. Pluralismus des Bewusstseins

In manchen Kreisen hat Asads Kritik die »Religions«-Wissenschaft beinahe in die Knie gezwungen. Glücklicherweise haben aber viele von uns neue Wege gefunden. Bergers schlichte Definition von Religion in diesem Buch – »ein Glaube, dass es eine Realität jenseits der normalen Alltagserfahrung gibt und dass diese Realität für das menschliche Dasein von großer Bedeutung ist« (Seite 35 in diesem Buch) – spiegelt auch die Standortveränderungen, die ich vollzogen habe. Bellah (2011) und Taylor (2007) unter anderen folgend, habe ich einfach beobachtet, dass es für das Handeln von Menschen von Bedeutung ist, ob sie es im Bewusstsein der Existenz von »etwas jenseits« ihrer selbst tun. Und wie Berger selbst, bin auch ich zu der Überzeugung gekommen, dass die meisten Menschen zu beidem fähig sind – sowohl zu dieser Art von sakralem Bewusstsein als auch zu einem sehr profanen Alltagsmodus für ihr Dasein in der Welt. Keiner der beiden Modi wird den anderen zwangsläufig auslöschen.

Im vorliegenden Buch setzt sich Berger kritisch und theoretisch mit dieser Erkenntnis auseinander. Indem er sich auf das Konzept der multiplen Realitäten von Alfred Schütz stützt, verändert er das Konzept, wonach ein religiöses Bewusstsein eine umfassende Weltanschauung sein muss, grundlegend. Er ruft uns in Erinnerung, dass religiöse Realitäten, wie alle anderen auch, in drei Varianten vorkommen: als innerer Kern selbstverständlicher Annahmen darüber, wie die Welt funktioniert, als eine Struktur kognitiver und normativer Sichtweisen, die wir einvernehmlich mit unserer Kultur teilen, und als eine Schicht aus Präferenzen und nicht tief verwurzelten Meinungen, die bis »auf Widerruf« gelten. Religiöse Glaubensinhalte und Praktiken mögen jeder dieser Domänen innewohnen, aber – und das ist die wichtigere Erkenntnis, bei der sich Berger auf Schütz stützt – keine von ihnen ist als sauber integriertes Ganzes organisiert. Wir sind ziemlich gut in der Lage, an multiplen (manchmal einander widersprechenden) Realitäten teilzuhaben und uns mehr oder weniger entspannt zwischen multiplen Plausibilitätsstrukturen zu bewegen. Die Tatsache, dass wir von wissenschaftlichen und technischen Kenntnissen abhängen, wenn wir ein Auto lenken, macht uns nicht »wirklich« zu einer säkularen Person, ebenso wenig bedeutet der Umstand, dass wir ein Gebet sprechen, bevor wir eine Autofahrt antreten, dass religiöse Regeln unseren Fahrstil beherrschen. Diese Arten von Entweder-oder-Unterscheidungen helfen uns so gut wie gar nicht dabei, das Verhältnis von Religion und moderner Gesellschaft zu verstehen. Es hilft auch das Postulat eines Verlaufs von äußerst sakral bis äußerst säkular nicht weiter. Wie Mary Douglas (1983) schon in den 1980er-Jahren bemerkte, haben frühere Generationen sicher nicht in einer nur annähernd so verzauberten Welt gelebt, wie wir modernen Menschen es gerne glauben, aber auch wir Modernen leben keineswegs in einer Welt, die jeglichen Zaubers so verlustig ging, wie Weber und die meisten Soziologen nach ihm annahmen (Weber 1958). Profane empirische Erklärungen, die aus den Naturwissenschaften und der Medizin hervorgehen, so »als ob es Gott nicht gäbe« zu betrachten, gibt wenig Aufschluss darüber, wo und ob überhaupt andere Bereiche des Lebens von spiritueller Präsenz durchsetzt sind.

Mein eigener Weg zum Verwerfen der Dualität sakral – säkular führte eher über die Erzähltheorie und Margaret Somers (1994) als über Schütz und die Phänomenologie. Es begann 2000 mit anhaltenden intellektuellen Debatten im Hauser's Center in Harvard, bei denen wir nach Wegen suchten, wie wir die Präsenz der Religion im öffentlichen Leben verstehen sollten.

Ausgerechnet im Herzen einer Kultur, die von einer vorgeblich säkularen Bewältigung der modernen Welt geprägt ist, mühte sich eine Gruppe von Wissenschaftlern mit den theoretischen und praktischen Konsequenzen der Tatsache ab, dass der Glaube eindeutig in den meisten Dilemmas der öffentlichen Ordnung nicht abwesend war. Wir landeten gemeinsam bei der These, dass wir nicht übersehen durften, dass soziale Dienstleistungen und politische Debatten oft gleichzeitig sowohl religiös als auch säkular seien. Wie einer der Teilnehmer, Ziad Munson, später in einer Untersuchung über die Pro-life-Aktivisten (Abtreibungsgegner) schrieb, sind die von ihnen abgehaltenen Begräbnisse abgetriebener Föten gleichzeitig beides, sowohl religiös als auch politisch (Munson 2006). Sie verwenden dabei religiöse Symbole, Rituale und das Bewusstsein, »etwas Höheres« auszudrücken, und senden gleichzeitig eine politische Botschaft darüber aus, wie unser gemeinsames Leben organisiert sein sollte.

Schließlich habe ich diese multiplen Sinnschichten als multiple Narrative zu betrachten begonnen. Analog zu Somers habe ich das Konzept der religiösen Identität als individuellem autobiografischem Narrativ entworfen (das Somers als »ontologisch« bezeichnet), an dem Menschen ihr Handeln orientieren, sodass sie mit der Wahrnehmung ihres Selbst in Einklang stehen, das aber dennoch – wie jedes Skript – Improvisation und Änderung zulässt. Diese individuelle Geschichte steht natürlich immer im Dialog mit vielen »öffentlichen Narrativen« der Institutionen, die unser Gemeinschaftsleben ausmachen. Ob als Familie oder als Firma, als Team oder als Gemeinde teilen wir eine Geschichte, die davon erzählt, wer *wir* sind; und auch diese Geschichte wird ständig verändert und improvisiert. Und schließlich leben wir innerhalb einiger weniger Hauptgeschichten oder Metanarrative (die Schütz' selbstverständlicher Welt entsprechen) mit solch hegemonischer Wirkmacht, dass wir ihre auktoriale Hand oft nicht wahrnehmen. In einem Essay aus 2003 habe ich die These aufgestellt, dass die religiöse Identität wie alle anderen Identitäten auch genau in dieser Art vielschichtigem Narrativ ansässig ist (Ammerman 2003). Aus früher Sozialisation und tiefen existenziellen Erfahrungen entsteht ein autobiografisches Narrativ, das ein großes Spektrum von spirituellen Orientierungen enthalten kann. Aus einem mehr oder weniger prosäkularen hegemonischen Narrativ kann ein gleich starkes Set von Vorstellungen darüber entstehen, welche Arten von spiritueller Präsenz und Aktion man erwarten kann. Allerdings sind beide, innere Narrative und Metanarrative, ständig eingebettet in bestimmte institutionalisierte soziale Umfelder, die ihre eigenen Vorstellungen davon haben, welche Arten von Geschichten dort erzählt werden können. Alle drei Schichten sind immer präsent, jede kann die anderen formen und keine von ihnen ist per definitionem jenseits der Reichweite von Verzauberung.

Davon überzeugt, dass Religion dieserart in modernen Kontexten auftritt, habe ich den Großteil des letzten Jahrzehnts Gespräche über »gelebte Religion« (McGuire 2008; Hall 1997) geführt und mich der wissenschaftlichen Untersuchung von Geschichten gewidmet, die Menschen über ihr Alltagsleben erzählen. Das Ergebnis dieser Arbeit sind immer mehr evidenzbasierte Erkenntnisse darüber, wie Menschen es schaffen, gleichzeitig sowohl religiös als auch säkular zu sein. Ein Ergebnis meiner eigenen Forschung war eine erweiterte Definition von Spiritualität, die göttliche Akteure, Wunder und Mysterien ebenso beinhaltet wie »extradeistische« Ehrfurchtsbezeugungen, Sinnsuche, ethische Fundamente und ähnliches (Ammerman 2013b). In den Alltagsgeschichten eines weiten Spektrums von Amerikanern kamen Episoden vor, in denen eine Realität jenseits der alltäglichen in vielen Formen und an vielen Orten auftauchte. Die Erkenntnis dieser großen Formenvielfalt und des Umfangs der religiösen Präsenz im Alltagsleben erlaubte dann ein signifikantes Umdenken über mögliche Herangehensweisen an die Frage eines Bewusstseinspluralismus. Wie ich in den Schlussfolgerungen in *Sacred Stories, Spiritual Tribes* geschrieben habe:

»Durch die Befragung eines weiten Spektrums von Amerikanern über ihr Alltagsleben konnten wir die Geschichten, die wir als spirituelle Narrative bezeichneten, genau von jenen abgrenzen, die wir als alltäglich und gewöhnlich identifizierten. Es gibt in diesen Geschichten ein Bewusstsein von Transzendenz und eine Anerkennen einer heiligen Dimension, die über das Gewöhnliche hinausgeht. Sie muss nicht von einer Gottheit verkörpert sein, auch wenn das oft so ist. Es muss das auch nicht in ein Set von Doktrinen systematisiert sein, auch wenn es mehr als genug Material dafür gäbe, das Legionen von Theologen in jahrhundertelanger Arbeit produziert haben. Es muss auch nicht in gesetzlich anerkannten Institutionen organisiert sein, obwohl die moderne Welt das versucht hat. Es muss nicht einmal einen Namen haben, obwohl eine Art gemeinsam benutzter Sprache in jeder Gesellschaft zu jeder Zeit unvermeidlich scheint. Wenn Soziologen Religion erforschen, dann ist es dieses sakrale Bewusstsein, das im Mittelpunkt unseres Unterfangens steht.« (Ammerman 2013a, 293)

Berger liegt vollkommen richtig, wenn er in diesem Buch betont, wie Institutionen unser Bewusstsein formen, und ebenso, wenn er uns daran erinnert, dass unsere modernen Institutionen oft fragil sind. Meine eigene Forschungsarbeit legt jedoch nahe, dass Gespräche die Grundbausteine eines religiösen Bewusstseins sind und dass diese Gespräche institutionelle Grenzen überschreiten können, sodass religiöse Realitäten aus ihren streng religiösen institutionellen Schachteln heraus können. Wie Berger und Luhrmann (1967, S. 152) es formulierten:»Das wichtigste Vehikel zur Aufrechterhaltung der Realität ist das Gespräch.« Das religiöse Bewusstsein entsteht im Gespräch, wird von Akteuren von einem Ort zum nächsten getragen und jedes Mal, wenn es neu erzählt wird, neu formiert und neu erarbeitet.

Wenn man diese Produktion einer religiösen Kultur auf der Mikroebene betont, schlägt man sich noch lange nicht auf die Seite der Privatisierungstheoretiker. Es heißt auch nicht, dass man die Religion auf ein Ordnungsprinzip des individuellen Bewusstseins reduziert (ein »Sinnsystem«). Was ich gefunden habe, waren, ja, einzelne Individuen, die von ihren Alltagshandlungen erzählt haben, wobei es bei einigen von ihnen wahrscheinlicher war als bei anderen, dass sie eine Schicht von Spiritualität in den Stoff einarbeiteten. Auf einer Ebene ist das ein individuelles privates religiöses Bewusstsein. Was ich jedoch beschreibe, ist ein religiöses Bewusstsein, das in Abhängigkeit – wenn auch nicht exklusiv – von organisierten religiösen Traditionen sozial entsteht und aufrechterhalten wird. Das sakrale Bewusstsein ist weder auf das Denken des Einzelnen beschränkt, noch auf eigenständige religiöse Institutionen, aber in jedem Fall ist es sozial.

Wie und wo Spiritualität in den Geschichten auftrat, die wir im Zuge unserer Forschungsarbeit hörten, das wurde von der gemeinsamen Sprache und den gemeinsamen Symbolen geprägt, die diese Menschen in ihren Familien und Kirchengemeinden kennengelernt hatten, und es war manchmal eingeengt, manchmal angeregt von dem jeweiligen speziellen sozialen Umfeld. Es gibt in dem Gehörten Hinweise auf die moderne »Differenzierung« sozialer Funktionen, keinesfalls aber auf eine komplette Trennung. Wenn die Geschichten beispielsweise von Familie oder Heim handelten, war das sakrale Bewusstsein häufiger ein Teil dieser Geschichten, als wenn es um Arbeit in der Geschäftswelt ging. Erzählungen von künstlerischer oder wissenschaftlicher Arbeit wiederum waren oft mit spiritueller Sensibilität verwebt, und alle, die am Arbeitsplatz einen Freund mit gleicher religiöser Ausrichtung hatten, konnten mit ihm gemeinsam zumindest gelegentlich spirituelle Dimensionen in Alltagsbelangen erkennen. Wenn es um Gesundheit ging, berichteten die meisten, dass sie sich in ihrem Bemühen, sich richtig zu ernähren und gesund zu bleiben, von säkularer Wissenschaft und Erziehung leiten ließen. Ihre Reaktion auf schwere Krankheit und Tod war andererseits häufig mit Gebet und spiritueller Präsenz überfrachtet. Die multiplen Schichten der Realität und die multiplen Narrative sind vielleicht nirgends besser sichtbar, als wenn ein Mensch darum betet, dass Gott die Hand des Arztes führen möge.

Wie Berger in diesem Buch aufzeigt, verursacht die Präsenz multipler Realitäten, von denen jede vielleicht primär in einem bestimmten Bereich der Gesellschaft institutionalisiert ist, das mögliche Entstehen von Konflikt und Zweifel. Es kann zu Abgrenzungsdisputen kommen, wenn die Ausdeutung einer Situation als für den Kontext unpassend angesehen wird. Es kann zu Zweifeln kommen, wenn das sakrale Bewusstsein von säkularer Expertise verdrängt wird. Wie die Neoinstitutionalisten argumentiert haben, wirkt eine dominante Logik in jedem organisatorischen »Feld« (Friedland und Alford 1991). Es wurde jedoch in anderen Untersuchungen von Organisationen deutlich, dass diese Logik nie hermetisch geschlossen ist. Vor Jahrzehnten haben die Feministinnen begonnen zu argumentieren, dass »das Private politisch ist« und dass starre Grenzen zwischen Heim und Arbeitswelt für die Menschen nicht gut seien. Sie verwiesen darauf, dass institutionelle Grenzen durchlässiger sind – und noch stärker so sein sollten –, als es Theoretiker (und manche Manager) angenommen hatten. Und tatsächlich gibt es manchmal Konflikte zwischen einem Bewusstsein von Fürsorge und Beziehung und dem Bewusstsein von Effizienz und Unpersönlichkeit etwa, oder auch zwischen dem Bewusstsein des Heiligen und den Anforderungen von »säkularen« Institutionen. Das »kulturelle Kapital« (wie Bourdieu [1991] es nennen würde) des einen Feldes kann in einem anderen Feld zulässig und nützlich sein oder nicht.

Berger beschreibt das Vorhandensein multipler säkularer und sakraler Realitäten als »Codewechsel«. Das ist sicherlich ein geeigneter Ausdruck, aber ich halte es für möglich, dass er eine zu scharfe Trennlinie zwischen den einzelnen Codes und den Feldern, denen sie zugehörigen, zieht. Manchmal sind sich die Menschen bewusst, dass sie sich hin und her bewegen, aber genauso oft scheinen sie eine Position einzunehmen, die beides gleichzeitig ist – säkular und sakral. Es ist nicht so, dass unsere intrinsische Grundrealität säkular wäre, während unsere extrinsische Welt der Entscheidung religiös sein kann, wenn wir es so wollen. Ich bin vielmehr davon überzeugt, dass die Kombination des Säkularen und des Sakralen mehr der Mischsprache »Spanglish« ähnelt als einer Zweisprachigkeit. Worte aus beiden Sprachen kommen in demselben Satz vor, manchmal in einer Weise modifiziert, die aus keiner der beiden Sprachen stammt. Jemand ernährt sich koscher vegetarisch, sowohl um seiner religiösen Überzeugung Ausdruck zu geben, als auch um gesund zu bleiben. Ein Wissenschaftler liest seine Publikationen in einer

Andachtshaltung, die seinen Geist für die Lösung der Probleme, über denen er brütet, empfänglich macht. In keinem der beiden Fälle handelt es sich um eine gänzlich individuelle Erfindung und Entscheidung, auch wenn es das ist. Es handelt sich schließlich um moderne Akteure. Sie haben ihre Art des Sehens und Handelns in der modernen Welt jedoch durch sozial konstruierte und institutionalisierte Gesprächsarenen entwickelt. Eine der auffälligsten Erkenntnisse, die wir aus den Erzählungen über das Alltagsleben gewannen, war, wie stark das Beibehalten eines religiösen Bewusstseins von der Teilnahme an organisierter Religionsausübung abhängig ist. Wir hatten unsere Probanden nicht nach besonderer Frömmigkeit oder einem ausgeprägten Hang zu spiritueller Suche ausgesucht. Vielmehr deckte unser Sample alles ab – es reichte von Menschen, die überhaupt keiner Religion angehörten, über Nichtpraktizierende bis zu sehr aktiven und traditionellen Gläubigen. Darunter gab es Katholiken, Protestanten aller Schattierungen, Juden, Mormonen, Heiden und Bekenntnislose. Ebenso gab es Männer und Frauen, Alte und Junge, Afroamerikaner und Euroamerikaner (sowie einige Hispanoamerikaner und Asiaten), Hochgebildete und weniger Gebildete, Wohlhabende und Ärmere. Diese demografischen Unterschiede gaben jedoch wenig Aufschluss darüber, ob sie aktiv in einem spirituellen Bewusstsein lebten. Vielmehr war es bei jenen Menschen, die häufiger Gottesdienste besuchen – und zwar unabhängig davon, welcher Tradition sie angehörten –, am wahrscheinlichsten, dass sie eine spirituelle Weltanschauung auch jenseits der vier Wände des Ortes, an dem sie ihre Gebete verrichten, haben.

4. Die soziale Organisation des modernen religiösen Bewusstseins[5]

Die Erforschung der Religion in der modernen Welt darf daher nicht Kirchengemeinden und andere organisierte spirituelle Gruppen als Schauplätze der Produktion religiöser Kultur außer Acht lassen (entgegen Bender et al. 2012). Wenn Menschen keine Orte der Interaktion zur Verfügung haben, wo der spirituelle Diskurs die primäre Lingua franca ist, dann ist es einfach

---

5 Die Argumentation des folgenden Abschnitts hält sich eng an jene, die in *Sacred Stories, Spiritual Tribes* entwickelt wurde (Ammerman 2013a).

weniger wahrscheinlich, dass sie Elemente von Spiritualität in ihre Vorstellungen davon aufnehmen, wer sie sind und was sie mit sich selbst anfangen sollen. Wenn sie eine solche Sprache nicht lernen, dann kann diese die Form ihres Daseins in der Welt nicht prägen. Sie können dann nicht von einer Schicht spiritueller Realität neben der profanen Alltagswelt sprechen – ja sie können sie vielleicht nicht einmal sehen. Umgekehrt ist es so, dass je tiefer jemand in organisierte Plätze spirituell durchdrungener Konversation eingebettet ist, desto wahrscheinlicher wird er solche Konversationsstränge mit sich tragen. Innerhalb der Grenzen einer religiösen Gemeinde entwickeln Menschen eine Art, über das Leben zu sprechen, die Vorstellungen über das Vorhandensein göttlicher Akteure und die Wirklichkeiten von Mysterien, die den menschlichen Verstand übersteigen, und über die normative Tugend, nach der Goldenen Regel zu leben, einschließen. Wenn diese Menschen beim gemeinsamen Essen plaudern oder beim Treffen einer Frauengruppe beten, dann werden die Alltagsgeschichten, die sie erzählen, sehr wahrscheinlich spirituelle Interpretationen in den Vordergrund rücken. Sie werden das Sakrale und das Säkulare als miteinander verknüpft ansehen. Bei solchen religiösen Zusammenkünften laufen nicht nur übersinnliche Rituale und doktrinäre Unterweisung ab. Vielmehr wird eine besondere Art von Gesprächsraum geschaffen. In gewissem Sinne ist es das, was Berger (1969) im Sinn hatte, als er moderne Religion als in »schützenden Enklaven« existierend beschrieb.

Aber es ist noch mehr. Diese Enklaven haben keine hohen Mauern, hinter denen die sakrale Welt rein und gut beschützt erhalten wird. Ihre Fähigkeit, mächtige Erzeuger eines sakralen Bewusstseins zu sein, hängt nicht von ihrer Fähigkeit ab, in mächtigen Ritualen oder kohärenten Deutungen des Kosmos eine sakrale Realität zu beschwören. Vielmehr hängt ihr Vermögen, eine sakrale Kultur zu erzeugen, davon ab, bis zu welchem Grad sie es zulassen, dass das Sakrale und das Profane sich vermischen. Nicht die Menschen, die besonders häufig an religiösen Aktivitäten teilnehmen, haben den robustesten Sinn für die Präsenz des Sakralen in der Alltagswelt, sondern jene, die an religiösen Veranstaltungen teilnehmen, die Gespräche und Beziehungen ermöglichen. Die Gespräche, die innerhalb einer religiösen Gemeinschaft geführt werden, sind notgedrungen voll mit Alltagsthemen, wobei profane und sakrale Realitäten vermischt werden, und diese Mischung ist Teil dessen, was diese Gespräche ortsunabhängig macht. Glaubensgemeinden werden potente Produzenten eines sakralen Bewusstseins nicht durch ihre Exklusivität oder hohe Abgrenzungen, sondern dadurch, dass sie Ort und

Gelegenheit bieten, sich mit spirituell Gleichgesinnten über das Alltagsleben auszutauschen. Außerhalb seiner religiösen Gemeinschaft erlebt man natürlich eine enorm pluralistische und funktionell komplexe Welt. Man bewegt sich durchs Leben mit einer wechselnden Besetzung von Charakteren in einer wechselnden Reihe von institutionellen Umfeldern. Der Primärmodus von Diskurs und Interaktion im Großteil dieser Welt wird sich wahrscheinlich als sehr diesseitig und nicht spirituell darstellen. Die Aufgabe, die es zu lösen gilt, ist ein Flugzeug zu bauen oder einem Politiker den Wahlsieg zu sichern oder die richtige Arzneidosis abzuwiegen. Berger hat recht damit, dass der dominierende Realitätsmodus ein säkularer ist, von dem wir annehmen, dass andere ihn teilen können und dass er uns erlaubt, auf einem gemeinsamen Boden der Realität zu agieren. Allerdings können in fast jedem sozialen Feld Formen spiritueller Gemeinschaft und spirituellen Gesprächs in die gerade ablaufende profane Arbeit einfließen. Die Charaktere, mit denen wir die Bühne teilen, sind nicht ordentlich abgegrenzt, und Narrative aus einem Lebensbereich werden aufgegriffen und bereichsübergreifend neu modelliert, wo immer es soziale Räume gibt, an denen religiöse und spirituelle Vorstellungen in die Gespräche treten. Ein spirituell interessierter Mensch entdeckt einen Gleichgesinnten, und sie beginnen, miteinander zu sprechen.

Gläubige Menschen scheinen tatsächlich ein Talent dafür zu besitzen, einander zu finden. Es ist nicht weiter überraschend, dass rund drei Viertel der Menschen, die miteinander leben, derselben Religion angehören, was aber sehr überrascht, ist die Tatsache, dass uns zwei Drittel der am Arbeitsplatz geschlossenen Freundschaften als religiös homogen beschrieben wurden, was nicht unbedingt bedeutet, dass man exakt derselben religiösen Tradition angehört, sondern dass man die befreundete Person als religiös ähnlich gesinnt betrachtet. Menschen, die an ihrem Arbeitsplatz solche Freundschaftsverhältnisse auf religiös ähnlicher Basis eingegangen waren, gaben öfter an, dass sie über Religion sprechen.

Was ich hier behaupten will, ist, dass religiöse Identitäten Teil jenes Bündels kultureller Signale sind, die die sich ständig neu arrangierenden Stämme (»tribes«) der modernen Gesellschaft (Maffesoli 1995) ausmachen, Signale, durch die wir einander erkennen. Einige Signale, etwa besondere Kleidung, können es klar machen, dass jemand einer bestimmten religiösen Tradition entstammt. Einige religiöse Signale können Menschen, die ansonsten denselben (nichtreligiösen) sozialen Raum teilen, trennen und entfremden oder auch nicht. Viel vom jüngsten Aufruhr beim Thema »Religion und öffentliches Leben« kommt genau von dieser Furcht, dass Differenz unnötigerweise in einen Raum getragen wird, der besser neutral erhalten werden sollte. In anderen Fällen jedoch kann die Gemeinsamkeit des sozialen Raums und der sozialen Ausrichtung eine Brücke bauen, die es erlaubt, zwischen religiösen Differenzen zu vermitteln (Warner 1997). Was Menschen miteinander teilen, kann eine ausreichende soziale Bindung schaffen, die es erlaubt, religiöse Unterschiede aufzunehmen, allerdings nur dann, wenn diese Unterschiedlichkeiten als existent erkannt werden. Es sei an die Forschungsergebnisse von Putnam und Campbell (2010) erinnert. Wenn jemand einen neuen Freund gewinnt, der einer anderen Religion angehört, steht er dieser religiösen Gruppierung in der Folge wohlgesinnter gegenüber. Solange der Freund allerdings ein religiös nicht deklarierter Arbeitskollege bleibt, kommt es zu keinem religiösen Brückenschlag. Alle gemeinsamen Räume zu säkularisieren, könnte demnach nicht die effizienteste Strategie für eine religiös tolerante Gesellschaft sein.

Es gilt allerdings, vor einigem zu warnen. Ein Brückenschlag wird dann ernstlich erschwert, wenn religiöse Gemeinschaften so engstirnig werden, dass sie religiöse Durchmischung limitieren, die freundlichen Kontakt und gemeinsame Arbeit zur Norm machen. Die friedliche Koexistenz ist auch bedroht, wenn religiöse Identitäten für gesellschaftsspaltende politische Zwecke mobilisiert werden. In den USA sind besonders seit den 1990er-Jahren religiöse Identitäten und politische Identitäten immer stärker auf Linie gebracht worden, woraus eine immer weitere Kluft zwischen links und rechts entstanden ist (Putnam und Campbell 2010; Green, Rozell und Wilcox 2003). Vor den Revolutionen der 1960er-Jahre war die denominationale Präferenz viel eher von der Zugehörigkeit zu einer sozialen Schicht beeinflusst als von jener zu einer Partei. Heutzutage sind politische Signale Teil der kulturellen Identität, wie sie in vielen lokalen Kirchengemeinden präsent ist. Menschen entscheiden, welchem Lager sie zugehörig sein wollen oder wo sie keinesfalls dazugehören wollen, zum Teil auch aufgrund der politischen Botschaften, die sie in einer Gemeinde sehen oder hören (Hout und Fischer 2002; Bean 2009). Die Gespräche in lokalen religiösen Gemeinden sind dadurch Teil des politischen Echoraums, der es vielen Amerikanern unmöglich macht, Menschen von außerhalb des eigenen politischen Stamms zu treffen, mit ihnen zu sprechen und mit ihnen gemeinsam zu arbeiten.

In anderen Teilen der Welt sind die Barrieren für Interaktion über religiöse Grenzen hinweg viel höher, manchmal sogar gesetzlich festgeschrieben und mit Gewalt durchgesetzt. Wie Berger in diesem Buch aufzeigt, lässt eine politisch spaltende Rhetorik die religiösen Identitäten viel stärker hervorstechen, indem sie Loyalitäten und Animositäten verstärkt. Ob bei Attacken auf islamische Rohingya im buddhistischen Burma oder beim gegenseitigen Abschlachten von Christen und Muslimen in der Zentralafrikanischen Republik, die Anführer, die an die Macht gelangen wollen, scheinen gewillt und imstande, ihre Gefolgsleute davon zu überzeugen, dass es bei ihrem bewaffneten Kampf im Grunde um eine sakrale Realität geht. Es wäre dumm, diese religiöse Dimension außer Acht zu lassen, auch wenn es genauso töricht wäre, einen solchen Konflikt ausschließlich als Produkt religiöser Überzeugungen und Leidenschaften aufzufassen. Noch einmal: Das Sakrale und das Säkulare sind vermischt.

Sogar wenn es nicht zu politischer Gewalt kommt, sind die Dilemmas im Umgang mit der Präsenz und Vielfalt von religiösem Bewusstsein genauso kompliziert, wie Berger in seiner scharfsinnigen Analyse aufzeigt. Überall auf der Welt kann man in Schulen, in der Arbeitswelt und in der Politik verschiedene Kombinationen aus verfügter Säkularität, Laissez-faire-Vermischung und religiösen Regeln sehen. Der Hidschab ist so etwas wie ein universeller Kampfschauplatz dieser Experimente geworden (AlSayyad und Castells 2002; Read und Bartkowski 2000). Muss man ihn tragen oder ist er verboten, entscheidet man sich, ihn zu tragen oder lässt man es? Dort, wo es einen gesetzlichen und kulturellen Raum für Entscheidungen gibt, werden ansonsten eher nicht traditionalistische Frauen den Hidschab tragen, um ein stolzes Zeichen ihrer Solidarität mit der Gemeinschaft, der sie angehören, zu setzen. Anderswo, wo es religiöse Regeln, aber auch etwas kulturelle Flexibilität gibt, werden sie unendlich viele Varianten modischer Verhüllungen anlegen, die mit der strengen Tradition konform sein können oder auch nicht. Wieder anderswo können gesetzliche Beschränkungen den Hidschab genauso zu einem politischen wie einem religiösen Symbol machen. Narrative eines sakralen Bewusstseins vermischen sich mit Narrativen der Staatsbürgerschaft, der Politik und der individuellen Autonomie.

Wo immer diese verschleierte Muslimin dann hingeht, wird sie aber real zeigen, dass nicht alles von moderner Vernunft, säkularer Effizienz und pluralistischer Neutralität gelenkt ist. Wenn sie ihren Hidschab unter einem Schutzhelm, zu Laboraugenschutz oder einem Doktorhut trägt, steht sie als sichtbares Zeichen dafür da, dass das Sakrale und das Säkulare Seite an Seite existieren können. In der Alltagswelt können überall in der Gesellschaft sakrale Geschichten, im Guten wie im Schlechten, angetroffen werden. Die Forschung wird noch herausfinden müssen, wie und mit welchen Auswirkungen das sakrale Bewusstsein mit profanen Wirklichkeiten verwebt ist. Sakrales Bewusstsein wird sowohl in institutionalisierten spirituellen Traditionen und religiösen Gemeinschaften hergestellt als auch in den sich immer neu arrangierenden situativen Gesprächsbindungen zwischen Menschen, die ihre gemeinsame spirituelle Basis anerkennen (sogar dann, wenn ihre speziellen Glaubensinhalte und Traditionen unterschiedlich sein können). In der modernen Welt gibt es nicht den einen sozialen Raum, an dem man Religion finden kann, auch nicht die eine Form, in der wir das sakrale Bewusstsein antreffen. Wenn wir die Durchlässigkeit der Grenzen zwischen sozialen Sphären und zwischen Traditionen anerkennen, ist das ein wesentlicher theoretischer Fortschritt, der uns weit über das frühere Säkularisierungsparadigma hinausbringt. Peter Bergers eigenes Neuüberdenken dieser früheren Theorie ist ein entscheidender konzeptueller Beitrag zu dem wichtigen Unterfangen, eine Welt voll sakraler Dinge zu verstehen.

Literatur

AlSayyad, Nezar/Castells, Manuel (Hg.) (2002): *Muslim Europe or Euro-Islam: Politics, Culture, and Citizenship in the Age of Globalization*, Berkeley: University of California Press.

Ammerman, Nancy T. (1994): Telling Congregational Stories, in: *Review of Religious Research 35 (4)*, S. 289–301.

Dies. (1997a): *Congregation and Community*, New Brunswick: Rutgers University Press, Bibliography 107.

Dies. (1997b): Golden Rule Christianity: Lived Religion in the American Mainstream, in: Hall, David (Hg.): *Lived Religion in America: Toward a History of Practice*, Princeton: Princeton University Press, S. 196–216.

Dies. (1997c): Religious Choice and Religious Vitality: The Market and Beyond, in: Laurence A. (Hg.): *Assessing Rational Choice Models of Religion*, New York: Routledge, S. 119–132.

Dies. (2003): Religious Identities and Religious Institutions, in: Dillon, Michele (Hg.): *Handbook of the Sociology of Religion*, S. 207–224, Cambridge: Cambridge University Press.

Dies. (2005a): *Pillars of Faith: American Congregations and Their Partners*, Berkeley: University of California Press.

Dies. (2005b): Religious Narratives, Community Service, and Everyday Public Life, in: Bane, Mary Jo/Coffin, Brent/Higgins, Richard (Hg.): *Taking Faith Seriously*, Cambridge: Harvard University Press, S. 146–174.

Dies. (Hg., 2006): *Everyday Religion: Observing Modern Religious Lives*, New York: Oxford University Press.

Dies. (2013a): *Sacred Stories, Spiritual Tribes: Finding Religion in Everyday Life*, New York: Oxford University Press.

Dies. (2013b): Spiritual but not Religious?: Beyond Binary Choices in the Study of Religion, in: *Journal for the Scientific Study of Religion 52 (2)*; S. 258–278.

Asad, Talal (1993): *Genealogies of Religion: Discipline and Reasons of Power in Christianity and Islam*, Baltimore: Johns Hopkins University Press.

Bean, Lydia Nan (2009): *The Politics of Evangelical Identity in the United States and Canada*, Dissertation, Sociology, Harvard University, Cambridge, Mass.

Bellah, Robert N. (2011): *Religion in Human Evolution: From the Paleolithic to the Axial Age*, Cambridge: Harvard University Press.

Bender, Courtney/Cadge, Wendy/Levitt, Peggy/Smilde, David A. (Hg.) (2012): *Religion on the Edge: De-Centering and Re-Centering the Sociology of Religion*, New York: Oxford University Press.

Berger, Peter L. (1969): *The Sacred Canopy*, Garden City, New York: Anchor Doubleday.

Ders. (Hg.) (1999): *The Desecularization of the World: Resurgent Religion and World Politics*, Grand Rapids: Eerdmans.

Berger, Peter L./Luckmann, Thomas (1967): *The Social Construction of Reality*, Garden City, New York: Doubleday Anchor.

Bourdieu, Pierre (1991): *Language and Symbolic Power*, Cambridge: Harvard University Press.

Butler, Jon (1990): *Awash in a Sea of Faith*, Cambridge: Harvard University Press.

Chaves, Mark/Cann, David E. (1992): Regulation, Pluralism, and Religious Market Structure: Explaining Religion's Vitality, in: *Rationality and Society 4 (3)*, S. 272–290.

Douglas, Mary (1983): The Effects of Modernization on Religious Change, in: Douglas, Mary/Tipton, Steven M. (Hg.): *Religion and America*, Boston: Beacon, S. 25–43.

Du Bois, W. E. B. 1903 [2003]: *The Negro Church: Report of a Social Study Made under the Direction of Atlanta University*, Walnut Creek: AltaMira.

Ebaugh, Helen Rose/Saltzman Chafetz, Janet (1999): Agents for Cultural Reproduction and Structural Change: The Ironic Role of Women in Immigrant Religious Institutions, in: *Social Forces 78 (2)*, S. 585–613.

Ecklund, Elaine Howard (2005): Models of Civic Responsibility: Korean Americans in Congregations with Different Ethnic Compositions, in: *Journal for the Scientific Study of Religion 44 (1)*, S. 15–28.

Emerson, Michael O./Chai Kim, Karen (2003): Multiracial Congregations: An Analysis of Their Development and a Typology, in: *Journal for the Scientific Study of Religion 42 (2)*, S. 217–228.

Finke, Roger/Stark, Rodney (1988): Religious Economies and Sacred Canopies: Religious Mobilization in American Cities, in: *American Sociological Review 53*, S. 41–49.

Foley, Michael W./Hoge, Dean (2007): *Religion and the New Immigrants: How Faith Communities Form Our Newest Citizens*, New York: Oxford University Press.

Fraser, Nancy (1990): Rethinking the Public Sphere: A Contribution to the Critique of Actually Existing Democracy, in: *Social Text 25 (26)*, S. 56–80.

Friedland, Roger/Alford, Robert R. (1991): Bringing Society Back In: Symbols, Practices, and Institutional Contradictions, in: Powell, W./DiMaggio, P. (Hg.): *The New Institutionalism in Organizational Analysis*, Chicago: University of Chicago Press, S. 232–263.

Green, John C./Rozell, Mark J./Wilcox, Clyde (Hg.) (2003): *The Christian Right in American Politics: Marching to the Millennium*, Washington: Georgetown University Press.

Hall, David (Hg.) (1997): *Lived Religion in America*, Princeton: Princeton University Press.

Hatch, Nathan G. (1989): *The Democratization of American Christianity*, New Haven: Yale University Press.

Hout, Michael/Fischer, Claude (2002): Why More Americans Have No Religious Preference: Politics and Generations, in: *American Sociological Review 67*, S. 165–190.

Iannaccone, Laurence R. (1991): The Consequences of Religious Market Structure: Adam Smith and the Economics of Religion, in: *Rationality and Society 3 (2)*, S. 156–177.

Kurien, Prema A. (2007): *A Place at the Multicultural Table: The Development of an American Hinduism*, New Brunswick: Rutgers University Press.

Lincoln, C. Eric/Mamiya, Lawrence H. (1990): *The Black Church in the African American Experience*, Durham: Duke University Press.

McGuire, Meredith B. (2008): *Lived Religion: Faith and Practice in Everyday Life*, New York: Oxford University Press.

Maffesoli, Michel (1995): *The Time of Tribes*, Beverly Hills: Sage.

Mooney, Margarita (2009): *Faith Makes Us Live: Surviving and Thriving in the Haitian Diaspora*, Berkeley: University of California Press.

Munson, Ziad (2006): When A Funeral Isn't Just A Funeral: The Layered Meaning Of Everyday Action, in: Ammerman, Nancy T. (Hg.): *Everyday Religion: Observing Modern Religious Lives*, New York: Oxford University Press, S. 121–136.

Olson, Daniel V. A. (1999): Religious Pluralism and U. S. Church Membership: A Reassessment, in: *Sociology of Religion 60 (2)*, S. 149–173.

Putnam, Robert D./Campbell, David E. (2010): *American Grace: How Religion Divides and Unites Us*, New York: Simon & Schuster.

Read, Jen'nan Ghazal/Bartkowski, John (2000): To Veil or not to Veil? A Case Study of Identity Negotiation among Muslim Women in Austin, Texas, in: *Gender and Society 14 (3)*, S. 395–417.

Somers, Margaret R. (1994): The Narrative Constitution of Identity: A Relational and Network Approach, in: *Theory and Society 23*, S. 605–649.

Taylor, Charles (2007): *A Secular Age*, Cambridge: Belknap Press, Bibliography 109.

Warner, R. Stephen (1993): Work in Progress toward a New Paradigm for the Sociological Study of Religion in the United States, in: *American Journal of Sociology* 98 (5), S. 1044–93.

Ders. (1997): Religion, Boundaries, and Bridges, in: *Sociology of Religion 58 (3)*, S. 217–238.

Ders. (1999): Changes in the Civic Role of Religion, in: Smelser, Neil J./Alexander, Jeffrey C. (Hg.): *Diversity and Its Discontents: Cultural Conflict and Common Ground in Contermporary American Society*, Princeton: Princeton University Press, S. 229–243.

Weber, Max (1958): *The Protestant Ethic and the Spirit of Capitalism*, übersetzt von T. Parsons, New York: Scribner (Originalausgabe 1930).

Auf dem Wege zu einem neuen religionssoziologischen Paradigma?

Kommentar von Detlef Pollack

Peter L. Berger gehört zu den wenigen Religionssoziologen der Gegenwart, die sich nicht nur auf der Höhe der wissenschaftlichen Diskussion bewegen, sondern deren Profil in den letzten Jahrzehnten in starkem Maße mitbestimmt haben. Mit seinen religionssoziologischen Werken aus den 1960er- und 1970er-Jahren hat er den Ton des seinerzeit dominanten säkularisierungstheoretischen Ansatzes vorgegeben. Manche Vertreter der Säkularisierungstheoric wie Steve Bruce oder Frank Lechner beeinflusst er bis heute. Seine These, dass religiöse Vorstellungen und Praktiken ihre Stabilität durch eine sie umgebende, von der Mehrheit geteilte Plausibilitätsstruktur gewinnen und dass ihre Akzeptanz durch den zunehmenden Pluralismus religiöser Optionen erodiert, hat die religionssoziologische Arbeit seit dieser Zeit nachhaltig geprägt. Es ist kaum übertrieben zu behaupten, dass auch noch das sich von der Säkularisierungstheorie abgrenzende ökonomische Marktmodell im Wesentlichen eine Auseinandersetzung mit dieser These darstellt.[6] Rodney Stark und seine Kollegen vertreten die Auffassung, dass die Vitalität von Religion durch Konkurrenz zwischen unterschiedlichen religiösen Anbietern nicht gesenkt, sondern befördert wird und kehren damit das Bergersche Argument um: Wo eine Religionsgemeinschaft das Monopol besitze, gehe ihre Attraktivität zurück; wo viele religiöse Organisationen um die Gunst der religiösen Konsumenten wetteiferten, steige das allgemeine Religiositätsniveau an (Stark/Finke 2000).

Nicht diese Argumentation allerdings war es, die Peter L. Berger in den 1990er-Jahren dazu bewog, seine säkularisierungstheoretische Position aufzugeben. An seiner Unterminierungsthese – also an der Behauptung, dass die zunehmende Pluralität des religiösen Feldes die soziale Geltungskraft re-

---

6 Das lässt sich an der Argumentation von Stephen Warner, der mit seinem Aufsatz von 1993 die Markttheorie in den Rang eines neuen Paradigmas erhob, gut nachvollziehen. Das alte Paradigma identifizierte er ausdrücklich mit dem frühen Werk Peter Bergers (Warner 1993: 1045).

ligiöser Überzeugungen unterminiert und ihnen ihre als selbstverständlich
unterstellte Plausibilität nimmt, die sie so lange besaßen, wie sie von der
Mehrheit geteilt wurden – hält er vielmehr auch nach seiner Abkehr von
der Säkularisierungstheorie fest. Bereits 2001 sagte er in einem von Linda
Woodhead herausgegebenen Band, der sich mit seinem Werk kritisch und
würdigend auseinandersetzt:»I would say, I was wrong about secularization, but right about pluralism. [...] What pluralism does [...] is to under-
mine all taken-for-granted certainties, in religion as in all other spheres of
life.« (Berger 2001: 194) Was ihn zur Preisgabe der Säkularisierungstheorie bewog, war also nicht die Konkurrenzhypothese der Markttheoretiker.
Vielmehr war es die Einsicht in die ungebrochene Vitalität der Religion,
die heute so stark sei wie zu früheren Zeiten und auch durch die zweifellos
einschneidenden Veränderungsprozesse der Modernisierung, Technisierung
und Rationalisierung nicht gemindert worden sei.»Religion has not been
declining. On the contrary, in much of the world there has been a veritable
explosion of religious faith.« (Berger 2008: 23) Westeuropa und die global
agierenden kulturellen und intellektuellen Eliten mögen Beispiele für den
Bedeutungsrückgang der Religion sein. Sie seien jedoch Ausnahmen in einer
ansonsten leidenschaftlich religiösen Welt. Der aufstrebende Islam und das
Wachstum des dynamischen evangelikalen Protestantismus und dabei insbesondere der Pfingstbewegung stellen für Berger die eindrücklichsten Zeug-
nisse der von ihm diagnostizierten religiösen Explosion dar. Seine Distan-
zierung von der Säkularisierungstheorie war vor allem durch diese religiösen
Aufbrüche veranlasst.

Wenn der führende Vertreter einer Theorie bereit ist, diese aufzugeben,
sofern sie sich seiner Ansicht nach im Lichte neuer empirischer Evidenzen als
falsch erweist, so nötigt die sich darin ausdrückende intellektuelle Radika-
lität und Konsequenz Bewunderung ab. Eine solche wissenschaftliche Red-
lichkeit ist in der akademischen Community eher selten.

In dem hier vorliegenden Text nimmt Peter L. Berger nun allerdings wiederum eine Modifikation seiner Position vor, die er – anders als seine frühere – nicht mit einem Paukenschlag verkündet, sondern eher zurückhaltend
präsentiert und sogar mit dem Vorbehalt versieht, dass seine neuen Ideen
vielleicht falsch seien. Selbst wenn sie falsch sein sollten, spricht die neuerli-
che Kurskorrektur aber doch zumindest für eines: dass der Meister auch im
hohen Alter seine geistige Flexibilität nicht verloren hat. Heute, mit einem
Abstand von fast 20 Jahren, erklärt Berger, dass die Theorie, die er seinerzeit als unhaltbar aufgegeben hat, doch nicht ganz so falsch war, wie er da-

mals dachte (Seite 11 in diesem Buch). Die Moderne hat nämlich, genau wie die Säkularisierungstheorie behauptet, tatsächlich einen säkularen Diskurs hervorgebracht, der die Menschen in die Lage versetzt, in vielen Lebensbereichen ohne religiöse Wirklichkeitsdeutungen auszukommen (Berger 2014: 51). Diesen Diskurs finde man nicht etwa nur in Westeuropa oder bei intellektuellen Eliten, sondern auch bei ganz gewöhnlichen Gläubigen, und zwar in der ganzen Welt. Der Fehler der Säkularisierungstheoretiker sei es gewesen, diesem Diskurs eine exklusive Position zuzuschreiben und die Fähigkeit der Menschen zu unterschätzen, sich in verschiedenen Wirklichkeitsbereichen – in religiösen und in säkularen – aufzuhalten und zwischen ihnen zu wechseln (53). Dieser Fehler unterlaufe aber auch den Kritikern der Säkularisierungstheorie. Für die meisten Menschen stellten Glaube und Säkularität keine einander ausschließenden Modi des Zugangs zur Wirklichkeit dar, sondern einander ergänzende Realitätsbezüge, die nicht im Verhältnis des Entweder-oder, sondern des Sowohl-als-auch stehen. An die Stelle der Säkularisierungstheorie könne daher nicht einfach die These von der Wiederkehr der Götter treten, denn so wie es unsinnig wäre, angesichts einer vitalen Religiosität in der sich modernisierenden Welt die Säkularisierungsthese aufrechterhalten zu wollen, so wenig plausibel wäre es, die Herausbildung eines religionsneutralen *immanent frame* zu bestreiten.[7] An der Säkularisierungstheorie war die Einsicht durchaus richtig, dass ein einflussreicher säkularer Diskurs entstanden ist, der dem religiösen Diskurs an die Seite getreten ist und in der Gesellschaft und im Denken der Individuen sogar eine privilegierte Position einnimmt. Falsch war es anzunehmen, der säkulare Diskurs habe die religiöse Weltsicht verdrängt und besetze nun das gesamte Feld der Wirklichkeitsdeutungen und Wertorientierungen. Modernisierung führe im Unterschied zu den Annahmen der Säkularisierungsthese eben nicht zwangsläufig zur umfassenden Säkularisierung der Gesellschaft. Unausweichliche Konsequenz der Modernisierung sei vielmehr die Pluralisierung von Weltsichten und Wertsystemen. Dabei produziert die Moderne nach Berger zwei Sorten von Pluralismus: einmal einen religiösen Pluralismus, der in der Vielfalt unterschiedlicher religiöser Traditionen besteht, und dann den Pluralismus von religiösen und säkularen Diskursen. Da diese Diskurse sowohl die Gesellschaft als auch das Individuum prägten, veränderten

---

7 Hier nimmt Berger die Argumentation von Charles Taylor (2007) auf, kritisiert aber den Titel seines Werkes »A Secular Age« als »misleading« (»irreführend«); unser Zeitalter würde besser als pluralistisch beschrieben werden können denn als säkular (Seite 107 in diesem Buch).

die in der Pluralisierung liegenden Folgen der Modernisierung nicht nur die Gesellschaft, sondern auch das Bewusstsein der Individuen.[8] Zwischen der Pluralisierung auf der gesellschaftlichen Ebene, die sich in der Differenzierung von Institutionen wie Wissenschaft, Verwaltung, Medizin, Technologie ausdrücke, und der Pluralisierung des individuellen Bewusstseins bestehe also eine Korrelation (Seite 70 in diesem Buch), die vielleicht nicht auf eine völlige Übereinstimmung hinauslaufe, wohl aber auf eine gewisse wechselseitige Abhängigkeit.

Mit diesen Überlegungen hat Berger seine Preisgabe der Säkularisierungstheorie zweifellos nicht wiederum widerrufen, wohl aber verändert. Es handelt sich nicht um eine Wende um 180 Grad. Vielleicht könnte man von einem Richtungswechsel um 90 Grad sprechen. Was ist mit dieser Kurskorrektur gewonnen?

Zunächst einmal hat Berger damit klar gemacht, dass seine Abwendung von den Annahmen der Säkularisierungstheorie nicht als deren Umkehrung zu verstehen ist.[9] Einer Sakralisierungs- oder Resakralisierungsthese redet

---

8 Eine Korrespondenz zwischen gesellschaftlichen und mentalen Veränderungen hat Berger auch schon früher angenommen. Die Behauptung dieses Zusammenhangs unterscheidet seine Position von der Thomas Luckmanns, der zwar ebenso wie Berger von der Differenzierung und Säkularisierung der Sozialstruktur und des Institutionensystems im Zuge der Herausbildung moderner Gesellschaften ausgeht, unbegreiflicherweise aber eine Säkularisierung des individuellen Bewusstseins bestreitet. Der aus ihrer institutionellen Spezialisierung resultierende gesellschaftliche Relevanzverlust der Kirchen bedeute keineswegs, so Luckmann (1972: 11), einen individuellen Glaubensverlust en masse. Auch wenn die Kirchen in der Moderne ihre Verankerung im heiligen Kosmos verlieren und die gesellschaftlichen Institutionen mehr und mehr säkular werden, bleibt das Individuum religiös (Luckmann 1991: 147 f.). Berger hingegen nimmt das individuelle Bewusstsein vom Prozess der Säkularisierung nicht aus: »As there is a secularization of society and culture, so there is a secularization of consciousness. Put simply, this means that the modern West has produced an increasing number of individuals who look upon the world and their own lives without the benefit of religious interpretations.« (Berger 1969: 107 f.)

9 Dazu neigen manche Religionssoziologen in ihrem Versuch, die Säkularisierungstheorie zu Fall zu bringen, etwa José Casanova, der nicht nur eine der Säkularisierungstheorie widersprechende Deprivatisierung der Religion beobachtet (Casanova 1994), sondern in seinen neueren Arbeiten auch den säkularisierungstheoretisch behaupteten engen Zusammenhang zwischen Differenzierung und Säkularisierung bestreitet sowie die Verdrängung der Religion durch Prozesse der Modernisierung negiert und stattdessen den Beitrag der Religion zur Herausbildung der Moderne herausstellt. In diesen Arbeiten verkehrt er sogar die der Säkularisierungsthese unterstellten Werturteile in ihr Gegenteil: An die Stelle der modernen Hochschätzung von Aufklärung und Vernunft setzt er ein emphatisches Katholizismusverständnis und an die Stelle der Religionskritik eine

Berger nicht das Wort. Die Moderne hat säkularisierende Wirkungen, doch sind diese begrenzt (Seite 112f. in diesem Buch). Sie bestehen vor allem in der Emergenz eines immanenten Weltdeutungsmusters, das viele Bereiche der Gesellschaft durchdringt, die wissenschaftliche Analyse, die Rechtsprechung, das wirtschaftliche Handeln, aber auch den Alltag. Daneben freilich können sich auch religiöse Vorstellungswelten, Sinnprovinzen und Praktiken behaupten. Dies eben meint weltanschaulicher Pluralismus.

Weiterhin nimmt Berger zwischen den Konstitutionsbedingungen der Moderne und Prozessen der Säkularisierung keinen Notwendigkeitszusammenhang an und berücksichtigt damit eine an der Säkularisierungstheorie vielfach geübte Kritik.[10] Die Moderne bringt nicht unausweichlich Säkularisierung hervor und führt auch nicht zum endgültigen Verschwinden der Religion. Berger vermeidet jeden deterministischen und teleologischen Oberton. Der Zusammenhang zwischen der Moderne und der Emergenz eines säkularen Diskurses ist vielmehr als ein historischer gefasst. Damit ist der Weg offen, die historisch variablen Entstehungsvoraussetzungen dieses Zusammenhanges empirisch zu untersuchen. Eine in den Überlegungen Bergers bereits implizierte These könnte dabei lauten, dass der für die Moderne charakteristische religiöse Pluralismus zur Herausbildung des säkularen Diskurses selbst beigetragen hat, denn die aus der Vervielfältigung des Religiösen resultierenden Konflikte, wie sie etwa in den Konfessionskriegen des 16. und 17. Jahrhunderts zum Austrag kamen, ließen sich – so führt Berger aus – nur durch die Konstitution eines religiös neutralen Ortes lösen.

Wenn Berger darin recht haben sollte, dass die Pluralisierung von Weltsichten und Wertsystemen das zentrale Signum unseres Zeitalters ist, dann wird die oft geforderte und vielfach angestrebte Überwindung des Säkularisierungsansatzes, der vor allem eine Bestimmung des Verhältnisses von Religion und Moderne darstellt, wohl am ehesten durch eine intensive Auseinandersetzung mit dem Phänomen der weltanschaulich-religiösen Pluralisierung vorangetrieben werden können. Die Auseinandersetzung mit diesem Phänomen birgt das Potenzial in sich, das Erbe der einst dominanten Säkularisierungstheorie anzutreten. Dabei wird es dann um Fragen gehen müssen wie die nach der Entstehung der zweierlei Pluralismen, nach ihrem

---

Kritik an der europäischen Zivilisation als intolerant, gewalttätig und unreflektiert (Casanova 2008a, 2008b). Ausführlicher vgl. Pollack (2009: 5f.).

10 Den deterministischen, teleologischen und einlinigen Charakter der Säkularisierungstheorie kritisieren z.b. Hans Joas (2007), Ulrich Beck (2008), Grace Davie (2002) oder Danièle Hervieu-Léger (2000).

Verhältnis zueinander, nach den Bedingungen der Koexistenz von säkularem und religiösem Diskurs, aber auch nach ihren Konsequenzen und den Formen des rechtlichen, politischen und gesellschaftlichen Umgangs mit ihnen. Eine Rolle wird dann aber auch die Frage spielen müssen, welche anderen Formen der Relationierung religiöser und säkularer Diskurse neben ihrer Koexistenz denkbar und wahrscheinlich sind: wechselseitiger Ausschluss, Konflikt, Dominanz des einen über den anderen, Subversion, wechselseitige Durchdringung, Provinzialisierung, Abschottung, Beharrung, revolutionäre Universalisierung usw. Darüber hinaus könnten aber auch Fragen nach den sozialen, politischen und rechtlichen Bedingungen unterschiedlicher Pluralitätskonstellationen und Pluralitätstypen interessant sein oder nach dem Verhältnis von individuellem Bewusstsein und gesellschaftlichen Institutionen bzw. Kultur und Sozialstruktur. Bei dem pluralismustheoretischen Ansatz Bergers handelt es sich zweifellos um ein vielversprechendes Forschungsprogramm, das weiterer Ausarbeitung und Entfaltung bedarf, dazu aber auch schon jetzt vielfältige Anregungen bereitstellt. Trotz des hohen Anregungspotenzials, das der Ansatz von Berger besitzt, wirft er doch aber auch einige kritische Fragen auf, auf die jetzt eingegangen werden soll.

Drei Punkte, die in den hier abgedruckten Überlegungen Peter L. Bergers nicht vollauf zu überzeugen vermögen, seien herausgestellt. Zum Ersten lässt sich nicht erkennen, dass sich Berger in seinen neuen Einsichten von seiner früheren Säkularisierungstheorie tatsächlich noch immer distanziert. Der Kern des säkularisierungstheoretischen Ansatzes des frühen Berger bestand in der Annahme, dass religiöse Homogenität die selbstverständliche Gültigkeit der individuellen religiösen Vorstellungen und Praktiken stärke, religiöse Diversität sie dagegen untergrabe. An dieser Unterminierungsthese hält Peter L. Berger auch heute noch fest: Pluralismus, so heißt es in unserem Text, relativiere und unterminiere Gewissheiten (Seite 26 in diesem Buch); indem der Pluralismus Religion ihrer Qualität als gegebene Selbstverständlichkeit beraube (taken-for-granted quality), fördere er Säkularisierung. Was Berger heute nicht mehr vertritt, ist die Annahme, dass Modernisierung zwangsläufig zu Säkularisierung führt (Seite 39 in diesem Buch). Die technologisch hochmodernisierten USA oder die sich modernisierenden Staaten Lateinamerikas und Asiens, die durch »an explosion of passionate religious movements« charakterisiert sind, verbieten nach Peter L. Berger diese Annahme.[11] Zugleich stellt er noch heute, auch in dem hier vorliegen-

---

11 Für eine ähnliche Argumentation vgl. Berger (2008: 10).

den Text, die Behauptung auf, dass Moderne und Pluralismus unausweichlich miteinander verschränkt seien: »modernity necessarily leads to pluralism« (Seite 39 in diesem Buch). Heute sei der Pluralismus ubiquitär geworden. In der Moderne seien die Menschen mehr und mehr der Konkurrenz abweichender Überzeugungen, Werte und Lebensstile ausgesetzt. Wenn aber Modernisierung notwendig Pluralisierung bewirkt und Pluralisierung zu einer Unterminierung der religiösen Gewissheit führt, dann heißt das, dass Modernisierung mit einer Schwächung religiöser Überzeugungen einhergeht. In einer solchen Aussage hat jede Art von Säkularisierungstheorie jedoch ihr Zentrum. Berger müsste sich zwischen der Preisgabe der Säkularisierungstheorie und dem Festhalten am Unterminierungstheorem entscheiden und sich entschließen, auch Letzteres noch aufzugeben. Nur dann hätte er die Säkularisierungstheorie wirklich hinter sich gelassen. Doch das will er nicht; das Unterminierungstheorem ist für ihn unverzichtbar, da es den Kern seines religionssoziologischen Ansatzes ausmacht. So kommen wir zu dem Schluss, dass Berger wider Willen der Säkularisierungstheorie weitaus stärker verpflichtet ist, als er bereit ist einzuräumen. Der von ihm vollzogene Schwenk fällt wahrscheinlich größer aus als die geschätzten 90 Grad. Preisgegeben hat Berger die Annahme, dass die mit der Moderne verbundenen Prozesse der Rationalisierung, der Technologisierung und Verwissenschaftlichung die Bedeutung von Religion minimieren. Nicht aufgegeben hat er – zumindest auf der Ebene der theoretischen Argumentation – den mit Notwendigkeitsannahmen versehenen Dreischritt von der Modernisierung über die Pluralisierung hin zur Säkularisierung.

Wenn Berger allerdings an diesem offenbar theoretisch erzwungenen, wenn auch nicht intendierten Argumentationszusammenhang festhält, wie steht dann seine Unterminierungsthese zu der von ihm gleichfalls behaupteten weltweit zu beobachtenden Explosion des religiösen Glaubens, die ja wohl unbestreitbar mit einer Pluralisierung des religiösen Feldes einhergeht? Sollte doch die ökonomische Markttheorie Rodney Starks recht haben, der zufolge religiöse Konkurrenz das Religiositätsniveau in die Höhe treibt? Um hier Klarheit zu schaffen, sind weitere Überlegungen und empirische Analysen erforderlich.[12] Möglicherweise sind religiös diversifizierte Gesellschaften

---

12 Die bereits vorliegenden Studien zu den Wirkungen des religiösen Pluralismus auf das Religiositätsniveau sind kaum noch übersehbar. Vgl. aus der Sicht des ökonomischen Marktmodells: Stark/Finke (2000), Iannaccone (1992, 1994), Froese/Pfaff (2001). Die Gegenposition wird gehalten von: Lechner (1996, 2004), Dobbelaere (2002), Bruce (2002, 2011). Einen Überblick über die Literatur gibt: Olson (2008).

besonders dann religiös produktiv, wenn der in ihnen anzutreffende religiöse Pluralismus in einen übergreifenden religiösen Konsens eingebettet ist, der ihn abfedert und integriert. In einem religiös imprägnierten Land wie den USA, in dem im Grunde jeder an Gott glaubt und fast jeder davon überzeugt ist, dass es ein Leben nach dem Tode gibt, in welchem die diesseitigen Taten bestraft oder belohnt werden, beflügelt die religiöse Konkurrenz vielleicht den religiösen Eifer; in einem Land wie den Niederlanden oder Großbritannien dagegen, wo der Grad der religiösen Pluralität zwar ebenfalls hoch ist, die religiöse Rahmung aber weitgehend fehlt, hat er möglicherweise eher eine lähmende als eine belebende Wirkung.

Falls diese Hypothese ein Korn Wahrheit enthielte, ließe sich das Starksche Marktmodell mit der Bergerschen Unterminierungsthese vielleicht in Einklang bringen. Dann könnte man verallgemeinernd möglicherweise sagen: Unter den Bedingungen eines gesellschaftsumgreifenden religiösen Konsenses, und sei er inhaltlich auch noch so schwach gefüllt, erhöht religiöser Wettbewerb den religiösen Enthusiasmus, regt er die religiösen Anbieter dazu an, ihr Engagement zu verstärken, und die religiösen Konsumenten dazu, intensiv nach dem besten Angebot zu suchen; dass jeder einer religiösen Präferenz folgt, ist angesichts des kulturellen Kontextes selbstverständlich, die Frage ist nur, wo er seine religiösen Bedürfnisse am besten erfüllt sieht. Unter den Bedingungen einer mehrheitlich säkularen Kultur wirkt die Pluralität unterschiedlicher religiöser Gemeinschaften und Sinndeutungen dagegen in die entgegengesetzte Richtung, nicht inspirierend und motivierend, sondern relativierend und einschränkend. Insofern müsste vielleicht auch Bergers These vom »heretical imperative« noch einmal neu bedacht werden. Möglicherweise gibt es nur dort einen Zwang zur Wahl, wo es selbstverständlich ist, dass man religiös ist, in welcher konkreten Form auch immer. Hingegen scheint es sehr wahrscheinlich zu sein, dass viele in einer weithin säkularisierten Gesellschaft überhaupt keine religiöse Wahl treffen, sondern die Frage nach der Wahrheit des Glaubens einfach offen lassen (vgl. Pollack/Rosta 2015). In einer solchen Gesellschaft braucht man keine Religion und muss sich daher in religiösen Fragen auch nicht entscheiden.

Der zweite Einwand bezieht sich auf Bergers These von der Koexistenz des religiösen und des säkularen Diskurses. Unter Aufnahme des Konzepts der Sinnprovinzen und der obersten Realität der Alltagswelt, das Alfred Schütz, der Lehrer Peter L. Bergers, in den 1950er-Jahren entwickelt hat, nimmt Berger an, dass es im menschlichen Bewusstsein unterschiedliche Sinnprovinzen gibt, die nebeneinander existieren können. Ebenso wie es möglich sei, von dem Erlebnis einer Theateraufführung – Bergers Beispiel (Seite 85 in diesem Buch) – in die Alltagswirklichkeit zurückzukehren und von dort möglicherweise einen Ausflug in mathematische Spekulationen zu unternehmen, sei es möglich, sich säkularer und religiöser Codes und Semantiken zu bedienen und von dem einen in den anderen Code überzuwechseln. Ich möchte dies die Kompatibilitätsthese Bergers nennen.

Doch lassen sich säkulare und religiöse Diskurse in ihrer semantischen und sinnweltlichen Relevanzstruktur so voneinander differenzieren, wie das vielleicht bei ästhetischen und mathematischen Diskursen oder auch bei erotischen und politischen Kommunikationen machbar ist? Eine Frau kann einen Mann erotisch anziehen, wenn er bei Gelegenheit einer politischen Diskussion entdeckt, dass sie schön ist – ein weiteres Beispiel von Peter L. Berger. Es mag sein, dass ihre erotische Anziehungskraft wächst, wenn er entdeckt, dass er mit ihr politische Überzeugungen teilt. Es ist allerdings ebenso denkbar – hier endet die Analogie mit Bergers Beispiel –, dass sie auch dann wächst, wenn sich herausstellt, dass die beiden politisch völlig unterschiedlicher Meinung sind. Und es kann sein, dass sein Begehren von ihrer politischen Einstellung völlig unabhängig ist. Politische und erotische Relevanzstruktur lassen sich problemlos voneinander scheiden, und manchmal ist man (im Interesse der Liebe) sogar gut beraten, beide nicht zu stark aufeinander zu beziehen.

Die Differenzierbarkeit von säkularem und religiösem Diskurs dürfte indes nicht so ohne Weiteres garantiert sein. Ob Gott das Ziel der Welt ist oder ob es keinen letzten Zweck des Lebens gibt, ob man Wunder für möglich hält oder man ihre Möglichkeit ausschließt, ob man meint, für die Erlangung von Glück und Heil seien rituelle Praktiken und Gebete erforderlich, oder ob man die Auffassung vertritt, man sei allein selbst seines Glückes Schmied, ist zweierlei und kaum miteinander vereinbar. Erotische und politische Diskurse bewegen sich in unterschiedlichen Sinnwelten, ohne sich wechselseitig beeinflussen zu müssen. Im Falle religiöser und säkularer Diskurse, etwa politischer oder erotischer, und erst recht im Fall unterschiedlicher religiöser Diskurse ist die Wahrscheinlichkeit hoch, dass diese Diskurse miteinander konkurrieren. Diese Wahrscheinlichkeit wächst in dem Maße, in dem Religionen einen umfassenden Weltdeutungsanspruch aufrichten, denn dann erhöht sich auch die Wahrscheinlichkeit der wechselseitigen Überlappung der Diskurse. Sie bewegen sich dann in ein und demselben Medium: im Medium der Wahrheit. Die Aussage, dass die Toten auferstehen werden, ist nicht kompatibel mit der Aussage, dass nach dem Tod alles aus ist; der Glaube an die Menschwerdung Gottes in Jesus Christus ist nicht kompatibel mit dem

Glauben, dass Gott von allem Irdischen so verschieden ist, dass er niemals Mensch werden kann; die Überzeugung, dass die Bibel wortwörtlich wahr ist, verträgt sich nicht mit ihrer historisch-kritischen Interpretation.[13] Berger sieht diesen Einwand. Richtet nicht Religion, so fragt er (Seite 88 in diesem Buch), einen allumfassenden Relevanzanspruch auf, dem sich alles unterzuordnen hat, hat sie es – mit einer Formulierung Paul Tillichs – nicht mit dem zu tun, was uns letztlich angeht und hinter dem alles andere zurückzustehen hat? Berger reagiert auf diesen Einwand, indem er eine zeitliche Differenzierung aufmacht: Es mag sein, dass die letzten Fragen alles umfassen, das Ganze des menschlichen Daseins, den Kosmos; dies schließe aber nicht aus, dass wir die letzten Fragen einmal für einen Moment beiseitelassen und uns den weltlichen Dingen zuwenden. Wir müssten ihre Bedeutung deshalb nicht gering schätzen, im Augenblick hätten wir eben nur etwas anderes zu tun. Doch ist das Verhältnis zwischen der überragenden Alltagswelt und der mit Höchstrelevanz versehenen göttlichen Wirklichkeit wirklich so entspannt? Kann uns die Alltagswelt nicht in ihren Bann schlagen, sodass wir das Interesse am Jenseits mehr und mehr verlieren? Folgen wir in unserer Wahrnehmung der Alltagswelt nicht einer ganz anderen Logik als im religiösen Bereich? Legt die Alltagswelt nicht eine Wirklichkeitsdeutung nahe, die im teils versteckten, teils offenen Konflikt mit der religiösen Weltsicht, mit ihren Annahmen über Anfang und Ende der Welt, über die Rettung der Welt und das Heil des Menschen stehen? Diese Fragen verschärfen sich noch, wenn man mit Berger annimmt, dass der säkularisierte Diskurs einen privilegierten Status besitzt. Dann werden die aus dem säkularen Bereich kommenden Anfragen an die religiösen Weltinterpretationen umso drängender.

Natürlich lassen sich Auffassungen über das Heil des Lebens und das Schicksal der Welt, die von den jeweils eigenen Überzeugungen abweichen, kognitiv verarbeiten, indem man sie abwertet. Als die irischen Katholiken

---

13 Um das Argument noch einmal zu schärfen, sei darauf hingewiesen, dass die hier aufgeführten Spannungen zwischen religiöser und säkularer Weltsicht nur einen modalen Charakter besitzen. Sie können auftreten, müssen es aber nicht. Durchaus vorstellbar ist, dass Menschen im Gottesdienst oder bei anderer Gelegenheit, wenn sie darauf eingestellt sind, im religiösen Code kommunizieren und bei anderer Gelegenheit, etwa im beruflichen Umfeld, im säkularen Code kommunizieren und zwischen beiden Kommunikationsformen keinen Gegensatz empfinden. Aufgrund des von vielen Religionen erhobenen Universalitätsanspruches ist jedoch die Wahrscheinlichkeit höher, dass religiöse mit wissenschaftlichen oder erotischen oder politischen Diskursen konfligieren, als dass sich etwa erotische und wissenschaftliche Diskurse aneinander reiben.

im späten 19. Jahrhundert in großen Scharen nach Schottland einwanderten, mussten sich die schottischen Presbyterianer in ihrem Glauben nicht infrage gestellt sehen. Sie konnten den katholischen Glauben der irischen Einwanderer auf Distanz halten, indem sie abwertende Stereotype von ihnen entwickelten und sie als dem Alkohol hingegebene, ungebildete, undisziplinierte Faulenzer porträtierten (Bruce 2001: 93). Berger und Luckmann bezeichnen den Vorgang, mit dem vom eigenen symbolischen Kosmos abweichende Realitätsdefinitionen verarbeitet werden, als Neutralisierung »by assigning an inferior ontological status […] to all definitions existing outside the symbolic universe« (Berger/Luckmann 1966: 133). Dabei erfolgt die Neutralisierung, indem man die konkurrierende Wirklichkeitsdeutung entweder als indiskutabel vom Diskurs ausschließt oder, auch wenn man ihr den Charakter einer partiellen Wahrheit zubilligt, der eigenen Weltsicht unterordnet. Wenn freilich die von Wissenschaft, Technik und Politik beeinflussten säkularen Kommunikationen als privilegierter Diskurs behandelt werden, wie das Berger tut, dann kann den religiösen Diskursen allenfalls der Status einer sekundären Sprache zukommen, die seitens der primären Codes und Relevanzen unter ständigem Rechtfertigungsdruck steht. Es ist nicht erkennbar, wie eine solche sekundäre Sprache, die mit der primären Sprache im Wettbewerb steht, Persistenz erlangen und neben dem Primärcode koexistieren kann, ohne von ihm infrage gestellt und eines Tages vielleicht sogar überwältigt zu werden.

Berger findet einen Ausweg aus dem Dilemma, indem er behauptet, von der Pluralität der Diskurse sei nur das Wie des Glaubens betroffen – dass man in einer Welt vielfältiger Wirklichkeitsdeutungen leben muss und daher jede Wirklichkeitsannahme mit Zweifeln durchsetzt ist –, aber nicht das Was des Glaubens (Seite 54f. in diesem Buch). Der Inhalt des Glaubens ändere sich angesichts einer Vielfalt konkurrierender Wert- und Überzeugungssysteme nicht, auch wenn die Art und Weise des Glaubens durch die Erfahrung dieser Vielfalt einen radikal anderen Charakter erhalte. Dieses Argument vermag nur schwer zu überzeugen, denn die Inhalte des Glaubens sind von ihrer Form so ohne Weiteres nicht ablösbar. Damit bin ich bei meinem dritten Einwand. Die empirische religionssoziologische Forschung hat gezeigt, dass in Ländern mit wachsender religiöser Pluralität die Inhalte des Glaubens zunehmend vage, diffus und unbestimmt werden (Pollack/Rosta 2015: 352). Der Anteil derer, die nicht mehr daran glauben, dass die Bibel Gottes Wort ist, das wortwörtlich verstanden werden muss, sondern lediglich religiöse oder auch nur lebenswichtige Wahrheiten enthält, nimmt in

Westeuropa (und übrigens auch in den USA) zu. Immer mehr Menschen in den Ländern Westeuropas stellen sich Gott nicht mehr als Person, sondern als höhere Macht vor. Über das Leben nach dem Tod denken sie nicht mehr in christlichen Begriffen nach, indem sie damit etwa die Auferstehung der Toten oder gar des Fleisches assoziieren, sondern in allgemeinen Vorstellungen, zu denen dann auch das Weiterleben der Seele nach dem Tode, der Glaube an den Himmel oder an die Reinkarnation gehören. Die wachsende Vielfalt des Religiösen hat vor allem die eine Konsequenz, dass die Inhalte des Glaubens unbestimmt werden, und die andere, dass man – weil man sich angesichts der Vielzahl miteinander konkurrierender Glaubensangebote zwischen ihnen nicht entscheiden kann – dem Glauben gegenüber mehr und mehr indifferent wird und die Frage nach der Wahrheit einfach offen lässt. Dass man trotz zunehmender religiöser Pluralisierung an den Inhalten seines Glaubens einfach festhält, dürfte hingegen eher eine Minderheitenposition sein, die wohl vor allem in weithin geschlossenen Gemeinschaften anzutreffen ist. Gerade religiöse Vorstellungen zeichnen sich durch ein hohes Maß an Plastizität aus. Vielleicht ist kaum ein Bereich in der Gesellschaft so umweltsensibel wie der religiöse.

Die Überlegungen Bergers zum religiösen Pluralismus erweisen sich als produktiv. Sie knüpfen an alte Fragen der Religionssoziologie wie etwa der nach dem Verhältnis von Religion und Moderne an und eröffnen neue Forschungsperspektiven. Die klassischen Thesen der Säkularisierungstheorie werden durch die pluralismustheoretischen Vorschläge Bergers überholt. Die Behauptung, die Moderne führe zwangsläufig zu Säkularisierung, wird ersetzt durch die Annahme, dass die Moderne unausweichlich mit einem weltanschaulichen und religiösen Pluralismus einhergeht. So kann sich Berger auf überzeugende Art und Weise von den alten säkularisierungstheoretischen Thesen, die einen Zusammenhang zwischen Rationalisierung, Industrialisierung, Urbanisierung und Säkularisierung konstatierten, abgrenzen und zugleich an der vielfach bestätigten Korrelation zwischen Modernisierung und Pluralisierung festhalten. Im Grunde vertritt Berger damit ein differenzierungstheoretisches Paradigma,[14] das nicht nur von einem Pluralismus zwischen unterschiedlichen religiösen Orientierungen ausgeht, sondern einen

---

14 Nicht zufällig heißt es in Bergers Text: »This differentiation of reality into multiple relevance structures is a key feature of modernity, ultimately grounded in the immensely broad increase in the division of labor. If one wants, one can call this process secularization.« (Seite 88 in diesem Buch)

aus diesem Pluralismus resultierenden Pluralismus von religiösen und säkularen Diskursen unterstellt.

Wie deutlich geworden ist, weist dieser Ansatz einen starken Bias in Richtung auf eine Stärkung der Säkularisierungstheorie auf, wenn auch im neuen Gewand. Schon dass am Ende eine Differenzierungstheorie steht, bestätigt diese Vermutung, denn in der Annahme einer Differenzierung von Religion und Säkularem, Religion und Politik, Religion und Wissenschaft oder Religion und Moral hat die Säkularisierungstheorie nach Ansicht vieler Sozialwissenschaftler ihren analytischen Kern (vgl. Pollack 2013). Für diese Vermutung spricht auch das von Berger vertretene Argument, dass Pluralismus als einem von der Moderne nicht ablösbaren Merkmal den Effekt hat, die Gewissheit religiöser Vorstellungen zu untergraben. Dieses Argument verträgt sich nicht mit der Behauptung ungebrochener religiöser Vitalität in der Welt, sofern man denn davon ausgeht, dass die Welt immer mehr zusammenwächst. Hinzu kommt die Anerkennung partieller säkularisierender Wirkungen der Moderne in Form der Ausbildung eines *immanent frame*. Der säkulare Diskurs, zumal dann, wenn ihm ein privilegierter Status zukommt, setzt den religiösen Diskurs unter wachsenden Plausibilisierungsdruck. Selbstverständlich können, wie Berger festhält, religiöse und säkulare Codes koexistieren. Ebenso vermögen sie aber auch in Spannung zueinander zu stehen, und oft ist genau dies der Fall. Schließlich ist die von Berger angenommene Kompatibilität von Religion und Säkularität auch dadurch bedroht, dass sich mit zunehmender weltanschaulich-religiöser Pluralität nicht nur die Formen, sondern auch die Inhalte des Glaubens ändern und – nicht zuletzt um der Kompatibilität mit säkularen Wirklichkeitsdeutungen willen – mehr und mehr einen diffusen, allgemeinen und vagen Charakter annehmen. Das alles stärkt die bekannten Annahmen der Säkularisierungstheorie.

Sollte sich Peter L. Berger angesichts dessen nicht dazu entschließen, der Säkularisierungstheorie in zukünftigen Überlegungen noch mehr Gewicht beizumessen, als er das in diesem Buch bereits getan hat? Auch wenn vielleicht religiöse und säkulare Weltdeutungen und erst recht erotische und politische Diskurse koexistieren können und man sich vielleicht noch nicht einmal zwischen unterschiedlichen religiösen Optionen entscheiden muss, in der Wissenschaft dominiert das Entweder-oder über das Sowohl-als-auch. In ihr kann es die wechselseitige Duldung von einander ausschließenden Aussagen nicht geben.

Literatur

Beck, Ulrich (2008): *Der eigene Gott: Von der Friedensfähigkeit und dem Gewaltpotenzial der Religionen*, Frankfurt am Main/Leipzig: Verlag der Weltreligionen.

Berger, Peter L./Luckmann, Thomas (1966): *The Social Construction of Reality*, London: Allen Lane.

Berger, Peter L. (1969): *The Sacred Canopy*, New York: Doubleday.

Ders. (2001): Postscript, in: Linda Woodhead (Hg.): *Peter Berger and the Study of Religion*, London/New York: Routledge, 2001, S. 18987–100198.

Ders. (2008): Secularization Falsified, in: *First Things 180*, S. 2387–10028.

Bruce, Steve (2001): The curious case of an unnecessary recantation: Berger und secularization, in: Linda Woodhead (Hg.): *Peter Berger and the Study of Religion*, London/New York: Routledge, S. 87–100.

Ders. (2002): *God is Dead: Secularization in the West*, Oxford: Blackwell.

Ders. (2011): Secularization, in: *Defence of an Unfashionable Theory*, Oxford: Oxford University Press.

Casanova, José (1994): *Public Religions in the Modern World*, Chicago: Chicago University Press.

Ders. (2008a): Public Religions Revisited, in: Große Kracht, Hermann-Josef/Spieß, Christian (Hg.): *Christentum und Solidarität: Bestandsaufnahmen zu Sozialethik und Religionssoziologie*, Paderborn u. a.: Schöningh, S. 313–338.

Ders. (2008b): The Problem of Religion and the Anxieties of European Secular Democracy, in: Motzkin, Gabriel/Fischer, Yochi (Hg.): *Religion and Democracy in Contemporary Europe*, Jerusalem: Alliance, S. 63–74.

Dobbelaere, Karel (2002): *Secularization: An Analysis at Three Levels*, Brüssel: Lang.

Davie, Grace (2002): *Europe: The Exceptional Case: Parameters of Faith in the Modern World*, London: Darton, Longman and Todd.

Froese, Paul/Pfaff, Steven (2001): Replete and Desolate Markets: Poland, East Germany, and the New Religious Paradigm, in: *Social Forces 80*, S. 481–507.

Hervieu-Léger, Danièle (2000): *Religion as a Chain of Memory*, Cambridge: Polity Press.

Iannaccone, Laurence (1992): Religious Market and the Economics of Religion, in: *Social Compass 39*, S. 123–131.

Ders. (1994): Why Strict Churches Are Strong, in: *American Journal of Sociology 99*, S. 1180–1211.

Joas, Hans (2007): Führt Modernisierung zu Säkularisierung?, in: Nollmann, Gerd/Strasser, Hermann (Hg.): *Woran glauben? Religion zwischen Kulturkampf und Sinnsuche*, Essen: Klartext, S. 37–45.

Lechner, Frank J. (1996): Secularization in the Netherlands?, in: *Journal for the Scientific Study of Religion 35*, S. 252–264.

Ders. (2004): Secularization, in: Hillerbrand, Hans Joachim (Hg.): *The Encyclopedia of Protestantism*, New York; London: Routledge, S. 1701–1707.

Luckmann, Thomas (1972): Religion in der modernen Gesellschaft, in: Wössner, Jakobus (Hg.): *Religion im Umbruch: Soziologische Beiträge zur Situation von Religion und Kirche in der gegenwärtigen Gesellschaft*, Stuttgart: Enke, S. 3–15.

Ders. (1991): *Die unsichtbare Religion*, Frankfurt a. M.: Suhrkamp. (Ursprünglich: Luckmann, Thomas (1967): *The Invisible Religion: The Problem of Religion in Modern Society*, New York: Macmillan).

Olson, Daniel V. A. (2008): Quantitative Evidence Favoring and Opposing the Religious Economies Model, in: Pollack, Detlef/Olson, Daniel V. A. (Hg.): *The Role of Religion in Modern Societies*, New York/London: Routledge, S. 95–113.

Pollack, Detlef (2009): *Rückkehr des Religiösen? Studien zum religiösen Wandel in Deutschland und Europa II*, Tübingen: Mohr.

Ders. (2013): Secularization, in: *Oxford Bibliographies:* URL: http://www.oxfordbibliographies.com/view/document/obo-9780199756384/obo-9780199756384–0073.xml?rskey=DHqVtF&result=83&q=

Pollack, Detlef/Rosta, Gergely (2015): *Religion in der Moderne: Ein internationaler Vergleich*, Frankfurt am Main/New York: Campus.

Stark, Rodney/Finke, Roger (2000): *Acts of Faith: Explaining the Human Side of Religion*, Berkeley/Los Angeles: University of California Press.

Taylor, Charles (2007): *A Secular Age*, Cambridge: Harvard University Press.

Warner, Stephen R. (1993): Work in Progress Toward a New Paradigm for the Sociological Study of Religion in the United States, in: *American Journal of Sociology 98*, S. 1044–1093.

Agentgetriebene Säkularisierung und chinesische Experimente mit multiplen Modernitäten

Kommentar von Fenggang Yang

1999 hat Peter Berger »mit Getöse« die Säkularisierungstheorie für nichtig erklärt, die er in den 1960er-Jahren formuliert hatte. Seither hat er diesen Widerruf bei vielen Gelegenheiten in seinen Schriften und Reden und in Vorträgen sowohl vor Religionssoziologen als auch vor einem größeren Publikum aus den kulturellen und politischen Eliten in vielen Ländern wiederholt. Jedoch scheinen bis zum heutigen Tag einige aus der Intelligenzija sowohl im Osten als auch im Westen, ein gewisses Ressentiment gegen diesen Widerruf zu hegen und sich weiter an das alte paradigmatische Denken klammern zu wollen. Ihnen wird Peter Bergers neues Buch *Altäre der Moderne. Religion in pluralen Gesellschaften* wie eine willkommene Kursumkehr vorkommen. Er tritt einen Schritt zurück und versucht einige Ideen seiner früheren Theorie zu retten, in dem Bestreben »ein neues Paradigma«, wie er sagt, aufzustellen. Meiner Ansicht nach ist dies aber weder ein neues Paradigma, noch ein Neugestaltung der alten Theorie, sondern vielmehr eine neue Theorie der agentgetriebenen Säkularisierung. Mit dieser Theorie bietet er neue Erkenntnisse, die für die theoretische Entwicklung der sozialwissenschaftlichen Erforschung von Religion und religiösem Pluralismus in der modernen Welt von Bedeutung sind.

Um weiter zu kommen, scheint es jedoch, dass wir uns zuerst mit einigen alten Fragen im Zusammenhang mit dem Paradigmenwechsel beschäftigen müssen. Ebenso müssen wir deskriptive und normative Theorien auseinanderhalten. Peter Bergers neue Theorie ist eher normativ als deskriptiv, und eine solche Theorie kann als Basis für ein intentionales Säkularisierungsprogramm dienen. Tatsächlich hat China als sich spät entwickelndes Land mit unterschiedlichen Modellen intentionaler Säkularisierung experimentiert. Das chinesische Beispiel demonstriert die Notwendigkeit, die sozialen Konsequenzen der unterschiedlichen Modelle zu bewerten und sie nicht einfach alle als gleich modern anzusehen. Am Schluss möchte ich mit etwas Begriffsklärung von Bergers neuen Erkenntnissen zur theoretischen Konstruktion für die sozialwissenschaftliche Erforschung des religiösen Pluralismus beitragen.

Probleme beim Paradigmenwechsel

Zuerst war ich über den Titel von Peter Bergers neuem Text verwundert, weil dieser zu suggerieren scheint, dass dies der allererste Versuch wäre, ein neues Paradigma zu formulieren. In meinen Augen jedoch, und wahrscheinlich in den Augen vieler anderer Religionssoziologen, existiert bereits ein neues Paradigma. Vor mehr als 20 Jahren publizierte R. Stephen Warner (1993) seinen fruchtbaren Artikel »Work in Progress Toward a New Paradigm for the Sociological Study of Religion in the United States«, der einen umfassenden Überblick über die gewaltige Literatur, die sich in einigen Jahrzehnten zu diesem Thema angesammelt hatte, gab und die Entstehung eines neuen Paradigmas verkündete, »dessen Krux es ist, dass die organisierte Religion in den USA in einem offenen Marktsystem floriert, eine Feststellung, die von dem Monopolkonzept des alten Paradigmas abweicht« (S. 1044).

Das alte Paradigma nimmt die Normalität einer Monopolreligion an, die als ein »sakraler Baldachin« über der Gesellschaft fungiert und in der der religiöse Pluralismus als etwas betrachtet wird, was diesen »sakralen Baldachin« zerreißt. Das heißt, wenn Menschen verschiedener Glaubensrichtungen in derselben, sich modernisierenden Gesellschaft zusammenleben, wird jedes Glaubenssystem in seinen Ansprüchen, im Besitz der Wahrheit zu sein, allein schon durch die Anwesenheit anderer Glaubensrichtungen unvermeidlich relativiert. Im Laufe der Zeit würden mehr und mehr Menschen ihren Glauben verlieren und die Religion ist zum Verkümmern verurteilt. Während das alte Paradigma davon ausgeht, dass der religiöse Pluralismus die Plausibilitätsstruktur von Religion erodiert und auf diese Weise zur Relativierung und zum Niedergang der Religion führt, sieht das neue Paradigma den religiösen Pluralismus als sozialen Kontext, der für das Florieren von Religion förderlich ist. Kurz gesagt, der zentrale Disput zwischen dem alten und dem neuen Paradigma verläuft über die Auswirkungen von religiösem Pluralismus.

Ungefähr zehn Jahre nach der ursprünglichen Verkündung bilanzierte Warner (2002), dass die Religionssoziologie große und rasche Fortschritte gemacht habe, und dass das neue Paradigma sich spektakulär konsolidiert und obsiegt hätte. Diesen Paradigmenwechsel habe ich seit meinem Graduiertenstudium in den 1990er-Jahren aus der Nähe verfolgt. Natürlich gibt es innerhalb des neuen Paradigmas unterschiedliche Theorien, darunter jene der subkulturellen Identität und religionsökonomische Theorien. Die Theorie der subkulturellen Identität argumentiert, dass Menschen nicht unbedingt den allumfassenden »heiligen Baldachin« einer Monopolreligion brauchen; stattdessen genügen »heilige Schirme« in subkulturellen Gemeinden, um die Religion in einer modernen Gesellschaft zu bewahren (Smith 1998). Die religionsökonomischen Theorien argumentieren, dass der religiöse Pluralismus Wettbewerb auf einem offenen Markt erzeugen würde, der wiederum die Tendenz hätte, zu höherer religiöser Partizipation zu führen (Stark und Finke, 2000). Ich selbst habe mich in die theoretische Konstruktion innerhalb des neuen Paradigmas durch den Vorschlag eines politökonomischen Ansatzes bei der Untersuchung der nachfragegetriebenen Religionsökonomie im kommunistischen China eingebracht (Yang 2012).

Ein Paradigmenwechsel erweist sich für manche »Oldtimer« als schmerzhafter Prozess. Ungeachtet des wachsenden empirischen Nachweises eines weltweiten Weiterbestehens und Anwachsens der Religion klammern sich manche an das alte Paradigma, indem sie die Hintertür des Exzeptionalismus benutzen. Zuerst nahmen diese Forscher, die noch innerhalb des Säkularisierungsparadigmas arbeiten, angesichts des empirischen Nachweises der Vitalität der Religion in den Vereinigten Staaten Zuflucht zu der Erklärung eines amerikanischen Exzeptionalismus. Das heißt, dass die Vereinigten Staaten eine Ausnahme vom modernen Trend der allumfassenden Säkularisierung sein müssen; es ist nur eine Frage der Zeit, bis die USA beginnen, der Norm in der modernen Welt zu folgen, und sich ein Niedergang der Religion beobachten lässt. Diese Leute sind ganz begierig, jedes neue Anzeichen für einen Niedergang der Religion oder ihres Stellenwerts in der amerikanischen Gesellschaft zu finden.

Eine steigende Zahl empirischer Ergebnisse zeigt aber, dass Religion nicht nur in den Vereinigten Staaten ihre Bedeutung aufrechterhält, sondern dass das auch in vielen Teilen der modernen und sich modernisierenden Welt so ist und dort diese Bedeutung oft auch noch steigt. Darüber hinaus spielt die Religion auch weiterhin eine bedeutende Rolle im öffentlichen Leben (z.B. Casanova 1988). So kam es, dass manche Anhänger des alten Paradigmas die Behauptung aufgestellt haben, dass vielleicht Westeuropa mit seiner Säkularisierung der Ausnahmefall ist. Jedoch kann es sein, dass die Säkularisierungstheorie auch für Europa nicht unbedingt zutreffend ist. Grace

Davies empirische Untersuchungen (1994; 2000) zeigen, dass die Mehrheit
der Europäer ihren Glauben nicht verloren haben, auch wenn sie viel selte-
ner zur Kirche gehen als die Amerikaner. Davie beschreibt die europäische
Situation in Bezug auf Religion als »glauben, ohne dazuzugehören«. Gestützt
auf solche empirischen Befunde haben die Theoretiker des neuen Paradigmas
ihre Theorie so ausgeweitet, dass sie die Situation der Religion in Europa erklären können. Nach Stark und seinen Mitarbeitern (Stark und Iannaccone
1994; Stark und Finke 2000) hat die geringere Kirchgangsfrequenz in Europa weder etwas mit einer fortgeschrittenen Modernität oder Modernisierung
zu tun, noch belegt sie eine Ausnahme vom allgemeinen Muster. Vielmehr
ist sie eine Folge der religiösen Regulierungen und der Reste von Staatskirchen in den europäischen Gesellschaften. Wenn dereguliert wird, wird der
freie Wettbewerb pluraler Religionen auch zu stärkerer religiöser Partizipation führen. Einige Forscher haben einige empirische Nachweise dahingehend
analysiert, um eine Erklärung zu finden, wie das in Teilen Europas passiert
ist (z.b. Hamberg und Pettersson 1994).

Nichtsdestotrotz scheinen manche Forscher (siehe Berger, Davie und Fokas 2008), zwischen den gegensätzlichen Sichtweisen hin und hergerissen
zu sein: Sollten die USA oder sollte Europa als der Ausnahmefall betrachtet
werden? Nicht weiter überraschend treten manche (z.b. Fan 2011) auch für
einen chinesischen Exzeptionalismus ein: Chinesische Religion und Religiosität sind so einzigartig, dass keine Theorie, die auf Forschungen über Europa oder die Vereinigten Staaten basiert, für eine Erklärung Chinas passt.
Als Antwort auf solche Reaktionen in Europa und China wiederholt Stephen Warner seine bescheidene Behauptung: Das neue Paradigma sei nur
auf die Lage der Religion in den Vereinigten Staaten anwendbar, während
das Säkularisierungsparadigma besser auf die europäische Lage zuträfe. Folgt
man dieser Logik, gäbe es verschiedene Paradigmen, um Religion in China,
Indien und anderen Weltgegenden zu erklären. In einem Interview mit der
chinesischen Zeitung *China Ethnic News* vom 19. September 2008 erklärte
Warner: »Mit dem neuen Paradigma kann man Religion in Amerika verstehen, die sich von Religion in Europa unterscheidet. Grace Davie hat sich
der Aussage angeschlossen, dass viele Gesellschaften ihre eigene Art des Umgangs mit Religion haben. Ich halte das für schrecklich wichtig. China hat
auch seinen eigenen Umgang mit Religion. ... Feggang Yangs Triple-Mar-
ket-Modell ist brillant. ... Ich würde sagen, dass sein Modell ein chinesisches
Paradigma ist.« Auch wenn es ein grandioses Werk wäre, ein neues Paradigma aufzustellen, kann ich diese Ehre nicht annehmen. Ich kann auch nicht

zustimmen, dass meine Theorie ein ausschließlich chinesisches Paradigma ist. Im letzten Abschnitt meines Artikels »The Red, Black and Gray Markets of Religion in China« (*Der rote, der schwarze und der graue Religionsmarkt in China*, 2006) habe ich auf eine mögliche Anwendbarkeit des Triple-Market-Modells auf das mittelalterliche Europa, auf die frühere Sowjetunion, das zeitgenössische Lateinamerika und auf andere Gesellschaften verwiesen. Ich habe das im letzten Kapitel meines Buchs *Religion in China: Survival and Revival under Communist Rule* (*Religion in China: Überleben und Neubelebung unter kommunistischer Herrschaft*, 2012), das mit »Oligopoly Dynamics: China and Beyond« (»Oligopoldynamiken: China und darüber hinaus«) betitelt ist, weiter ausgearbeitet. In der Tat unterhalten mehr als die Hälfte aller Staaten weltweit heutzutage eine Form von Oligopol in den jeweiligen Beziehungen zwischen Staat und Religion, und die Dynamik der Beziehungen zwischen Staat und Religion kann in diesen Gesellschaften viele Ähnlichkeiten aufweisen.

Meiner Ansicht nach begeht die scheinbare Bescheidenheit von Warners Annahme multipler Paradigmen für die USA, Europa und China Verrat an der Natur der Wissenschaft oder der Sozialwissenschaft. »Wenn es närrisch ist, eine Physik zu formulieren, die nur auf die Vereinigten Staaten anwendbar ist, oder eine Biologie, die nur für Korea gilt, dann ist es genauso närrisch, sich mit einer Religionssoziologie abzufinden, die nur für die westlichen Nationen gilt« (Stark und Finke 2004, Seite 3). Natürlich gibt es einen Unterschied zwischen Naturwissenschaften und Sozialwissenschaften, weil Sozialwissenschaften Menschen erforschen, die einen freien Willen haben und sich entscheiden können, vom allgemeinen Muster abzuweichen. Wenn Naturwissenschaften Gesetze zu entdecken versuchen, die oft auf mathematischen Modellen basieren, so können die Sozialwissenschaften nur versuchen, gesetzesartige Muster zu finden, die auf statistischen Modellen oder Wahrscheinlichkeitsmodellen beruhen. Darüber hinaus tendieren einige Sozialwissenschaftler dazu, die Affinität von Sozialwissenschaften und Geisteswissenschaften zu betonen, andere eher die Affinität von Sozialwissenschaften und Naturwissenschaften. Während Stephen Warners Ansatz die Unterschiede der Religion in verschiedenen Ländern hervorhebt und sie als verschiedene Paradigmen ansieht, will mein Ansatz die Aufmerksamkeit der Menschen auf die gemeinsamen Muster über Grenzen und Begrenzungen hinweg richten. Sicherlich, Religionssoziologen sollten religiöse Variationen unter Individuen, Gruppen, Gemeinden und Gesellschaften erkennen und würdigen, aber in meinen Augen muss Wissenschaft als modernes Unternehmen gesetzartige Muster jenseits der Variationen entdecken. Genau in Sinne dieses Prinzips, glaube ich, begnügt sich Peter Berger nicht mit simultanen multiplen Paradigmen, sondern entwickelt vielmehr eine neue Theorie der Religion in der modernen pluralistischen Welt.

Eine normative Theorie der Religion in der modernen Welt

Warum lässt Peter Berger die theoretischen Konstrukte innerhalb des neuen Paradigmas außer Acht und versucht in diesem neuen Buch, sein eigenes neues Paradigma zu entwickeln? Ich glaube, dass die kritische Frage, um die es dabei geht, ist: Ein neues Paradigma wofür? Es scheint, dass Peter Berger versucht, ein neues Paradigma *für Religion* in der modernen Welt zu konstruieren, anstatt eines Paradigmas *für die sozialwissenschaftliche Erforschung der Religion* in der modernen Welt. Das bedeutet, er betreibt viel eher normatives Denken als eine deskriptive Studie durchzuführen, obwohl er sich beim Theoretisieren an historische Fakten und empirische Beobachtungen hält.

Berger argumentiert: Weil Modernisierung und Globalisierung es unvermeidbar machen, dass eine zunehmende Diversität von Religion und ein zunehmender säkularer Diskurs in Staatsangelegenheiten vorliegen, Gläubige verschiedener Religionen und Säkularismen lernen müssen, friedlich und freundschaftlich in einer modernen Gesellschaft zu koexistieren. In Wirklichkeit sind Fundamentalismus und Relativismus gängige Reaktionsweisen auf die pluralisierenden Phänomene in der modernen Welt. In Peter Bergers Augen:

»Sowohl der Relativismus als auch der Fundamentalismus ist gefährlich – für den Einzelnen und noch mehr für eine Gesellschaft. Relativismus drängt den Einzelnen in Richtung moralischen Nihilismus, Fundamentalismus in Richtung Fanatismus. Beides ist nicht sehr attraktiv als Lebenseinstellung, aber solange meine nihilistischen oder fanatischen Nachbarn nicht versuchen, mir ihre Ansichten aufzuzwingen, kann ich mit ihnen Leben und auch kooperieren, indem ich meinen Müll entsorge. Mit der Gefahr für die Gesellschaft lässt sich nicht so einfach umgehen. Wenn es keine Übereinstimmung darin gibt, was ein zulässiges Betragen ist (in Emile Durkheims Formulierung: wenn kein ›kollektives Bewusstsein‹ existiert), dann ist das moralische Fundament und in der Folge die schiere Existenz einer Gesellschaft infrage gestellt. Es fehlt dann die Solidarität, die das Individuum motiviert, Opfer für andere Mitglieder der Gesellschaft zu bringen, und es letzten Endes auch dazu veranlasst, sein Leben zu riskieren, wenn die Gesellschaft angegriffen wird. Auch wenn es dem

Fundamentalismus nicht gelingt, sich einer ganzen Gesellschaft aufzuzwingen (mit all den erwähnten Folgekosten), dann verursacht er andauernden Konflikt, der, sogar wenn er nicht zum Bürgerkrieg wird, die soziale Stabilität unterminiert.« (Seite 98/99 in diesem Buch)

Während Peter Berger Fundamentalismus und Relativismus für gefährlich hält, ist Pluralismus seine bevorzugte Position. Er definiert den Terminus: »Pluralismus ist eine soziale Situation, in der Menschen verschiedener Ethnien, Weltanschauungen und Moralvorstellungen miteinander friedlich leben und miteinander freundschaftlich interagieren« (Seite 16 in diesem Buch). Mit anderen Worten: Pluralismus beschreibt und verordnet hier einen Idealzustand von Koexistenz sowohl multipler Religionen als auch Säkularismen. Das bedeutet nicht nur Koexistenz, sondern auch friedlich und freundschaftlich zu koexistieren. Berger anerkennt, dass der Terminus »Pluralismus« zwei Bedeutungen hat – einerseits ist er eine einfache Beschreibung sozialer Fakten, andrerseits eine Ideologie. Obwohl er beabsichtigt, ihn in einem deskriptiven Sinn zu verwenden, zeigt der oben zitierte Absatz, dass er den Terminus eher als normatives Rezept anwendet. Das klar zu machen, bedeutet nicht, dass man sein neues Theoretisieren abwertet. Im Gegenteil, ich denke, dass der Wert seiner neuen Theorie genau hierin liegt. Säkularisierung war für viele ein aufgeladener Begriff, aber er ist einer, in den verschiedenartige Schichten und Dimensionen verwickelt sind. Es ist schwierig, diese verschiedenen Definitionen zu entwirren, aber mehr als eine bloße Geistesübung, die Dimensionen zu unterscheiden; vielmehr ist es eine Notwendigkeit, wenn man in der sozialwissenschaftlichen Erforschung der Religion vorankommen möchte.

Die Säkularisierung der Welt ist gleichzeitig eine soziologische Theorie, um soziale Fakten zu beschreiben und zu erklären, eine ideologische Theorie, um normative Veränderungen zu machen, und ein theoretisches Paradigma, das Trägheit des Denkens beinhaltet. Als soziologische Theorie beschreibt und erklärt sie den Niedergang der religiösen Glauben und/oder den Niedergang des sozialen Stellenwerts der Religion, die beide mit der Modernisierung kommen. Mittlerweile hat die Säkularisierungstheorie auch als theoretische Rechtfertigung für die politische Säkularisierungsideologie gedient. Die Advokaten der Säkularisierung als politischer Ideologie haben die Staatsmacht, die intellektuellen Kräfte und andere Ressourcen mobilisiert, um gegen Religion oder das Monopol der Religion im gesellschaftlichen und politischen Leben zu kämpfen, was bedeutet, die Religion aus den politischen, bildungsspezifischen und anderen öffentlichen Institutionen zu drängen. Zusätzlich wurden sowohl die soziologische Theorie als auch die politische Ideologie versteinert und verstärkt durch das theoretische Säkularisierungsparadigma. Als ein theoretisches Paradigma entwickelt es Theorien auf Makro-, Meso- und Mikroebenen, die den Niedergang der Religion oder ihre abnehmende Bedeutung als unvermeidliche Norm behandeln, und sie versucht, die sogenannten exzeptionellen oder temporären Phänomene des Überdauern von Religion in modernen Gesellschaften weg zu erklären. Wie Thomas Kuhn (1962) argumentiert, stützt ein Paradigma Trägheit des Denkens im Normalfall dann, wenn es kumulierte empirische Belege und eine gedankliche Revolution für einen Durchbruch braucht. Eine derartige wissenschaftliche Revolution oder ein Paradigmenwechsel müssen oft einen langen und schmerzlichen Prozess durchlaufen. Das Versagen des Säkularisierungsparadigmas ist ein aktuelles Beispiel für den langen und schmerzvollen Prozess eines Paradigmenwechsels.

Das Säkularisierungsparadigma in der Religionssoziologie ist zerbröckelt und von neuen Theorien eines neuen Paradigmas ersetzt worden – wie im vorhergehenden Abschnitt diskutiert –, aber Säkularisierung als politische Ideologie übt immer noch gesellschaftlichen und politischen Einfluss aus: als Basis eines Social-Engineering-Programms. Es ist an der Zeit, dass Religionssoziologen anerkennen, dass agentgetriebene intentionale Säkularisierung eine der bedeutenden sozialen Bewegungen ist, und dass diese Bewegung sowohl in Europa, als auch in den Vereinigten Staaten einige Jahrhunderte lang angedauert hat, und zwar besonders während der Zeit zwischen 1870 und 1920 (Marsden 1994; Smith 2003). Und sehr wahrscheinlich wird diese intentionale Säkularisierungsbewegung in den kommenden Jahrzehnten andauern. Diese soziale Bewegung muss von Religionssoziologen in deskriptiven Untersuchungen stärker aufgearbeitet werden.

Ich denke, dass hier der wertvollste Beitrag von Peter Bergers neuer Theorie liegt. Sein Bemühen ist nicht so sehr, eine Theorie zu konstruieren, die beschreibt und erklärt, was bereits geschehen ist, sondern eine Theorie zu entwickeln, die den wünschenswerten Wechsel heute in der Welt herbeiführt. Versteht man sein Theoretisieren in diesem Sinne, dann wird die Kontinuität und die Diskontinuität seines theoretischen Denkens in Vergangenheit und Gegenwart klar, mir zumindest. Wie früher definiert er die Moderne am Ausmaß der Säkularisierung in der Gesellschaft. Dieses Insistieren mag Kritiker des Säkularisierungsparadigmas veranlassen zu lästern, aber es ist in der Tat eine großartige Erkenntnis über die moderne Welt.

»Jede moderne Gesellschaft hängt von einer technologischen und organisatorischen Infrastruktur ab, die notwendigerweise auf einem säkularen Diskurs beruht. Dieser Diskurs hat daher einen privilegierten Platz im öffentlichen Leben sogar dann, wenn er – wie in den Vereinigten Staaten – durch rigorosen gesetzlichen Schutz der Religionsfreiheit limitiert ist.« (Seite 112 in diesem Buch)

Historisch gesehen ist dieser säkulare Diskurs erstmals vor ungefähr vierhundert Jahren in Europa aufgenommen worden, als sich dort die modernen Nationalstaaten bildeten, und er hat als Prinzip gedient, um Religionskriege zwischen den Nationalstaaten zu vermeiden. Diese Entdeckung Bergers hat große Bedeutung für das Verständnis von sich modernisierenden Gesellschaften.

»… die prägnanteste Formulierung, die den säkularen Diskurs der Moderne beschreibt, [wurde] vor mehr als vierhundert Jahren von Hugo Grotius (1583–1645) geprägt, von jenem niederländischen Juristen, der einer der Begründer des internationalen Rechts war. Grotius schlug vor, dass dieses Recht in vollkommen säkularen Begriffen formuliert werden sollte, ohne jegliche religiöse Annahmen – *etsi deus non daretur*, ›als ob es Gott nicht gäbe‹, was so viel heißt wie ›als ob Gott nicht existierte‹. Damals gab es dringende Gründe, warum jedes Gesetz, damit es international anerkannt werden konnte, unbedingt in theologisch neutrale Begriffe gefasst werden musste. Das westliche Christentum war durch die Reformation in zwei Teile gespalten worden; es gab katholische und protestantische Staaten, und die Protestanten gehörten darüber hinaus noch verschiedenen Richtungen des Reformationsglaubens an – Lutheraner, Calvinisten, Arminianer, Anglikaner. Was noch wichtiger war: Wenn das Gesetz, das Grotius vorschlug, wirklich international sein sollte, musste es auch von Staaten eingehalten werden, die der östlichen christlichen Orthodoxie (insbesondere in der aufstrebenden Macht Russland) und dem Islam (insbesondere im Osmanischen Reich) angehörten.« (Seite 81 in diesem Buch)

Die entscheidende Wichtigkeit dieser Entdeckung anzuerkennen, mag Mühe kosten, besonders, wenn man ein religiöser Gläubiger ist. Wie sich herausstellte, war das Entflammen von Religionskriegen unter Nationalstaaten deaktiviert worden, als Gott aus dem Diskurs der internationalen Beziehungen herausgenommen worden war. Es hat seither Kriege gegeben und Religion hat oft eine Rolle dabei gespielt, aber sie war nicht mehr der Hauptauslöser. Des Weiteren ist dieses Prinzip in verschiedenen Ausformungen später auch zur Lösung für gewaltsame Konflikte innerhalb eines Nationalstaates herangezogen worden. »Sie wurde zum Fundament des internationalen Rechts, später wurde sie auch als zutreffend für das gesamte Staatsrecht verstanden, das nur auf Rationalität basieren sollte und darauf, was für Grotius natürliches Recht unabhängig von offenbarter Religion war.« (Seite 74 in diesem

Buch) Es ist nicht anmaßend zu sagen, dass eine derartige agentgetriebene intentionale Säkularisierung zu der Verbreitung der Moderne in verschiedenen Gesellschaften und überall in der Welt beigetragen hat, obwohl die Moderne selbst theologischer und philosophischer Kritik unterworfen ist.

Zusammengefasst bedeutet Modernisierung, den Staat und die öffentlichen Institutionen zu säkularisieren, damit Religionskriege und religionsgetriebene soziale Konflikte vermieden werden. Versteht man die Sozialgeschichte der europäischen Modernisierung in dieser Weise, dann ist es natürlich, dass man ein Social-Engineering-Programm von intentionaler Säkularisierung zu Friedenszwecken unter Nationalstaaten und innerhalb modernisierender Gesellschaften vorschlägt. Diese normative Säkularisierungstheorie – agentgetrieben, intentionale Differenzierung der Religion von anderen sozialen Institutionen – ist in der Tat, was viele moderne Denker befürwortet und verschiedene Sozialreformer in vielen Ländern in die Praxis umgesetzt haben.

Berger führt weiter aus, dass die speziellen gesetzlichen und sozialen Maßnahmen einer solchen agentgetriebenen intentionalen Säkularisierung in unterschiedlichen Gesellschaften verschieden sein können. Das Vereinigte Königreich hat eine Staatskirche beibehalten, deren Oberhaupt der Monarch ist, auch wenn die Entwicklung dabei vom Schutz einer bestimmten Kirche in der Vergangenheit zur Anerkennung vielfältiger Glaubensrichtungen heute verlaufen ist. Die Vereinigten Staaten waren das erste Land, das durch seine Verfassung die Trennung von Kirche und Staat formell vollzogen hat, und der erste Zusatzartikel zur Verfassung hindert den Staat daran, eine Staatsreligion einzurichten oder die freie Ausübung irgendeiner Religion zu verbieten. Nach vielen Jahren des Kampfes gegen das Monopol der römisch-katholischen Kirche, hat Frankreich 1905 die *laicité* geregelt, die die Religion (die römisch-katholische Kirche) dem Staat streng unterwirft und sie aus Bildung und anderen öffentlichen Institutionen heraushält. Obwohl sowohl das französische als auch das US-amerikanische Modell die Trennung von Kirche und Staat behaupten, ist das französische Modell sowohl antiklerikal als auch – durch die Enteignung des Kirchenbesitzes – eine Unterstützung für die Kircheninstitutionen, während das US-Modell die Religion zum Zwecke der moralischen Ordnung in der Gesellschaft fördert, als auch die Freiheit nicht herkömmlicher Religionen schützt. Im US-Modell ist der gleiche Schutz der Religionsfreiheit für die unterschiedlichen Religionen im ersten Zusatzartikel zur Verfassung festgeschrieben. Nach Peter Bergers Argumentationslinie würde die Sowjetunion auch als eine moderne

Gesellschaft betrachtet werden, da dort der säkulare Diskurs dominiert hat, aber es wurden dort noch brutalere Mittel als in Frankreich ergriffen, um die Gesellschaft von der Religion zu säubern. Berger übernimmt Shmuel Eisenstadts Konzept der »multiplen Modernitäten« und bestätigt dadurch alle diese unterschiedlichen Modelle von Moderne. Aber bloß modern zu sein, darf nicht das höchste Ziel sein. Wir müssen auch die positiven und negativen Folgen dieser unterschiedlichen Modelle bewerten, wenn sie in modernisierenden Gesellschaften oder auch in ihren ursprünglichen Gesellschaften angewandt werden.

Die chinesischen Experimente einer agentgetriebenen Säkularisierung

Was in Europa vor mehr als 400 Jahren und in den USA vor mehr als 200 Jahren geschah, könnte auch das Resultat besonderer historischer Entwicklungen in den damaligen Gesellschaften sein. Jedoch haben diese Geschehnisse praktisch definiert, was im sozialen und globalen Sinn modern ist. Für die sich spät entwickelnden Länder ist ihre Modernisierung nichts eigenständig Unternommenes, sondern etwas, was ihnen als Teil des und/oder als Reaktion auf den westlichen Kolonialismus und Imperialismus aufgezwungen wurde. Da ihre Modernisierung jedoch später in Gang gesetzt wurde als in Europa und den Vereinigten Staaten, haben sie bei ihren Modernisierungsbestrebungen multiple Optionen bei den vorhandenen Modellen der Beziehungen zwischen Religion und Staat. In der Tat haben die Chinesen bei ihrem Modernisierungsvorhaben mit verschiedenen Modellen von agentgetriebener intentionaler Säkularisierung experimentiert. Statt als eine Gesellschaft einen Typus von Modernität beizubehalten, hat China multiple Modernitäten innerhalb eines Landes eingeführt, die manchmal simultan existieren.

Die chinesischen Modernisierungsbestrebungen haben erst im späten 19. Jahrhundert nach einigen Niederlagen und Demütigungen durch kolonialistische und imperialistische Mächte des Westens, durch Russland und durch Japan begonnen. Um die Wende zum 20. Jahrhundert begannen einige »Literati« (konfuzianische Gelehrte), die zu modernen Intellektuellen mutiert waren, wie beispielsweise Kang Youwei (1858–1926), für soziale und politische Reformen einzutreten, die absichtlich westliche Länder und das sich modernisierende Japan zum Modell hatten. Was die Beziehung Religion – Staat betrifft, so hatte dem Meiji-Japan Preußen als Modell für die absolute Monarchie auf Basis des Staatsschintoismus gedient. Zu dieser Zeit unterhielt Großbritannien eine konstitutionelle Monarchie auf Basis der anglikanischen Staatsreligion. Japan und Großbritannien inspirierten Kang Youwei, der unter einem Qing-Kaiser für Sozialreformen eintrat und dafür, den Konfuzianismus zur Staatsreligion zu erheben. Auch noch nach der Revolution von 1911, die die Qing-Dynastie stürzte, setzte Kang Youwei seine Bemühungen fort, die Monarchie basierend auf einem Staatskonfuzianismus wieder einzuführen, entweder über Yuan Shikai (1859–1916), den republikanischen Präsidenten, der sich selbst 1915/16 zum Kaiser ausrief, oder 1917 über die Wiedereinsetzung des Mandschu-Kaisers Aisin-Gioro Puyi (1906–1967). Beide Experimente einer Monarchie basierend auf Staatskonfuzianismus schlugen fehl. Außerdem wurde der Konfuzianismus wegen seiner engen Verbindung zur Monarchie in den 1920er- und 1930er-Jahren Ziel der ikonoklastischen Anti-Traditions-Kampagnen der Bewegungen »Neue Kultur« und »4. Mai«. Die modernistischen Intellektuellen beschuldigten den Konfuzianismus, die spirituelle und kulturelle Verantwortung für Chinas Rückständigkeit, Schwächen und Demütigungen durch die imperialistischen Mächte zu tragen. In den Diskursen der chinesischen modernistischen Intellektuellen klangen die Attacken der französischen Aufklärung gegen die römisch-katholische Kirche sehr stark nach.

Zur Zeit der Gründung der ersten Republik in Asien waren die Vereinigten Staaten das Modell für die politische Institution. Lange vor der erfolgreichen Republikanischen Revolution von 1911 trat Sun Zhongshan (Sun Yat-sen, 1866–1925) für soziale und politische Revolutionen ein, um die Qing-Dynastie zu stürzen und eine Republik zu errichten. Vor seinen revolutionären Aktivitäten ist der junge Sun Zhongshan in einer episkopalen Schule auf Hawaii ausgebildet und später in einer christlichen Kirche in Hongkong getauft worden. Seinen Ideen einer konstitutionellen Republik dienten eindeutig die USA als Modell, obwohl er sich fünf statt drei Regierungsgewalten vorstellte. Bei der Gründung der Republik China 1912 überwachte der provisorische Präsident Sun Zhongshan die Inkraftsetzung der provisorischen Verfassung der Republik China, deren Artikel 7 die Religionsfreiheit für alle Bürger beinhaltete. Ganz offensichtlich war das nach dem Vorbild der Vereinigten Staaten: Es wird keine Staatsreligion etabliert, es gibt keine religiösen Tests für ein öffentliches Amt und die Bürger haben die Freiheit, an jede erdenkliche Religion zu glauben.

In den frühen Jahren der Republik China lehnten sich einige chinesische Intellektuelle stark gegen die Versuche auf, eine auf dem Konfuzianismus gründende Monarchie wieder einzuführen, so wie das Kang Youwei und seine Mitstreiter vertraten. Anders als Sun Zhongshan übernahmen diese Intellektuellen jedoch bewusst den Diskurs der französischen Aufklärung beim Verwerfen der Religion. 1915 wurde eine neue Zeitschrift, *Xin Qingnian* (Neue Jugend), gegründet. Im Leitartikel der ersten Ausgabe, »Ein Brief an die jungen Menschen«, gab der Gründer, Chen Duxiu (1879–1942), den chinesischen jungen Menschen sechs Unterweisungen: Sei frei und nicht versklavt; sei progressiv und nicht konservativ; engagiere dich und ziehe dich nicht zurück; sei global und nicht provinziell; sei praktisch und nicht rhetorisch; sei wissenschaftlich und nicht abergläubisch. Darüber hinaus hatte die Zeitschrift einen französischen Namen, *La Jeunesse*, der gemeinsam mit dem chinesischen, *Xin Qingnian*, auf der Titelseite stand. Die erste Ausgabe enthielt auch einen Artikel von Chen Duxiu mit dem Titel »Die Franzosen und die moderne Zivilisation«, in dem er offen dazu aufrief, das französische Modell der modernen Zivilisation, das auf den Prinzipien von Liberté, Égalité und Fraternité basiert, zu übernehmen. Diese neue Zeitschrift wurde zum Flaggschiff des Werbens für die progressiven Werte Freiheit, Gleichheit, Demokratie und Wissenschaft, während der Konfuzianismus abgelehnt wurde. 1918 veröffentlichte beispielsweise Lu Xun (1881–1936) in dieser Zeitschrift seine erste Kurzgeschichte, »Tagebuch eines Verrückten«; diese und einige spätere Kurzgeschichten dienten als vernichtende Anklageschriften gegen die traditionelle auf dem Konfuzianismus gründende Kultur. Er bezeichnete die Konfuzianische Ethik als grausamen und inhumanen Kannibalismus. Währenddessen sammelten sich an der Universität Peking unter ihrem modernistischen Kanzler Cai Yuanpei (1868–1940), der in Deutschland und Frankreich studiert hatte, die Aktivisten der neuen Kultur, darunter Chen Duxiu (1879–1942), Li Dazhao (1888–1927) und Hu Shih (1891–1962), dessen aufklärerisches Denken die Universitätsstudenten bei ihrer Teilnahme an der 4.-Mai-Bewegung von 1919 stark beeinflusste. Es scheint klar, dass der französische antiklerikale Diskurs in den Bewegungen Neue Kultur und 4. Mai übernommen wurde, die erst den Konfuzianismus, dann das Christentum und schließlich alle Religionen resolut ablehnten. Bis zum heutigen Tag ist es die vorherrschende Meinung der kulturellen und politischen Eliten Chinas, dass sich Religion nicht in öffentliche Institutionen einmischen sollte, was sehr stark eine französische, wenn nicht sowjetische Tonalität ist.

Die Bewegungen Neue Kultur und 4. Mai ebneten den Weg für den Import des Marxismus-Leninismus. Einige der Anführer der Bewegung Neue Kultur, wie Chen Duxiu und Li Dazhao, wurden sogar Gründer der chinesischen kommunistischen Partei, die 1921 unter Anleitung der Komintern formell gegründet wurde. Bei den chinesischen Kommunisten wurde der Diskurs der französischen Aufklärung von der bolschewistischen Ideologie des Atheismus verdrängt. Nach der Errichtung der Volksrepublik China auf dem Festland im Jahre 1949 ging die Kommunistische Partei Chinas (KPCh) sogar weiter als die Sowjetunion. Nach Vorbereitungen in den 1950er-Jahren versuchte die KPCh schließlich zwischen 1966 und 1979 die Religion aus der gesamten Gesellschaft zu tilgen. Das einzige andere Land, das Religion vollständig verboten hat, war Albanien unter Enver Hoxha.

Die Sozialphilosophien der Aufklärung und des Marxismus-Leninismus dienten der kommunistischen Regierung als theoretische Rechtfertigung, um im Namen des sozialen und politischen Fortschritts politische Kampagnen durchzuführen, um soziale Institutionen und die gesamte Religionsgesellschaft loszuwerden. Jedoch zeigte sich gegen Ende des 20. Jahrhunderts, dass die kommunistischen Tilgungsanstrengungen allesamt fehlgeschlagen waren. Die Irreligiosität der Massen unter kommunistischer Herrschaft war oberflächlich, illusionär oder im besten Falle vorübergehend (Greeley 1994; Gautier 1997; Froese 2001, 2004a, 2004b). Und in den meisten europäischen postkommunistischen Gesellschaften erholte sich Religion in der Folge des Zusammenbruchs des Sowjetblocks um 1990 bald wieder schnell.

Ab den frühen 1980er-Jahren haben die Parteivertreter der KPCh und die Theoretiker des Marxismus-Leninismus-Maoismus (MLM) wiederholt und spöttisch aufgeschrien, weil sich »religiöse Fieber« in der chinesischen Gesellschaft ausbreiteten. In ihren Augen ist religiöse Vitalität im derzeitigen sozialen Kontext abnormal: China wurde unter der Führung der atheistischen kommunistischen Partei einer rapiden Modernisierung unterzogen. In einem derartigen Kontext sollte Religion logischerweise zurückgehen, so wie es die marxistisch-leninistische Säkularisierungstheorie vorhergesagt hat. Und tatsächlich widerspricht dies sogar der Säkularisierungstheorie, die nichtmarxistische Sozialwissenschaftler im Westen unterstützten. Peter Bergers *The Sacred Canopy* (*Zur Dialektik von Religion und Gesellschaft. Elemente einer soziologischen Theorie*, 1967) und *A Rumor of Angels* (*Auf den Spuren der Engel*, 1970) wurden ins Chinesische übersetzt und in China 1991, respektive 2003 herausgegeben. Während dieser Periode wurde viele andere klassischen Bücher von Autoren wie Emile Durkheim, Max Weber und von anderen westlichen Sozialwissenschaftlern und Sozialphilosophen ins Chinesische übersetzt und in China erstmals aufgelegt. Obwohl die Einführung verschiedener Religionstheorien für die chinesischen Religionsforscher stimulierend war, trugen diese frisch übersetzten Bücher nur zu einem erhöhten Gefühl von Verwirrtheit und Verunsicherung aufseiten der MLM-Theoretiker und der Politiker bei – und zwar so sehr, dass der frühere Direktor der staatlichen Verwaltung von religiösen Angelegenheiten, Ye Xiaowen, eine persönliche Unterredung mit Peter Berger suchte, als dieser 2008 erstmals nach Beijing kam. Berger, der sich hätte geschmeichelt fühlen können, von einem Spitzenvertreter der KPCh, verantwortlich für das Managen religiöser Angelegenheiten, hofiert zu werden, ließ sich nicht davon abhalten, seine Abschaffung der Säkularisierungstheorie zu wiederholen, so wie er das seit den späten 1990er-Jahren getan hatte, und setzte ihm den Anstieg der Religion überall in der Welt auseinander.

An anderer Stelle habe ich die beiden Versionen des Atheismus analysiert, die in China unter kommunistischer Herrschaft dominant waren: aufklärerischer Atheismus und militanter Atheismus.

»Aufklärerischer Atheismus betrachtet Religion als ein illusionäres oder falsches Bewusstsein, das sowohl unwissenschaftlich, als auch rückständig ist; daher ist atheistische Propaganda notwendig, um die irreführenden religiösen Ideen zu löschen. Demgegenüber behandelt der militante Atheismus Religion als das gefährliche Opium und Betäubungsmittel fürs Volk, als falsche Ideologie, die nur den Interessen der ausbeutenden Klassen und der antirevolutionären Elemente dient; daher sind politische Zwänge nötig, um Religion zu kontrollieren und auszulöschen.« (Yang 2012, S. 46)

»Umgelegt auf die Beziehung zwischen Religion und Staat würde ich sagen, dass sie dem französischen, respektive dem sowjetischen Modell entsprechen. Beide Modelle sind bei den chinesischen kulturellen und politischen Eliten heute noch stark, sodass es wenig Hoffnung auf eine Lockerung der religiösen Regulierungen in naher Zukunft gibt.« (Yang 2013)

Entlang der anderen Entwicklungslinie der modernen chinesischen Geschichte hat das US-Modell des Verhältnisses zwischen Staat und Religion überdauert und floriert. Im ersten Jahrzehnt der Republik China haben politische und religiöse Eliten große Anstrengungen unternommen, das verfassungsmäßige Recht auf Religionsfreiheit zu verteidigen und Widerstand gegen die Einführung des Konfuzianismus als Staatsreligion geleistet (Liu 2011). Im Gefolge einiger Jahrzehnte des Bürgerkriegs und des Abwehrkriegs gegen die japanische Invasion wurde Ende 1946 eine neue Verfassung der

Republik China angenommen, die das Recht auf Religionsfreiheit im Artikel 13 bestätigte. Unglücklicherweise wurde diese Verfassung schon bald, 1948, durch die »Übergangsbestimmungen während der Dauer der kommunistischen Rebellion« außer Kraft gesetzt. 1949 zog sich die Kuomintang-Regierung, von den chinesischen Kommunisten auf dem Festland besiegt, auf die Insel Taiwan zurück und erhielt die Republik China und ihre Verfassung samt den Übergangsbestimmungen aufrecht. Aber erst 1987 wurde das Kriegsrecht aufgehoben und erst 1991 wurden die Übergangsbestimmungen außer Kraft gesetzt. Seit damals wurde die Republik China auf Taiwan gründlich demokratisiert, mit vielfältigen politischen Parteien und Direktwahlen des Präsidenten und des Kongresses innerhalb der geltenden Grenzen der Republik China, die Taiwan und einige Inseln vor dem chinesischen Festland umfasst. Was das Verhältnis von Religion und Staat betrifft, ist die Republik China auf Taiwan zu einer der freiesten Gesellschaften in der Welt von heute geworden. Also liefern soziale und kulturelle Differenzen keinen schlagenden Beweis für Exzeptionalismus.

Im 21. Jahrhundert haben chinesische Intellektuelle eine neue Runde von Debatten über die Stärken und Schwächen der verschiedenen Modelle, das Verhältnis von Religion und Staat zu regeln, begonnen. Gegenwärtig bleibt das sowjetische Modell de jure das Arrangement im politischen System unter kommunistischer Herrschaft, und die MLM-Theoretiker und Ideologen lassen keine Anzeichen erkennen, dass sie ihre Position aufgeben würden. Vielmehr hat der militante Atheismus in den letzten Jahren sowohl bei den Basiskadern in den Büros für religiöse Angelegenheiten, als auch in manchen Ecken der sozialwissenschaftlichen Akademien vorgeherrscht (Yang 2013).

Zwischenzeitlich, inmitten des Wiederauflebens der Religionen und des Konfuzianismus, haben einige der neuen konfuzianischen Anführer in Festlandchina (*dalu xin rujia*) die jahrhundertealten Argumente, mit denen der Konfuzianismus zur Staatsreligion gemacht werden sollte, wieder aufpoliert. Wenig überraschend geben einige dieser Leute auch ihrer Nostalgie nach der konstitutionellen Monarchie Ausdruck, sogar in dem Grad, dass sie wünschen, eine Art Monarchismus wieder herzustellen. Das ist anachronistisch. Auch wenn das Modell Staatskirche vor rund 100 Jahren das vorherrschende Modell in modernen oder sich modernisierenden Gesellschaften war, haben fast alle europäischen Länder bis zum Ende des 20. Jahrhunderts der Kirche den staatskirchlichen Status aberkannt. Nach dem Zweiten Weltkrieg, während der Besatzung durch die US-geführten alliierten Mächte, wurde in Japan dem Schintoismus der offizielle Status genommen. Das Vereinigte Königreich behält de jure seine Staatskirche, aber, wie Peter Berger beschreibt, die Monarchin hat sich selbst zum Beschützer pluraler Glaubensrichtungen erklärt. Heutzutage sind die meisten Länder, die eine Staatsreligion aufrechterhalten, islamisch oder buddhistisch dominierte Staaten, die schmerzvoll um Modernisierung ringen.

Mittlerweile sind viele der liberalen Intellektuellen in Festlandchina, die den sowjetischen Diskurs aufgegeben haben und dem britischen Modell misstrauisch gegenüberstehen, standardmäßig Säkularisten. Entweder haben sie zur Religion wenig zu sagen oder würden gerne auf das französische Modell zurückgreifen, das einmal in den Bewegungen Neue Kultur und 4. Mai dominiert hatte, und bedeutet, Religion aus den öffentlichen Institutionen draußen zu halten. Tatsächlich betrachten viele von ihnen MLM als eine Art Religion, die säkularisiert werden sollte.

Gegenwärtig fordert nur eine kleine Minderheit von Festlandchinesen öffentlich, das US-Modell zu übernehmen, das sowohl die Einrichtung einer Staatsreligion verbietet, als auch die Religionsfreiheit schützt. In dieser Minderheit gibt es einige *Weiquan*-Rechtsanwälte, die die bürgerlichen Rechte und die Menschenrechte im Rahmen des existierenden Gesetzessystem verteidigt haben, einige Forscher, die auf Amerikanistik spezialisiert sind, und einige Leiter von christlichen Hauskirchen. Wie viel an Größe und Einfluss wird diese Minderheit gewinnen? Das wird sich weisen.

Eine begriffliche Klärung der deskriptiven Theorie des religiösen Pluralismus

Peter Bergers neue Theorien sind ein wertvoller Beitrag bei der Auslegung verschiedener Modelle der Beziehungen zwischen Religion und Staat, von denen nach Berger jedes modern ist, solange es einen bestimmten Grad an Säkularität als dominanten Diskurs in öffentlichen Angelegenheiten erreicht. Mittlerweile sind einige Modelle säkularer als andere; so ist die Einschränkung der Religion, in öffentlichen Institutionen eine Rolle spielen zu dürfen, säkularer als die Trennung von Kirche und Staat. Das bringt viel Licht in die Beziehungen von Religion und Staat in der modernen Welt. Allerdings endet sein Theoretisieren hier, ohne die sozialen, kulturellen und menschlichen Kosten und Konsequenzen der verschiedenen Modelle bewertet zu haben. Außerdem lässt sich ein Trend zum Wechsel in den Religion-Staat-Beziehungen unter den westlichen Staaten ebenso wie unter den sich entwickelnden Staaten ausmachen? Solche Fragen zu beantworten, fällt in den Bereich der deskriptiven Forschung der Religionssoziologie.

Zum Zweck der Beschreibung, Beobachtung und Erklärung der Beziehungen zwischen Religion und Staat in der Welt von heute ist es notwendig, einige begriffliche Klarstellungen zu treffen. Nach derzeitigem Stand beinhaltet Bergers neues Buch zwei begriffliche Verwechslungen. Einerseits vermengt es Pluralität und Pluralismus, andrerseits vermengt es individuellen und gesellschaftlichen Pluralismus.

Die erste Verwechslung gibt Berger zu:

»Das Suffix ›-ismus‹ suggeriert freilich eine Ideologie, und so habe ich stattdessen eine Zeit lang den eher beschreibenden Terminus ›Pluralität‹ benutzt. Das führte dazu, dass ich ständig erklären musste, wovon ich eigentlich sprach –, ›wissen Sie, das ist so wie Pluralismus‹. Dieser Ausdruck wird sofort verstanden und ist sogar Teil der Alltagssprache geworden. Ich benutze den Terminus hier in seiner umgangssprachlichen Bedeutung.« (Seite 15/16 in diesem Buch)

Unglücklicherweise könnte der umgangssprachliche Gebrauch von Pluralismus das Spiegelbild der Trägheit des Denkens in alten Paradigmen sein, das seine deskriptive und seine normative Bedeutung vermengt. Obwohl viele Forscher dabei bleiben, den Begriff Pluralismus willkürlich zu gebrauchen, haben immer mehr anerkannte Religionswissenschaftler versucht, seinen deskriptiven und seinen normativen Gebrauch zu unterscheiden. James A. Beckford (1999) schlägt vor, für ersteren »Diversität« und für letzteren »Pluralismus« zu verwenden. Robert Wuthnow untermauerte diese Entscheidung prägnant in seiner 2003 gehaltenen Rede als Präsident der Society for the Scientific Study of Religion: »Wenn Diversität sich deskriptiv mit dem Grad an Heterogenität von Teilen einer Gesellschaft beschäftigt, dann bezieht sich Pluralismus auf die normative Evaluierung dieser Diversität und, sobald diesen gesellschaftlichen Arrangements ihr Platz zugewiesen ist, auf die Aufrechterhaltung der normativen Urteile.« (2003: S. 162)

Der Anleitung dieser Gelehrten folgend habe ich seit 2009 Argumente vorgebracht, damit das Wort »Pluralität« zusammen mit »Diversität« verwendet wird. In meiner Theorie beschreibt der Terminus Pluralität den *Grad* der religiösen Heterogenität innerhalb einer Gesellschaft, während der Terminus Pluralismus sich auf das *soziale Arrangement* bezieht, das für einen hohen oder relativ hohen Grad von Pluralität förderlich ist. Offenkundig haben manche Gesellschaften niedrigere Grade an religiöser Pluralität als andere Gesellschaften, und Pluralität kann in einer gegebenen Gesellschaft zunehmen. Pluralisierung ist der Terminus für den *Prozess* der Zunahme von Pluralität in einer Gesellschaft. Für das Ziel der Konstruktion einer Theorie ist es hilfreich, zumindest für mich selbst, über dieses Set an Worten mit gemeinsamer Wurzel zu verfügen (plu, plur oder plus – was »mehr« bedeutet). Die drei Begriffe – Pluralität, Pluralismus und Pluralisierung – verweisen jeweils auf den Grad, das Arrangement und den Prozess pluraler Religionen in einer Gesellschaft. Das soziale Arrangement des religiösen Pluralismus bedeutet (1) die Präsenz pluraler Religionen in einer Gesellschaft zu akzeptieren, zu bejahen und gleichmäßig zu schützen; (2) soziale Institutionen einzurichten; (3) förderliche soziale und kulturelle Bedingungen für die Präsenz pluraler Religionen zu schaffen; und (4) dem Einzelnen die Freiheit zu garantieren und zu schützen, sich für jede Religion, die er möchte, oder auch für gar keine Religion zu entscheiden.

Nach dieser Definition ist Pluralismus tatsächlich ein normativer Begriff. Offensichtlich will Berger viel eher normativ definieren (»Pluralismus ist eine gesellschaftliche Situation, in der Menschen verschiedener Ethnien, Weltanschauungen und Moralauffassungen friedlich miteinander leben und freundlich miteinander umgehen.«, Seite 16 in diesem Buch) als nur das simple Phänomen pluraler Religionen, die in einer Gesellschaft koexistieren, deskriptiv umreißen, wobei es allerdings passender wäre, es Pluralität oder Diversität zu nennen. Als eine deskriptive Variable kann Pluralität hoch oder niedrig sein. Hohe Pluralität bedeutet nicht unbedingt, dass multiple Religionen innerhalb einer Gesellschaft in friedvoller oder freundschaftlicher Beziehung koexistieren. Beispielsweise haben multiple Religionen, wie von Berger erwähnt, entlang der alten Seidenstraße koexistiert, aber ihre Koexistenz mag nicht immer friedvoll und freundschaftlich gewesen sein. Vielmehr könnte es gewalttätige Zusammenstöße in größerem oder geringerem Ausmaß gegeben haben. Die Zunahme von Pluralität, das heißt Pluralisierung, muss nicht notgedrungen zu Pluralismus im Sinn von Menschen, die einander akzeptieren und schätzen, führen. Tatsächlich gibt es häufig religiöse Konflikte in vielen sich modernisierenden Gesellschaften, manchmal in Form von Verfolgung bestimmter Religionen, manchmal in Form von Maßnahmen und Kampagnen, die sich überhaupt gegen den Kultus richten. Modernisierung findet parallel mit Pluralisierung, d. h. mit einer Zunahme der Anzahl der Religionen in einer Gesellschaft, statt, aber die sozialen und gesetzlichen Arrangements müssen nicht förderlich für die friedliche Koexistenz pluraler Religionen sein. Mit anderen Worten: hohe Pluralität korreliert nicht notwendigerweise mit Pluralismus im sozialen und politischen Arrangement. Wie viel Übereinstimmung oder Nichtübereinstimmung es in einer Gesellschaft oder in Gesellschaften gibt, ist eine empirische Frage für die Religionssoziologie.

Zweitens ist es nötig, zwischen dem Pluralismus auf der individuellen und auf der gesellschaftlichen Ebene zu unterscheiden. Peter Berger bietet eine großartige Einsicht in die Interaktion von Pluralismus auf gesellschaftlichen und individuellen Ebenen:

»Pluralismus wird normalerweise als ein Gesellschaftsphänomen diskutiert und das ist er auch. Es gibt aber auch einen Pluralismus im Denken. Wie ich im vorigen Kapitel ausführlich aufgezeigt habe, hat der Pluralismus den Effekt, dass er Weltanschauungen relativiert, weil er mit der Tatsache konfrontiert, dass man die Welt auch anders sehen kann. Anders gesagt: Der Einzelne kann die Weltanschauung, in die er zufällig hineingeboren wurde, nicht länger als selbstverständlich gegeben betrachten.« (Seite 50 in diesem Buch)

Aber Unterscheidung kommt vor der Interaktion. Auf der individuellen Ebene ist Pluralismus eine persönliche Perspektive, Philosophie oder ein persönlicher Lebensstil, um mit multiplen Religionen im eigenen Verstand und Herzen umzugehen. Er ist eine philosophische oder theologische Position, die sich von Exklusivismus, Inklusivismus oder Relativismus unterscheidet (siehe Hemeyer 2009). Auf der gesellschaftlichen Ebene ist er eine soziale Konfiguration, um mit multiplen Religionen innerhalb einer gegebenen Gesellschaft umzugehen. Diese beiden Ebenen sind eng miteinander verbunden, aber sie sind nicht dasselbe. Wie es Robert Wuthnow ausdrückt: »Eine pluralistische (Person) ist jemand, der alle Standpunkte sehen und schätzen kann, eine Person, die vermutlich tolerant, informiert, kosmopolitisch ist, und eine pluralistische Gesellschaft ist eine, in der die sozialen Arrangements den Ausdruck diverser Perspektiven und Lebensstile fördern« (Wuthnow 2004, S. 162–162). Derart in ein Konzept gefasst, wird sichtbar, dass in einer pluralistischen Gesellschaft eine Person ein pluralistisches soziales Arrangement befürworten kann, ohne an eine persönliche Philosophie des Pluralismus oder Relativismus zu glauben. Tatsächlich ist das die Position der Freikirchen im modernen Europa und in anderen Weltgegenden.

Beispielsweise haben manche Evangelikale und Fundamentalisten in den Vereinigten Staaten keine pluralistische Philosophie in ihren Glaubensinhalten. Sie sind Exklusivisten und glauben, dass ihre Religion die einzig wahre Religion ist und alle anderen falsch. Nichtsdestotrotz würden sie um das soziale Arrangement des religiösen Pluralismus kämpfen, unter dem sie an ihrem eigenen Recht auf Religionsfreiheit ohne staatliche Einmischung festhalten können. Viele Besorgnisse über die fundamentalistische Machtergreifung oder die neue Theokratie sind in Wahrheit das Resultat einer Verwechslung von individuellem Pluralismus und gesellschaftlichem Pluralismus. In der wirklichen Welt aber würden wenige fundamentalistische Christen in den USA ihre Religionsfreiheit aufgeben oder die Religionsfreiheit anderer beseitigen wollen, die theologisch von Gott, wie sie ihn sehen, und gesetzlich vom ersten Zusatzartikel zur Verfassung garantiert ist. Mit anderen Worten: Christliche Evangelikale und Fundamentalisten mögen den theologischen oder philosophischen Pluralismus ablehnen, aber sie werden dafür kämpfen, das soziale Arrangement des religiösen Pluralismus aufrechtzuerhalten. Die Religionssoziologen dürfen die individuelle und die gesellschaftliche Ebene des religiösen Pluralismus nicht verwechseln, auch wenn die beiden Ebenen miteinander interagieren können und diese Interaktion als empirisches Phänomen erforscht werden kann (z.B. Barker 2003).

Kurz gesagt, setzt gesellschaftlicher Pluralismus individuellen Pluralismus nicht voraus. Gesetzliches Arrangement und Rechtsstaatlichkeit sind der Schlüssel zu einer friedlichen Koexistenz pluraler Religionen.

Schlussbemerkung

In seinem neuen Buch macht Peter Berger einen Schritt zurück und versucht dann einen Walzer vorwärts. Zuerst formuliert er zwei Arten von Pluralismus (sprich Pluralität): die Koexistenz verschiedenster Religionen und die Koexistenz des säkularen und des religiösen Diskurses. Mehr noch, die beiden Pluralitäten müssen im Bewusstsein der Menschen gespiegelt sein; das bedeutet, dass die Menschen diese Pluralitäten in ihr Denken internalisieren und sie in sozialem Verhalten ausdrücken müssen. In einer vormodernen Gesellschaft können die Menschen eine Religion für selbstverständlich halten, während in einer modernen Gesellschaft die Menschen unter pluralen Religionen wie auch Säkularismen wählen müssen. Tatsächlich muss ein moderner Mensch imstande sein, die eigene gewählte Religion inmitten vieler anderer Religionen abzuschotten, und zu wissen, wann er die Religion aussetzen und einen bestimmten säkularen Diskurs anzuwenden hat – etwa, wenn er ein Regierungsbüro leitet oder ein Flugzeug pilotiert. Um Pluralismus als einen Idealzustand friedvoller und freundschaftlicher Koexistenz zu erreichen, bietet Peter Berger eine agentgetriebene Säkularisierungstheorie innerhalb eines neuen Paradigmas, das den Pluralismus affirmiert. Diese neue Theorie kann einer sich modernisierenden Gesellschaft als theoretische Basis für ein intentionales Säkularisierungsprogramm durch Social Engineering dienen. Sie ist ein wertvoller Beitrag, aber bedarf konzeptueller Klarstellung, um ein nützliches konzeptuelles Werkzeug für die Religionssoziologie und die Erforschung des religiösen Pluralismus zu werden. Berger zitiert Edward Gibbon: »Es glaubten die einfachen Leute, dass alle Religionen gleich wahr wären, die Philosophen, dass alle Religionen gleich falsch wären, die Beamten, dass alle Religionen gleich nützlich wären« (Seite 119 in diesem Buch). Da würde ich hinzufügen: Die Soziologen versuchen, bei ihrer Suche nach gesetzähnlichen Mustern der Veränderung und der Interaktion mit anderen sozialen Institutionen alle Religionen auf gleiche Weise zu behandeln.

Literatur

Barker, Eileen (2003): And the Wisdom to Know the Difference? Freedom, Control and the Sociology of Religion, in: *Sociology of Religion 64 (3)*, S. 285–307.

Beckford, James A. (1999): The management of religious diversity in England and Wales with special
reference to prison chaplaincy, in: *MOST Journal on Multicultural Societies 1*, URL: http://unesdoc.unesco.org/images/0014/001437/143733E.pdf#page=19).

Berger, Peter L. (1967): *The Sacred Canopy: Elements of a Sociological Theory of Religion*, New York: Doubleday.

Ders. (1970): *A Rumor of Angels: Modern Society and the Rediscovery of the Supernatural*, New York: Anchor.

Berger, Peter/Davie, Grace/Fokas, Effie (2008): *Religious America, Secular Europe? A Theme and Variations*, London: Ashgate Publishing.

Casanova, José (1994): *Public Religions in the Modern World*, Chicago: University of Chicago Press.

Davie, Grace (1994): *Religion in Britain since 1945: Believing Without Belonging*, Oxford: Wiley-Blackwell.

Dies. (2000): *Religion in Modern Europe: A Memory Mutates*, New York: Oxford University Press.

Dies. (2007): *The Sociology of Religion*, London: Sage.

Fan, Lizhu (2011): The Dilemma of Chinese Religious Studies in the Framework of Western Religious Theories, in: Yang, Fenggang/Lang, Graeme (Hg.): *Social Scientific Studies of Religion in China: Methodology, Theories, and Findings*, Leiden/Boston: Brill Academic Publishers, S. 87–108.

Froese, Paul (2001): Hungary for Religion: A Supply-Side Interpretation of the Hungarian Religious Revival, in: *Journal for the Scientific Study of Religion 40*, S. 251–268.

Ders. (2004a): After Atheism: An Analysis of Religious Monopolies in the Post-Communist World, in: *Sociology of Religion 65*, S. 57–75.

Ders. (2004b): Forced Secularization in Soviet Russia: Why an Atheistic Monopoly Failed, in: *Journal for the Scientific Study of Religion 43*, S. 35–50.

Gautier, Mary L. (1997): Church Attendance and Religious Belief in Postcommunist Societies, in: *Journal for the Scientific Study of Religion 36*, S. 289–97.

Greeley, Andrew (1994): A Religious Revival in Russia?, in: *Journal for the Scientific Study of Religion 33*, S. 253–72.

Hamberg, Eva M./Pettersson, Thorleif (1994): The Religious Market: Denominational Competition and Religious Participation in Contemporary Sweden, in: *Journal for the Social Scientific Study of Religion 33*, S. 205–216.

Hemeyer, Julia Corbett (2009): *Religion in America*, New York: Pearson.

Kuhn, Thomas S. (1962): *The Structure of Scientific Revolution*, Chicago: University of Chicago Press.

Liu, Yi (1900–1920er-Jahre [2012]): Confucianism, Christianity, and Religious Freedom: Debates in the Transformation Period of Modern China, in: Yang, Fenggang/Tamney, Joseph (Hg.):*Confucianism and Spiritual Traditions in Modern China and Beyond*, Leiden/Boston: Brill, S. 247–276.

Marsden, George M. (1994): *The Soul of the American University: From Protestant Establishment to Established Nonbelief*, New York: Oxford University Press.

Smith, Christian (1998): *American Evangelicalism: Embattled and Thriving*, Chicago: University of Chicago Press.

Ders. (2003): *The Secular Revolution: Power, Interests, and Conflict in the Secularization of American Public Life*, Berkeley/Los Angeles: University of California Press.

Stark, Rodney/Iannaccone, Laurence R. (1994): A Supply-Side Reinterpretation of the ›Secularization‹ of Europe, in: *Journal of the Scientific Study of Religion 33*, S. 230–252.

Stark, Rodney/Finke, Roger (2000): *Acts of Faith: Explaining the Human Side of Religion*, Berkeley: University of California Press.

Dies. (2004): To the Chinese Readers, in: *Xinyang de Faze (Acts of Faith)*, übersetzt von Fenggang Yang, Beijing: Renmin University Press.

Warner, R. Stephen (1993): Work in Progress Toward a New Paradigm for the Sociological Study of Religion in the United States, in: *American Journal of Sociology 98*, S. 1044–1093.

Ders. (2002): More Progress on the New Paradigm, in: Jelen, Ted G. (Hg.): *Sacred Markets, Sacred Canopies: Essays on Religious Markets and Religious Pluralism*, Lanham: Rowman & Littlefield Publishers, S. 1–32.

Wuthnow, Robert (2004): Presidential Address 2003: The Challenge of Diversity, in: *Journal for the Scientific Study of Religion 43*, S. 59–70, 162.

Yang, Fenggang (2006): The Red, Black, and Gray Markets of Religion in China, in: *Sociological Quarterly 47*, S. 93–122.

Ders. (2012): *Religion in China: Survival and Revival under Communist Rule*, New York: Oxford University Press.

Ders. (2013): A Research Agenda on Religious Freedom in China, in: *The Review of Faith and International Affairs 11 (2)*, S. 6–17.